特色

最 高 水 準 問 題 集

中1英語

JN025335

文英堂

本書のねらい

　いろいろなタイプの問題集が存在する中で，トップ層に特化した問題集は意外に少ないといわれます。本書はこの要望に応えて，難関高校をめざす皆さんの実力練成のための良問・難問をそろえました。

　本書を大いに活用して，どんな問題にぶつかっても対応できる最高レベルの実力を身につけてください。

本書の特色と使用法

1 国立・私立難関高校をめざす皆さんのための問題集です。実力強化にふさわしい，質の高い良問・難問を集めました。

▶ 二度と出題されないような奇問は除いたので，日常学習と並行して，学習できます。もちろん，入試直前期に，ある章を深く掘り下げて学習するために本書を用いることも可能です。

▶ 当学年で履修する内容を応用した入試問題も掲載しました。かなり難しい問題も含まれていますが，これらを解いていけば，中学1年生として最上級の内容をマスターしたと言えます。

2 各章末にある「実力テスト」で実力診断ができます。それまでに学習したことを応用して考える力が身につきます。

▶ 各章末にある実力テストで，実力がついたか点検できます。50分で80点以上取ることを目標としましょう。

▶ 実力テストでは，複数の文法事項にまたがった内容の問題を掲載しました。より総合的で幅広い見方や，より深い考え方が必要とされる問題です。

3 時間やレベルに応じて，学習しやすいようにさまざまな工夫をしています。

▶ 重要な問題には マークをつけました。時間のないときには，この問題だけ学習すれば短期間での学習も可能です。

▶ 各問題には1〜3個の★をつけてレベルを表示しました。★の数が多いほどレベルは高くなります。学習初期の段階では★1個の問題だけを，学習後期では★3個の問題だけを選んで学習するということも可能です。

▶ 特に難しい問題については難マークをつけました。果敢(かかん)にチャレンジしてください。

▶ 欄外にヒントとして(着)(眼)を設けました。どうしても解き方がわからないとき，これらを頼りに方針を練ってください。

4 くわしい 解説 つきの別冊「解答と解説」。どんな難しい問題でも解き方が必ずわかります。

▶ 別冊の**解答と解説**には，各問題の考え方や解き方がわかりやすく解説されています。わからない問題は，一度解答を見て方針をつかんでから，もう一度自分1人で解いてみるといった学習をお勧めします。

▶ 必要に応じて **トップコーチ** を設け，知っているとためになる知識や情報を載せました。

もくじ

別冊 解答と解説 [くわしい解き方と解説つき]

1 My name is 〜 . ; あいさつ

解答 別冊 p.2

*1 My name is に次の語句を続けて，英文をつくりなさい。

(1) Ken
(2) Aoki Ichiro
(3) Miki
(4) Alice White

*2 次の絵の中の（　　）内に最も適当なものを下から選んで，記号で答えなさい。

(1)　　　　　　　　　　　(2)　　　　　　　　　　　(3)

ア　How do you do?　　　　　イ　Nice to meet you, too.
ウ　Thank you.　　　　　　　エ　You're welcome.
オ　I'm fine, thank you. And you?　カ　Good night.

**3 次の日本文の意味を表す英文を右から選んで，記号で答えなさい。 ◀頻出

(1) おはようございます。　　ア　I'm from Okinawa.
(2) こんにちは，ジャック。　イ　Good night.
(3) こんばんは。　　　　　　ウ　I'm sorry.
(4) おやすみなさい。　　　　エ　Good morning.
(5) やあ，トム。　　　　　　オ　See you later.
(6) ごめんなさい。　　　　　カ　Hello, Jack.
(7) お元気ですか。　　　　　キ　How are you?
(8) はじめまして。　　　　　ク　Hi, Tom.
(9) あとで会いましょう。　　ケ　How do you do?
(10) 私は沖縄出身です。　　　コ　Good evening.

着眼
1 (4) Alice [ǽlis アリス]（女性の名）　White [(h)wáit (フ)ワイト]（姓）
3 ア from [frəm フラム] 〜出身　イ night [náit ナイト] 夜　エ morning [mɔ́ːrniŋ モーニング] 朝　オ see [síː スィー] 見る・会う，later [léitər レイタァ] あとで　カ Jack [dʒǽk ヂャック]（男性の名。John の愛称）　ク Tom [tám タム]（男性の名。Thomas の愛称）　コ evening [íːvniŋ イーヴニング] 夕方

4 次の日本文の意味を表すように，（　　）内に適当な1語を入れなさい。

(1) はじめまして，ケン。

（　　　　）do you（　　　　）, Ken?

(2) こんばんは。

Good（　　　　）.

(3) 私の名前はケイコです。

（　　　　）（　　　　）is Keiko.

(4) 元気です，ありがとう。

I'm（　　　　）,（　　　　）（　　　　）.

(5) 私はフランス出身です。

I'm（　　　　）France.

(6) お会いできてうれしいです。

（　　　　）to（　　　　）you.

5 次の会話文の（　　）内に最も適当なものを下から選んで，記号で答えなさい。

(1) Emily : ①（　　　）, John. I'm Emily.

John　: Hello, Emily. ②（　　　）.

Emily : Nice to meet you, too. This is my friend, Aki.

Aki　 : ③（　　　）, John?

ア Nice to meet you　　イ How do you do

ウ Fine, thank you　　エ Hello

(2) Yuki　　 : Hello, Takeshi.

Takeshi : ①（　　　）, Yuki.

Yuki　　 : ②（　　　）?

Takeshi : I'm fine, thank you. ③（　　　）?

Yuki　　 : I'm fine, too. Thank you.

ア How are you　　イ Hi

ウ And you　　　　エ My name is Yuki

(着)(眼)

4 (5)「フランス」France [frǽns フランス]

5 (1) I'm ～ . 私は～です。Emily [ém(ə)li エミリィ]（女性の名），This is ～ . こちらは[これは]～です。my [mai マイ]私の，friend [frénd フレンド]友だち

2 This [That] is 〜 .

解答 別冊 p.2〜p.4

*6 次の語を用いて，(1)〜(3)は This is 〜 . (4)〜(6)は That is 〜 . の文をつくりなさい。

(1) a cat　　　　　(2) a piano　　　　(3) an apple

(4) a guitar　　　　(5) a plane　　　　(6) an orange

*7 次の英文の誤りを訂正して，全文を書きなさい。

(1) That's is a watch.　　(2) This's a desk.

(3) Thats a chair.

**8 次の日本文の意味を表す英文になるように，(　　)内に適当な1語を入れなさい。

< 頻出

(1) これは地図です。

This (　　　　) a (　　　　).

(2) あれはイタリアです。

That is (　　　　).

(3) こちらはルーシーです。

(　　　　) (　　　　) Lucy.

(4) これはかさです。

(　　　　) is an (　　　　).

(5) あれは東京駅です。

(　　　) Tokyo Station.

(6) これはバスです。

(　　　) (　　　　) a bus.

(7) それでよろしい。　That's (　　　　).

着眼

6 名詞の前には「1つの」を意味するa[an]がつく。(3) apple [ǽpl アプル] リンゴ　(4) guitar [gitάːr ギター] ギター　(6) orange [ɔ́(ː)rindʒ オ(ー)レンヂ] オレンジ

7 (1) watch [wάtʃ ワッチ] 腕時計　(2) desk [désk デスク] 机　(3) chair [tʃéər チェア] いす

8 地名・人名にはa[an]をつけない。(1)「地図」map [mǽp マップ]　(2)「イタリア」Italy [ítəli イタリィ]　(3) Lucy [lúːsi ルースィ] (女性の名)　(4)「かさ」umbrella [ʌmbrélə アンブレラ]　(5)「駅」station [stéiʃən ステイション]　(6)「バス」bus [bʌ́s バス]

9 次の日本文の意味を表す英文になるように，（　）内の語を並べかえなさい。

(1) これは犬です。

（ is / this / dog / a ）.

(2) あれは卵です。

（ egg / that's / an ）.

(3) こちらはタローです。

（ Taro / this / is ）.

(4) これはあなたへのプレゼントです。

（ present / is / a / this ）for you.

(5) これは日本です。

（ Japan / is / this ）.

(6) あれはコウモリです。

（ is / a / that / bat ）.

10 次の絵を見て，「これは～です」「あれは～です」という意味の英文をつくりなさい。

(1) 　(2) 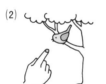　(3) 　(4)

11 次の日本文を英語になおしなさい。

(1) これは机です。　　　　(2) これは大阪です。

(3) こちらはグリーン (Green) 氏です。　(4) これは卵です。

(5) あれは図書館です。　　(6) あちらはグリーン夫人です。

(7) あれはトラです。

着眼

9 (1)「犬」dog [dɔ́(:)g ド(ー)グ]　(2)「卵」egg [ég エッグ]　(4)「プレゼント」present [préznt プレズント]，for ～「～のための[に]」　(5)「日本」Japan [dʒəpǽn ヂャパン]　(6)「コウモリ」bat [bǽt バット]

10 (1)「消しゴム」eraser [iréisər イレイサァ]　(2)「鳥」bird [bə́:rd バ～ド]　(3)「パンダ」panda [pǽndə パンダ]　(4)「車」car [ká:r カー]

11 (2)「大阪」Osaka　(5)「図書館」library [láibreri ライブレリィ]　(7)「トラ」tiger [táigər タイガァ]

3 : This [That] is not 〜．

解答 別冊 *p.4〜p.5*

*12 次の英文にnotを入れて否定文にしなさい。また，できた英文を日本語になおしなさい。

(1) This is a chair.　　(2) This is a bird.

(3) This is a doll.　　(4) That is a cap.

(5) That's a tiger.　　(6) That is an organ.

*13 例にならって英文をつくりなさい。 ◀頻出

［例］ This is a cheetah.　　(tiger)

　　→ This is not a cheetah.　It is a tiger.

(1) This is a rose.　　(lily)　　(2) That is a station. (bank)

(3) This is a television.(computer) (4) That is a guitar.　(violin)

(5) This is a ball.　　(egg)　　(6) That is John.　　(David)

*14 次の絵を見て，例にならい，「これは［あれは］〜ではありません。それは…です」という意味の英文をつくりなさい。 ◀頻出

［例］　　(1)　　(2)　　(3)

　× cat　　× fish　　× pen　　× book
　○ tiger　　○ whale　　○ pencil　　○ album

［例］ That isn't a cat.　It's a tiger.

着眼

12 (3) doll [dál ダル] 人形　(6) organ [ɔ́:rgən オーガン] オルガン

13 (1) rose [róuz ロウズ] バラ, lily [líli リリィ] ユリ　(2) station [stéiʃən ステイション] 駅, bank [bǽŋk バンク] 銀行　(3) television [téləviʒən テレヴィジョン] テレビ, computer [kəmpjú:tər コンピュータァ] コンピューター　(4) violin [vaiəlín ヴァイオリン] バイオリン　(5) egg [ég エッグ] 卵　(6) David [déivid デイヴィド] (男性の名。愛称はDave, Davy)

14 (1) fish [fiʃ フィッシ] 魚, whale [(h)wéil (フ)ウェイル] クジラ　(2) pencil [pénsl ペンスル] 鉛筆

★15 次の日本文の意味を表す英文になるように，（　　）内に適当な1語を入れなさい。

(1) こちらはトムではありません。

This (　　　　) (　　　　) Tom.

(2) これは卵ではありません。石です。

This is (　　　　) (　　　　) egg. (　　　　) a stone.

(3) これは店ではありません。

This (　　　　) a store.

(4) これはカナダではありません。

This is (　　　　) (　　　　).

(5) あれは桃ではありません。オレンジです。

(　　　　) (　　　　) a peach. It's (　　　　) (　　　　).

★16 次の日本文の意味を表す英文になるように，（　　）内の語を並べかえなさい。

(1) これは富士山ではありません。

(Fuji / this / not / is / Mt.).

(2) あちらは田中さんではありません。

(Tanaka / that's / Mr. / not).

(3) これはウサギではありません。　(rabbit / this / a / isn't).

(4) あれは郵便局ではありません。駅です。

That's not a post office. (station / it / a / is).

(5) これはチューリップではありません。　(not / a / this / is / tulip).

★★17 次の日本文を英語になおしなさい。

(1) あれはラジオではありません。

(2) これは中国ではありません。

(3) こちらはスミス (Smith) さんではありません。

(着眼)

15 (2)「石」stone [stóun ストウン] (3)「店」store [stóːr ストーァ] (4)「カナダ」Canada [kǽnədə キャナダ] (5)「桃」peach [píːtʃ ピーチ]

16 (1)「～山」Mt. ～ (3)「ウサギ」rabbit [rǽbit ラビト] (4)「郵便局」post office [póust ɔ(ː)fis ポウスト オ(ー)フィス] (5)「チューリップ」tulip [tjúːlip テューリプ]

17 (1)「ラジオ」radio [réidiou レイディオウ] (2)「中国」China [tʃáinə チャイナ]

4 Is this [that] 〜 ?

解答 別冊 *p.5〜p.6*

*18 次の英文を疑問文にしなさい。また，できた英文を日本語になおしなさい。

(1) This is a television.　　(2) This is a strawberry.

(3) That's an apple.　　(4) That is Singapore.

(5) This is a car.　　(6) That's a train.

(7) This is Mr. Brown.

**19 次の英文を疑問文にしなさい。また，できた英文にYesとNoの両方で答えなさい。 < 頻出

(1) This is Australia.　　(2) That is a chair.

(3) That's a school.　　(4) This is a lake.

(5) This is a desk.　　(6) That is an eraser.

**20 次の絵を見て，（　　）内に適当な1語を入れなさい。

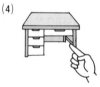

(1) (　　　　) is (　　　　) a cup. It is a (　　　　).

(2) Is (　　　) a lemon?

　　—— No, (　　　) (　　　). It's an (　　　).

(3) This (　　　) a piano. (　　　) an organ.

(4) (　　　　) that a table?

　　—— (　　　), it isn't. It is a (　　　).

着眼

18 (2) strawberry [strɔ́:beri ストゥローベリィ] イチゴ　(4) Singapore [síŋɡəpɔːr スィンガ
ポーァ] シンガポール　(6) train [tréin トゥレイン] 列車

19 (1) Australia [ɔ(:)stréiljə オ(ー)ストゥレイリヤ] オーストラリア　(3) school [skú:l ス
クール] 学校　(4) lake [léik レイク] 湖

20 (1) 「グラス」glass [ɡlǽs グラス]

★21 例にならって，次の問いに答えなさい。

[例] Is that a UFO? (plane) → No, it isn't. It is a plane.

(1) Is this a hat?　　(cap)

(2) Is this a panda?　(koala)

(3) Is that a cup?　　(glass)

(4) Is this America?　(Canada)

(5) Is that a ball?　　(orange)

★22 次の日本文の意味を表す英文になるように，(　　)内に適当な1語を入れなさい。

(1) これは日本ですか。　——はい，そうです。日本です。

(　　　) (　　　　) Japan?
—— Yes, it is. (　　　　) Japan.

(2) あれは池ですか。　——いいえ，ちがいます。湖です。

(　　　) (　　　　) a pond?
—— No, (　　　　) (　　　　). It is a lake.

(3) これはトマトですか。　——いいえ，ちがいます。リンゴです。

(　　　) (　　　　) a tomato?
—— No, it isn't. It's (　　　) (　　　　).

(4) あれはバラですか。　——はい，そうです。バラです。

(　　　) (　　　　) a rose?
—— (　　　　), (　　　　) is. It's a rose.

★23 次の日本文を英語になおしなさい。

(1) これはかさですか。　——はい，そうです。

(2) これはフランスですか。　——いいえ，ちがいます。ドイツです。

(3) あれは辞書ですか。　——いいえ，ちがいます。アルバムです。

着眼

21 UFO [júːefóu ユーエフオウ，júːfou ユーフォウ] ユーフォー・未確認飛行物体
(unidentified flying object の略)　(2) koala [kouáːlə コウアーラ] コアラ

22 (2) 「池」pond [pánd パンド]　(3) 「トマト」tomato [təméitou トメイトウ]

23 (2) 「フランス」France [fræns フランス]，「ドイツ」Germany [dʒə́ːrməni ヂャ〜マニィ]
(3) 「辞書」dictionary [díkʃəneri ディクショネリィ]

5 | a [an]; 形容詞; my, your

解答 別冊 *p.6~p.9*

*24 次の英文の（　　）内にaまたはanを入れなさい。不要な場合は×を入れなさい。
＜頻出＞

(1) That is (　　) new car.

(2) It isn't (　　) my bag.

(3) This is (　　) umbrella.

(4) This is (　　) old house.

(5) That is (　　) Mr. Ishida.

(6) Is that (　　) good car?

(7) Is this (　　) China?

(8) That isn't (　　) interesting magazine.

*25 次の英文に（　　）内の語を補って，全文を書きかえなさい。また，できた英文を日本語になおしなさい。

(1) This is an apple.　(sweet)　(2) Is this a bike?　(new)

(3) It isn't a horse.　(old)　(4) That is a stamp. (American)

(5) Is that a cap?　(Tom's)　(6) That's a flower.　(beautiful)

*26 次の英文の誤りを訂正して，全文を書きなさい。

(1) This is book.　　　　(2) That is a my car.

(3) This is a album.　　　(4) That is Mary doll.

(5) Is this small your bag?　—— No, it is.

(6) It isn't a France.

着眼

24 (1) new [njúː ニュー]「新しい」⇔「古い」old [óuld オウルド]　(6) good [gúd グッド]「良い」⇔「悪い」bad [bǽd バッド]　(8) interesting [ínt(ə)ristiŋ インタレスティング] おもしろい

25 (1) sweet [swíːt スウィート] 甘い　(2) bike [báik バイク] 自転車 (bicycle とも言う)
(3) horse [hɔ́ːrs ホース] ウマ　(4) stamp [stǽmp スタンプ] 切手　(6) flower [fláuər フラウア] 花，beautiful [bjúːtəfəl ビューティフル] 美しい

26 (4) Mary [mé(ə)ri メ(ア)リィ] メアリー，メリー (女性の名。愛称はMolly, Pollyなど)
(5) small [smɔ́ːl スモール]「小さい」⇔「大きい」big [bíg ビッグ]

☆27 次の英文を日本語になおしなさい。

(1) Is this your new bike? —— No, it isn't. It's my old bike.

(2) Is that an interesting story, too? —— Yes, it is.

(3) This isn't a bank. It's a library.

(4) Is this a big melon? —— No, it isn't. It's a small watermelon.

(5) Is that your mother's car? —— No, it isn't. It's my sister's car.

(6) This is my brother's guitar, too.

(7) That is Ken's grandfather's car.

(8) That isn't my dictionary.

☆28 次の英文を(　　)内の指示に従って書きかえなさい。

(1) This is a new car. （newをoldにかえて）

(2) That is a question.
（下線部の意味を「簡単な質問」にかえて）

(3) Is this your house?
（「はい, 私の家です」と答える）

(4) That's a desk.
（下線部の意味を「アキの机」にかえて）

(5) It is an elephant.
（下線部の意味を「大きなゾウ」にかえて）

(6) That is your racket.
（「～も」という意味をつけ加えて）

(7) That isn't an umbrella.
（smallを入れて意味の通じる文に）

(8) That is Mr. Brown's house.
（疑問文にして, Noで答える）

着眼

27 (2) story [stɔ́:ri ストーリィ] 物語　(3) bank [bǽŋk バンク] 銀行　(4) melon [mélən メロン] メロン, watermelon [wɔ́:tərmelən ウォータメロン] スイカ　(5) sister [sístər スィスタァ]「姉[妹]」⇔「兄[弟]」brother [brʌ́ðər ブラザァ]　(7) grandfather [grǽn(d)fɑːðər グラン(ドゥ)ファーザァ]「祖父」⇔「祖母」grandmother [grǽn(d)mʌðər グラン(ドゥ)マザァ]

28 (2)「簡単な」easy [í:zi イーズィ], 「質問」question [kwésʃən クウェスチョン]　(3) house [háus ハウス] 家　(5) elephant [éləfənt エレファント] ゾウ　(6) racket [rǽkit ラケト] ラケット

★★29 次の対話文の（　）内に適する語を，それぞれ下の［　］内から選んで書きなさい。

(1) Jane　: ①(　　　　) that your bike, Emily?
　　Emily : Yes, ②(　　　　) is. It's ③(　　　　) bike.
　　Jane　: Is that your bike, ④(　　　　)?
　　Emily : No, it ⑤(　　　　). It's ⑥(　　　　) bike.
　　［ that, it, is, isn't, not, a, my, Alice's, too ］

(2) Mike　: ①(　　　　) this your stamp, Bob?
　　Bob　: No, ②(　　　　) ③(　　　　). It's ④(　　　　)
　　⑤(　　　　) stamp.
　　Mike　: Is it a ⑥(　　　　) stamp?
　　Bob　: Yes, it is.
　　［ this, it, is, isn't, not, my, your, brother's, Japanese ］

★★30 次の日本文の意味を表す英文になるように，（　）内の語と符号を並べかえなさい。

(1) あれは古い教会です。
　　(old / that / an / is / church).

(2) これは私の姉のバイオリンです。
　　(sister's / this / my / is / violin).

(3) これは私の友だちの自転車ではありません。
　　(my / bicycle / this / not / is / friend's).

(4) あちらはトムのお母さんですか。
　　(that / mother / is / Tom's)?

(5) これも私の机です。
　　(my / this / is / too / desk / ,).

(6) こちらは私の仲のよい友だちです。
　　(this / good / my / is / friend).

(7) これは大きな国ですか。
　　(country / is / a / this / large)?

着眼
29 (1) Jane [dʒéin ヂェイン] (女性の名)，Alice [ǽlis アリス] (女性の名)
(2) 「日本の」Japanese [dʒæpəníːz ヂャパニーズ]
30 (1) 「教会」church [tʃə́ːrtʃ チャ〜チ] (7) 「(規模が) 大きな」large [láːrdʒ ラーヂ]，「国」country [kʌ́ntri カントゥリィ]

★★31 次の日本文を英語になおしなさい。

(1) あれはあなたの学校ですか。 ——はい，そうです。

(2) これは古い駅です。

(3) これはフランスではありません。イタリアです。

(4) これも私のラケットです。

(5) あちらはミキの級友ですか。

(6) あれも美しい鳥ですか。

(7) こちらがボブ (Bob) の仲のよい友だちです。

(8) それは松井氏の家です。

★★32 次の対話文を読んで，あとの問いに答えなさい。

Tom : Is this your dog?

Mike : No, it ①<u>is not</u>. ②<u>It is</u> my brother's ③<u>dog</u>.

Tom : Is that your brother's ④<u>dog</u>, ⑤(   )?

Mike : No, it is not. It is my dog.

Tom : ⑥<u>Is it your good friend?</u>

Mike : Yes, it is.

(1) 下線部①，②の短縮形を書きなさい。

(2) 下線部③，④のdogはだれの犬ですか。日本語で答えなさい。

(3) ⑤の (   ) 内に適当な1語を入れなさい。

(4) 下線部⑥を日本語になおしなさい。

着眼
31 (2)「駅」station [stéiʃən ステイション] (5)「級友」classmate [klǽsmeit クラスメイト]
(6)「鳥」bird [bə́:rd バ〜ド] (7)「仲のよい」=「親しい」good [gúd グッド]

6 What is this [that]? ; Is this [that] A or B?

解答 別冊 *p.9〜p.10*

*33 例にならって，Whatで始まる疑問文と，その答えの文を書きなさい。

［例］ This is a cat. → What is this?　—— It's a cat.

(1) This is a flower.　　　(2) That's my album.

(3) This is an old gate.

*34 次の英文を上げ調子で読むときは↗，下げ調子で読むときは↘を書きなさい。
< 頻出

(1) This is a tiger.　(　　)

(2) Is this a lion?　(　　)　—— Yes, it is.　(　　)

(3) That isn't Jack's teacher.　(　　)

(4) Is that a book (　　) or an album (　　)?

(5) What is this?　(　　)　—— It's an old elephant.　(　　)

*35 次の疑問文に対する答えとして最も適当なものを下から選んで，記号で答えなさい。

(1) Is that your school?

ア　That's my school.　　イ　No, it isn't.　　ウ　It is my school.

(2) Is that a monkey or a gorilla?

ア　Yes, it is.　　イ　No, it isn't.　　ウ　It's a gorilla.

(3) What's this?

ア　Yes, it is.　　イ　It's my camera.　　ウ　No, it isn't.

*36 次の日本文の意味を表す英文になるように，(　　)内に適当な1語を入れなさい。< 頻出

(1) ①あれはボールですか。　——いいえ，ちがいます。

Is that (　　　　) (　　　　)?　—— No, (　　　　) (　　　　).

②それでは，それは何ですか。　——卵です。

(　　　　) is it, then?　—— It is (　　　　) (　　　　).

(着眼)

35 (2) monkey[mʌ́ŋki マンキィ]サル，gorilla[ɡərílə ゴリラ]ゴリラ

36 (1) ②then[ðén ゼン]それでは

(2) これは何ですか。 ——それは私の帽子です。

What ( ) ( )? —— It's ( ) ( ).

(3) あれは鳥ですか，それとも飛行機ですか。 ——鳥です。

( ) ( ) a bird ( ) ( ) plane?

—— ( ) a bird.

☆37 次の対話文の（　）内に適する語を，それぞれ下の［　］内から選んで書きなさい。

Tom : ①( ) is that, Mary?

Mary : It's a rocket. It's an ②( ) rocket.

Tom : Then, ③( ) that? ④( ) it a rocket, too?

Mary : ⑤( ), it isn't. It's a ⑥( ) plane.

［ it, what, what's, is, isn't, old, yes, no, fast ］

☆38 次の英文を日本語になおしなさい。

(1) Is this a pen or a pencil? —— It's a pencil.

(2) Is that Nancy's dog or Jane's dog? —— It's Nancy's dog.

(3) Is this Nancy or Jane?

(4) What is this? —— It's an old car.

(5) What is that? —— It's my new bike.

☆☆39 次の日本文を英語になおしなさい。

(1) これはカメラですか，それともラジオですか。 ——ラジオです。

(2) あれは新しいコンピューターですか，それとも古いコンピューターですか。
　　——古いコンピューターです。

(3) あなたのペット (pet) は何ですか。 ——犬です。

(4) ①あれは図書館ですか。 ——いいえ，ちがいます。
　　②それでは，それは何ですか。 ——学校です。

着眼

37 rocket [rɑ́kit ラケト] ロケット，plane [pléin プレイン] 飛行機，
fast [fǽst ファスト] 速い

39 (2) 「コンピューター」computer [kəmpjúːtər コンピュータァ]

第 **1** 回 **実力テスト**

時間 **50** 分
合格点 **80** 点

得点 ／100

解答 別冊 *p.10~p.13*

---

1 次の各組で，下線部の発音が他と異なるものを1つ選んで，記号で答えなさい。
発音がすべて同じ場合には○を書きなさい。 (1点×5＝5点)

(1) ア this イ that ウ three エ father

(2) ア book イ zoo ウ school エ tooth

(3) ア moment イ hello ウ notebook エ old

(4) ア cat イ watch ウ apple エ Japan

(5) ア table イ face ウ radio エ name

---

2 次の文はどのように読みますか。上げ調子ならば ↗，下げ調子ならば ↘ を
【 】に書き入れなさい。 (2点×5＝10点)

(1) That is a dog【 】. Is that a dog, too【 】?

(2) Is this a guitar【 】 or a violin【 】?

(3) This isn't a hospital【 】. It's a library【 】.

(4) A : Is this a train【 】?
   B : Yes, it is【 】.

(5) A : What's that【 】?
   B : It's a computer【 】.

---

3 次の(1)~(5)は，ア~キのどの場面で使われますか。それぞれ1つずつ選びなさ
い。 (1点×5＝5点)

(1) Good afternoon.

(2) Good evening.

(3) You're welcome.

(4) This is my mother.

(5) My name is Jack.

ア 自己紹介をするとき。 イ お礼を言うとき。

ウ お礼を言われたとき。 エ 人を紹介するとき。

オ 朝(午前中)のあいさつ。 カ 昼のあいさつ。

キ 夕方以降のあいさつ。

4 次の疑問文に対する答えとして最も適当なものを下から選んで，記号で答えなさい。　(1点×5＝5点)

(1) Is this your album?

(2) Is that a new album?

(3) Is that a cup or a glass?

(4) Is this an album, too?

(5) What's that?

　ア　No, it isn't.　It's an old album.

　イ　No, it isn't.　It's a book.

　ウ　Yes, it is.　It's my album.

　エ　It's a hospital.

　オ　It's a glass.　It isn't a cup.

5 次の英文に誤りがあれば訂正して，全文を書きなさい。誤りがなければ○を書きなさい。　(1点×5＝5点)

(1) Is that a bird or planes?

(2) That's isn't a album.

(3) What's that?　—— It's a dog.

(4) my names mike davis.

(5) Is this a Japan or an England?　—— This is a Japan.

6 次の対話文の（　　）内に適当な1語を入れなさい。　(2点×5＝10点)

(1) Mike : (　　　　) that, Jane?

　　Jane : (　　　　) is (　　　　) apple.

(2) Mike : Is this a lion (　　　　) a tiger?

　　Jane : (　　　　) a tiger.

(3) Mike : Thank you.

　　Jane : (　　　　) (　　　　).

(4) Mike : Nice to meet you.

　　Jane : Nice to meet you, (　　　　).

(5) Mike : How are you?

　　Jane : I'm (　　　　), thank you.　(　　　　) you?

7 次の英文を（　　）内の指示に従って書きかえなさい。　　　（2点×5＝10点）

(1) That's a new bike.
   （否定文に）
(2) Is this a book?　Is this an album?
   （同じ内容の1つの文に）
(3) It is a cat.
   （thatを使って，下線部が答えの中心になる疑問文に）
(4) Yes, it is.　It's my eraser.
   （thisを使って，これが答えになる疑問文に）
(5) No, it isn't.　It isn't a ball.
   （thatを使って，これが答えになる疑問文に）

8 次の日本文の意味を表す英文になるように，（　　）内の語と符号を並べかえなさい。ただし，それぞれ，不足している1語を補うこと。　　（2点×5＝10点）

(1) あれは便利なコンピューターです。
   (is / useful / that / computer / .)
(2) これはアメリカの切手ですか。　──はい，そうです。
   (is / is / yes / this / it / stamp / American / , / . / ?)
(3) これも古いギターですか。
   (is / an / guitar / this / old / , / ?)
(4) これは私の兄の辞書ではありません。
   (is / dictionary / this / my / not / .)
(5) あれも新しい橋ですか。　──いいえ，ちがいます。
   (no / is / it / too / new / isn't / bridge / a / , / , / . / ?)

9 次の英文を日本語になおしなさい。　　　（2点×5＝10点）

(1) Jim, this is my friend, Jane.
(2) Is this Ken's notebook?　── Yes, it is.
(3) Is that your bike, too?　── No, it isn't.　It is my father's bike.
(4) That isn't Tom's dog.　It's Bob's dog.
(5) How do you do?

10 次の日本文を英語になおしなさい。　　　　　　　　　　　（3点×5＝15点）

(1) これはおもしろい本ではありません。

(2) あれは大きいネコですか，それとも小さいライオンですか。

(3) これも古い時計ですか。　――はい，そうです。

(4) あれもあなたの花びんですか。　――いいえ，ちがいます。

(5) あれは何ですか。　――図書館です。

11 次の会話文を読んで，あとの問いに答えなさい。　　　　（3点×5＝15点）

（ジンはマイクの部屋に招待されました）

Mike ： ①<u>ジン，これがぼくの部屋だよ。</u> Come in.

Jin ：　Oh, it's a very beautiful room.

　　　　Is this your racket?

Mike ： （　②　）

Jin ：　Is this your racket?

Mike ： （　③　）

　　　　It's （　④　） racket.

Jack ：　Hello.

Mike ： Jin, this is my brother, Jack.

Jin ：　（　⑤　）.

Jack ： （　⑤　）, too, Jin.

(注) Come in.「お入りください」

(1) 下線部①を英語になおしなさい。

(2) （　②　）に最も適するものを下から選んで，記号で答えなさい。

　　ア　Good.　　イ　Yes, it is.　　ウ　Pardon?　　エ　Yes, it isn't.

(3) （　③　）に適する文を書きなさい。

(4) （　④　）が「ぼくの兄の」という意味になるように，語句を補いなさい。

(5) （　⑤　）に最も適するものを下から選んで，記号で答えなさい。

　　ア　How do you do

　　イ　Here you are

　　ウ　Nice to meet you

　　エ　Thank you

7 | He [She, It] is ～ .

解答 別冊 *p.13~p.15*

*40 下線部を he, she, it のいずれかにかえて，全文を書きかえなさい。また，できた英文を日本語になおしなさい。 ◁頻出

(1) <u>Akiko</u> is a student.　(2) <u>Bill</u> is from America.

(3) <u>My mother</u> is a nurse.　(4) <u>Shiro</u> is my cat.

(5) <u>Mr. Inoue</u> is my teacher.　(6) <u>John</u> is an old dog.

(7) <u>Hideki</u> is Taro's brother.　(8) <u>Yukiko</u> is Jiro's grandmother.

(9) <u>This</u> is my key.　(10) <u>That</u> is a beautiful picture.

*41 次の英文を否定文にしなさい。

(1) Mr. White is a doctor.　(2) Akira's sister is a singer.

(3) Yuko is a good tennis player.　(4) Aki is my good friend.

(5) Taro's father is a pilot.　(6) Japan is a large country.

(7) She is a dancer.　(8) He is a new student.

*42 次の英文を疑問文にしなさい。また，（　　）内の語を用いて答えなさい。

(1) Akira's father is from Hokkaido.　(Yes)

(2) Kuro is my friend's cat.　(No)

(3) Mr. Inoue is an English teacher.　(Yes)

(4) Jim is your classmate.　(No)

(5) Japan is a small country.　(Yes)

(6) Your mother is a doctor.　(No)

(7) Your sister is a volleyball player.　(Yes)

(8) That man is Mr. Takahashi.　(No)

(9) This is a big house.　(Yes)

(10) It is a deep lake.　(No)

(着眼)

40 (2) Bill [bíl ビル] (男性の名。William の愛称)　(3) nurse [nə́:rs ナース] 看護師

41 (2) singer [síŋər スィンガァ] 歌手　(5) pilot [páilət パイロット] パイロット　(7) dancer [dǽnsər ダンサァ] ダンサー・舞踊家

42 (4) classmate [klǽsmeit クラスメイト] 級友　(7) volleyball [válibɔ:l ヴァリボール] バレーボール　(9) big [bíg ビッグ] 大きい　(10) deep [dí:p ディープ] 深い

★43 次の対話文の（　　）内に最も適当なものを下から選んで，記号で答えなさい。

◁頻出

(1) A : Is this your picture?

B : (　　). It's my picture.

ア No, it isn't　　　　　イ Yes, it is

ウ Yes, this is　　　　　エ No, this isn't

(2) A : Is Hanako a pianist?

B : (　　). She is a nurse.

ア No, she isn't　　　　イ Yes, she is

ウ Yes, it is　　　　　　エ No, it isn't

(3) A : Is that Bill's racket?

B : (　　). It's Taro's racket.

ア Yes, it is　　　　　　イ No, it isn't

ウ Yes, he is　　　　　　エ No, he isn't

(4) A : Is it an old dog?

B : (　　). It's a young dog.

ア Yes, he is　　　　　　イ No, he isn't

ウ Yes, it is　　　　　　エ No, it isn't

(5) A : Is she from Japan?

B : (　　). She is a Japanese girl.

ア No, she isn't　　　　イ Yes, he is

ウ No, he isn't　　　　　エ Yes, she is

(6) A : Is he your friend?

B : (　　). He is my brother's friend.

ア Yes, it is　　　　　　イ No, it isn't

ウ No, he isn't　　　　　エ Yes, he is

着眼

43 (1) picture [píktʃər ピクチァ] 写真・絵　(2) pianist [piǽnist ピアニスト] ピアニスト

★44 次の日本文の意味を表す英文になるように，（　　）内に適当な1語を入れなさい。

(1) ロシアは大きな国です。

Russia (　　　) a large (　　　　).

(2) 加藤さんは音楽の先生です。

Ms. Kato (　　　　) a music (　　　　　).

(3) あの背の高い男の子はゴローですか。

(　　　) that (　　　　) boy Goro?

(4) この白い犬はポチではありません。

This (　　　) dog (　　　　) Pochi.

(5) ユミは私の姉ではありません。

Yumi is (　　　) my (　　　　).

(6) 彼は親切なおまわりさんです。

He (　　　) a (　　　　) policeman.

(7) 彼女は新入生ではありません。

She is (　　　) a (　　　　) student.

(8) ジョンはオーストラリア出身ですか。

(　　　) John (　　　　) Australia?

(9) あれはあなたの犬ですか。

(　　　) that (　　　　) dog?

(10) あなたのお兄さんは画家ですか。

Is (　　　) brother a (　　　　)?

(11) 私の母は看護師です。

(　　　) mother is a (　　　　).

(12) それは私の学校ではありません。

It (　　　) (　　　　) school.

(13) それはアメリカ製の車です。

(　　　) an American (　　　　).

44 (1)「ロシア」Russia [rʌ́ʃə ラシァ]　(6)「親切な」kind [káind カインド]，「おまわりさん」policeman [pəlíːsmən ポリースマン]（最近では police officer のほうが一般的）
(7)「新入生」⇒「新しい生徒」と考える。　(10)「画家」painter [péintər ペインタァ]

⭐45 次の日本文の意味を表す英文になるように，（　　）内の語を並べかえなさい。

(1) 私の父は野球ファンです。

(fan / my / a / father / is / baseball).

(2) フレッドはあなたのおじさんですか。

(your / is / uncle / Fred)?

(3) 彼女は私の仲のよい友だちです。

(friend / she / good / is / my).

(4) あなたのお母さんは沖縄出身ですか。

(Okinawa / is / mother / your / from)?

(5) 京都は古都です。

(city / Kyoto / an / is / old).

(6) エミリーは私のクラスメイトではありません。

(isn't / my / Emily / classmate).

(7) それは甘いリンゴです。

(sweet / it / a / is / apple).

(8) 彼女は北海道出身ではありません。

(is / Hokkaido / not / she / from).

(9) ケニアは暑い国です。

(country / Kenya / a / is / hot).

(10) 彼は良い野球選手ですか。

(good / he / baseball / a / player / is)?

⭐⭐46 次の日本文を英語になおしなさい。

(1) あの少年はビルです。彼はアメリカ出身です。

(2) あなたのお父さんは私の先生です。

(3) あの背の高い男の人は私のいとこです。

(4) これは私の本ではありません。ヨウコの本です。

(5) 彼女は学生ですか。　——はい，そうです。

着眼

45 (1)「ファン」fan [fǽn ファン] (2)「おじ」uncle [ʌ́ŋkl アンクル] ⇔ aunt [ǽnt アント，ɑ́ːnt アーント]おば (3)「仲のよい友だち」⇒「親しい友だち」と考える。 (5)「古都」⇒「古い都市」と考える。「都市」city [síti スィティ] (6)「エミリー」Emily（女性の名） (7)「甘い」sweet [swíːt スウィート] (9)「ケニア」Kenya [kénjə ケニャ] (10)「選手」player [pléiər プレイア]

46 (3)「いとこ」cousin [kʌ́zn カズン]

8 I am 〜 . You are 〜 . ; his, her

解答 別冊 *p.15~p.18*

*47 次の英文を否定文にしなさい。また，できた英文を日本語になおしなさい。

(1) I am a nurse.　　　　　(2) I am from India.

(3) You are a doctor.　　　(4) You are my brother.

(5) You are a tall girl.

*48 次の英文を疑問文にして，できた英文を日本語になおしなさい。また，(　　)
内の語を用いて答えなさい。

(1) I am a bad boy.　　　　　　　　　(No)

(2) I am your good friend.　　　　　　(Yes)

(3) You are a famous pianist.　　　　　(No)

(4) You are from Canada.　　　　　　(Yes)

(5) You are Tadashi's English teacher.　(Yes)

*49 次の英文の(　　)内にam, are, isの中から適当なものを選んで入れなさい。
< 頻出

(1) I (　　　) Tom's sister.

(2) Your brother (　　　) a volleyball player.

(3) This (　　　) Mr. White.

(4) You (　　　) from Australia.

(5) Mike (　　　) my good friend.

(6) It (　　　) my dog.

(7) My father (　　　) a policeman.

(8) That tall man (　　　) my brother.

(9) I (　　　) your classmate.

(10) You (　　　) a good nurse.

(11) That (　　　) my new hat.

(12) She (　　　) Mika's aunt.

着眼

47 (2) India [índiə インディア] インド

48 (3) famous [féiməs フェイマス] 有名な

★50 次の英文の（　）内の語を適当な形になおしなさい。　<頻出

(1) She is (I) mother.

(2) This is (she) dress.

(3) This is (he) cat.　(It) name is Tama.

(4) (She) mother is a music teacher.

(5) (He) brother is a pilot.

(6) Takeshi is (you) good friend.

★51 次の英文の下線部を（　）内の語にかえて，全文を書きかえなさい。

(1) Mr. Green is a good teacher.　(I)

(2) Am I your friend?　(Mika)

(3) I am not from Singapore.　(she)

(4) You are a scientist.　(he)

(5) His sister is an actress.　(I)

(6) Takeshi is not your cousin.　(I)

(7) Sam is a college student.　(you)

★52 次の対話文の（　）内から最も適当なものを選びなさい。　<頻出

(1) A : Are you a scientist?

　　B : Yes, (you / I / my) am.

(2) A : (Is / Are / Am) your brother a golfer?

　　B : No, (she / he / you) is not.

(3) A : Is this (your / you / I) watch?

　　B : Yes, (you / it / I) is.

(4) A : (Am / Are / Is) I your good friend?

　　B : Yes, (I / she / you) are.

(5) A : Is that (your / you / she) dog?

　　B : Yes.　(Your / My / Its) name is Daisuke.

(着眼)

　50 (2) dress [drés ドゥレス] ドレス

　51 (4) scientist [sáiəntist サイエンティスト] 科学者　(5) actress [ǽktris アクトゥレス] 女優⇔actor [ǽktər アクタァ] 男優　(7) college [kálidʒ カレヂ] 大学

　52 (2) golfer [gálfər ガルファ] ゴルファー＜golf [gálf ガルフ] ゴルフ

53 次の対話文の（　　）内に適当な1語を入れなさい。

Mayumi : Hi, Nancy. ①(　　　　　) name is Mayumi.
　　　　　 Nice to meet you.
Nancy : Hi, Mayumi. Nice to meet you, ②(　　　　).
Mayumi : ③(　　　　　) you from Canada?
Nancy : Yes. I ④(　　　　) from Ottawa.
Mayumi : ⑤(　　　　) Ottawa a beautiful city?
Nancy : Yes, ⑥(　　　　) is.

54 次の日本文の意味を表す英文になるように，（　　）内に適当な1語を入れなさい。

(1) 彼のおじさんは科学者です。
　　（　　　　） uncle is a （　　　　）.
(2) 彼女のおばさんは歌手ですか。
　　（　　　） （　　　　） aunt a singer?
(3) これは彼女のラケットではありません。
　　This （　　　　） （　　　　） racket.
(4) 東京は大都市です。
　　Tokyo （　　　　） a （　　　　） city.
(5) あなたはシカゴからおいでですか。
　　（　　　） you （　　　　） Chicago?
(6) その背の高い少年は彼女のお兄さんです。
　　That （　　　　） boy is （　　　　） brother.
(7) 彼の名前はイチローではありません。
　　（　　　　） name （　　　　） not Ichiro.
(8) これはあなたの友だちの家ですか。
　　（　　　　） this （　　　　） friend's house?
(9) 私はその野球チームのメンバーではありません。
　　（　　　　） not a member （　　　　） the baseball team.

着眼
　53 Nancy [nǽnsi ナンスィ]（女性の名），Ottawa [átəwə アタワ] オタワ（カナダの首都），city [síti スィティ] 都市
　54 (4)「大都市」⇒「大きい都市」と考える。(5) Chicago [ʃikáːgou シカーゴウ] シカゴ

⋆⋆55 次の日本文の意味を表す英文になるように，(　　)内の語を並べかえなさい。

(1) これは彼の腕時計です。

(watch / this / his / is).

(2) 彼女のおばあさんは大阪出身です。

(Osaka / her / is / grandmother / from).

(3) 彼女はあなたのクラスメートですか。

(your / is / classmate / she)?

(4) ビルはアメリカ人の学生ではありません。

(American / Bill / isn't / student / an).

(5) ボブはルーシーのボーイフレンドです。

(is / Lucy's / Bob / boyfriend).

(6) この大きな国は中国ですか。

(China / this / is / country / large)?

(7) あちらは有名な医者です。

(famous / that / a / is / doctor).

(8) 彼のお父さんはバスの運転手です。

(is / father / his / bus / a / driver).

(9) タマは私のかわいいネコです。

(my / cat Tama / is / lovely).

(10) あなたは中学生ですか。

(you / are / high / a / junior / school / student)?

⋆⋆⋆56 次の日本文を英語になおしなさい。

(1) オーストラリアは大きな国です。

(2) あの背の高い男の子はバスケットボールの選手です。

(3) あなたは彼女のお兄さんですか。　──いいえ，ちがいます。

(4) 彼のお兄さんは俳優です。

(5) 彼女のおじいさんはイタリア出身です。

着眼

55 (5)「ボーイフレンド」boyfriend [bɔ́ifrend ボイフレンド]　(7)「有名な」famous [féiməs
フェイマス]　(9)「かわいい」lovely [lʌ́vli ラヴリィ]　(10)「中学生」⇒「中学校の生徒」と
考える。「中学校」junior high school

56 (2)「バスケットボール」basketball [bǽskitbɔːl バスケットゥボール]
(4)「俳優」actor [ǽktər アクタァ]

9 | Who is 〜 ? What is 〜 ?

解答 別冊 p.18〜p.19

*57 次の疑問文に対する答えとして最も適当なものを下から選んで，記号で答えなさい。

(1) Who is he?
　　ア Yes, he is.　　　　　　　　イ He is Mr. Brown.
　　ウ He is a doctor.　　　　　　エ No, he isn't.

(2) Who is that old woman?
　　ア She is my grandmother.　　イ Yes, she is.
　　ウ No, she isn't.　　　　　　エ She is a nurse.

(3) What is your mother?
　　ア Her name is Toshiko.　　　イ Yes, she is.
　　ウ She is a nurse.　　　　　　エ No, she isn't.

(4) What is that tall man?
　　ア Yes, he is.　　　　　　　　イ He is a golfer.
　　ウ He is my friend.　　　　　　エ No, he isn't.

*58 次の英文の下線部が答えの中心になる疑問文をつくりなさい。

(1) My name is Jun Yamada.　　(2) His name is George Brown.
(3) She is an actress.　　　　　(4) The man is a baseball player.
(5) She is Keiko Inoue.　　　　(6) The girl is Jiro's sister.

*59 次の日本文の意味を表す英文になるように，（　　）内に適当な1語を入れなさい。

(1) ①あの背の高い女の子はだれですか。
　　（　　　　）（　　　　　）that tall girl?
　　②彼女はジローのガールフレンドです。（①の答え）
　　She is （　　　　）（　　　　）.

(2) ①彼のお父さんは何をされている人ですか。
　　（　　　　）is （　　　　　）father?
　　②彼は医者です。（①の答え）
　　（　　　　）is a （　　　　）.

(3) ①あなたの友だちの名前は何ですか。

(　　　　) is your friend's (　　　　)?

②彼の名前はヒデキです。(①の答え)

(　　　) (　　　　) is Hideki.

★60 次の対話文の(　　)内に適当な1語を入れなさい。

(1) A : (　　　　) (　　　　) your name?

B : My name is Linda.

(2) A : (　　　　) (　　　　) that pretty girl?

B : She is Ken's sister.

(3) A : (　　　) (　　　　) the man?

B : He is a lawyer.

(4) A : Who is that old man?

B : (　　　) (　　　　) Bill's grandfather.

★61 次の英文を日本語になおしなさい。

(1) What is your name? —— My name is Yukiko.

(2) What is that boy's name? —— His name is Bill.

(3) Who is she? —— She is Mrs. White.

(4) Who is this man? —— He is my uncle.

(5) What is that woman?

—— She is a famous pianist.

★★★62 次の日本文を英語になおしなさい。

(1) この野球選手はだれですか。 ——イチローです。

(2) あのかわいい女の子はだれですか。 ——アヤコです。

(3) あなたのお母さんは何をされている人ですか。 ——画家です。

着眼

60 (1) Linda [líndə リンダ] (女性の名)　(2) pretty [príti プリティ] かわいい　(3) lawyer [lɔ́ːjər ローヤァ] 弁護士・法律家

10 be動詞＋形容詞

解答 別冊 p.19~p.21

＊63 次の英文を否定文にして，できた英文を日本語になおしなさい。

(1) Your father is busy.　　(2) This cat is young.

(3) Japan is small.　　(4) His sister is pretty.

(5) This picture is beautiful.　　(6) My brother is tall.

＊64 次の英文を疑問文にして，できた英文を日本語になおしなさい。また，（　　）内の語を用いて答えなさい。

(1) This pianist is famous.　　(Yes)

(2) You are free.　　(No)

(3) His mother is kind.　　(Yes)

(4) That mountain is very high. (No)

(5) This car is expensive.　　(Yes)

＊65 次の各組の英文がほぼ同じ意味を表すように，（　　）内に適当な1語を入れなさい。◁ 頻出

(1) This car is new.
　　This (　　　　) a (　　　　) (　　　　).

(2) This is a nice watch.
　　This (　　　　) is (　　　　).

(3) That tree is old.
　　That is (　　　　) (　　　　) (　　　　).

(4) This book is very useful.
　　This is a (　　　　) (　　　　) (　　　　).

(5) That is not a rich man.
　　That (　　　　) isn't (　　　　).

着眼

63 (1) busy [bízi ビズィ] 忙しい　(2) young [jáŋ ヤング] 若い

64 (2) free [frí: フリー] ひまな，自由な　(3) kind [káind カインド] 親切な，優しい
　　(5) expensive [ikspénsiv イクスペンスィヴ] 高価な⇔cheap [tʃí:p チープ] 安い

65 (2) nice [náis ナイス] すばらしい　(3) tree [trí: トゥリー] 木　(4) very [véri ヴェリィ]
　　とても，useful [jú:sfəl ユースフル] 有用な　(5) rich [rítʃ リッチ] 金持ちの

⁑66 次の日本文の意味を表す英文になるように，（　）内に適当な1語を入れなさい。

(1) ジムのお母さんはとても親切です。
Jim's mother is (　　　) (　　　).

(2) あなたのお父さんは忙しいですか。
(　　　) your father (　　　)?

(3) このバスケットボール選手はとても背が高い。
This basketball player is (　　　) (　　　).

(4) そのピアニストはアメリカで有名です。
That pianist (　　　) (　　　) in America.

(5) あなたの家は新しいですか。
(　　　) your house (　　　)?

(6) 私のおじは金持ちではありません。
My uncle (　　　) not (　　　).

(7) 彼女のネコはとてもかわいい。
(　　　) cat is very (　　　).

⁑67 次の日本文の意味を表す英文になるように，（　）内の語を並べかえなさい。

(1) あの野球選手はすごいよ。　(player / that / is / baseball / great).

(2) このバイオリンは，とても高価です。
(violin / this / very / is / expensive).

(3) この部屋はとても暑い。　(this / is / room / hot / very).

(4) あなたの家は大きいですか。　(house / is / your / big)?

(5) 彼女のお兄さんは背が高くない。(is / tall / her / not / brother).

⁑68 次の日本文を英語になおしなさい。

(1) この歌手は日本で人気があります。

(2) あの塔はあまり高くない。

(3) このリンゴは甘いですか。

着眼
67 (1)「すごい」great[gréit グレイト]　(3)「暑い」hot[hát ハット]
68 (1)「歌手」singer[síŋər スィンガァ]，「人気がある」popular[pápjulər パピュラァ]，
「〜（の中）で」in 〜　(2)「塔」tower[táuər タウア]

第2回 実力テスト

時間 **50**分
合格点 **80**点

得点 　　／100

解答 別冊 p.21~p.24

---

1 次の語の下線部と異なる発音を含む語を右から選んで，記号で答えなさい。
(1点×5＝5点)

(1) teacher 〔 ア sister 　 イ Japanese 　 ウ tea 　　 〕
(2) high 〔 ア kind 　 イ library 　 ウ dictionary〕
(3) table 〔 ア father 　 イ potato 　 ウ name 　　 〕
(4) girl 〔 ア nurse 　 イ park 　 ウ earth 　　 〕
(5) beautiful 〔 ア pupil 　 イ music 　 ウ uncle 　　 〕

---

2 次の語を発音するとき，最も強く発音する部分を記号で答えなさい。
(1点×10＝10点)

(1) Aus-tral-ia (Australia)
　　ア　イ　ウ

(2) Jap-a-nese (Japanese)
　　ア　イ　ウ

(3) Eng-land (England)
　　ア　イ

(4) A-mer-i-can (American)
　　ア　イ　ウ　エ

(5) note-book (notebook)
　　ア　イ

(6) po-lice-man (policeman)
　　ア　イ　　ウ

(7) dic-tion-ar-y (dictionary)
　　ア　イ　ウ　エ

(8) po-ta-to (potato)
　　ア　イ　ウ

(9) col-lege (college)
　　ア　イ

(10) gui-tar (guitar)
　　ア　イ

---

3 次の疑問文に対する答えとして適当なものを右から選んで，記号で答えなさい。
(1点×5＝5点)

(1) Are you an artist?
(2) Is that boy your friend?
(3) Am I a good boy?
(4) What is that tall man?
(5) What is your brother's name?

ア Yes, I am.
イ Yes, you are.
ウ Yes, he is.
エ Yes, she is.
オ His name is Taro.
カ My name is Ken.
キ He is a musician.
ク He is my father.

4 次の対話文の（　　　）内に適当な1語を入れなさい。　　　　（1点×5＝5点）

(1) Mike : (　　　　　　) is that man, Jane?
　　Jane : (　　　　　　) my English teacher.
(2) Mike : (　　　　　　) is that man, Jane?
　　Jane : (　　　　　　) an English teacher.
(3) Mike : (　　　　　　) she?
　　Jane : She is my sister, Kate.

5 次の英文を（　　　）内の指示に従って書きかえなさい。ただし，(4)は（　　　）内の指示に従って答えること。　　　　（2点×10＝20点）

(1) You're good at swimming.
　　（主語をIにかえて，否定文に）
(2) I am a good swimmer.
　　（主語をyouにかえて，疑問文に）
(3) You aren't an English teacher.
　　（主語を「あちらの女性は」の意味を表す語句にかえて，疑問文に）
(4) Your mother is an English teacher.
　　（疑問文にして，Yesで答える）
(5) Yes, I am.　I'm from Australia.
　　（これが答えになる疑問文に）
(6) That man is Mr. Smith.
　　（下線部が答えの中心になる疑問文に）
(7) She is an English teacher.
　　（下線部が答えの中心になる疑問文に）
(8) Andy is my friend.
　　（下線部を「彼の友だち」の意味を表す語句にかえて）
(9) Is Mrs. White Bob's mother's friend?
　　（下線部を代名詞にかえて，肯定文に）
(10) Tom is Bob's mother's student.
　　（下線部を代名詞にかえて，疑問文に）

6 次の各組の英文がほぼ同じ意味を表すように, ( ) 内に適当な1語を入れなさい。 (1点×5＝5点)

⑴ This house is new.

This is ( ) ( ) house.

⑵ This dictionary is old.

This is ( ) ( ) dictionary.

⑶ This building is very old.

This is ( ) ( ) ( ) building.

⑷ He is a Canadian boy.

He is ( ) ( ).

⑸ Her name is Judy.

( ) ( ) Judy.

7 次の日本文の意味を表す英文になるように, ( ) 内に適当な1語を入れなさい。 (2点×5＝10点)

⑴ あなたは彼の仲よしです。

You are ( ) ( ) friend.

⑵ あなたの友だちは北海道出身ですか。

( ) ( ) friend from Hokkaido?

⑶ 私の母は英語の先生です。

( ) mother is ( ) English teacher.

⑷ あの少女はロンドンの出身ではありません。

( ) girl ( ) from London.

⑸ ケンはテニスが上手です。

Ken is a ( ) tennis ( ).

8 次の日本文の意味を表す英文になるように, ( ) 内の語を並べかえなさい。ただし, それぞれ, 不足している1語を補うこと。 (2点×5＝10点)

⑴ 彼はアメリカの学生です。(student / is / American / he).

⑵ あなたは今, 幸せですか。(you / now / are)?

⑶ これはおもしろい映画です。(is / movie / interesting / this).

⑷ 私は13歳です。(am / thirteen / I / years).

⑸ 壁にかかっている絵は美しい。(wall / picture / the / the / is / on).

9 次の英文を日本語になおしなさい。 (2点×5＝10点)

(1) Mr. Suzuki isn't a good singer.

(2) Is this man Yumi's father? —— Yes, he is.

(3) Is your uncle a baseball fan? —— No, he isn't.

(4) What's that girl's name? —— Her name is Midori.

(5) What's that young man? —— He is a police officer.

10 次の日本文を英語になおしなさい。 (2点×5＝10点)

(1) あちらの背の高い少年は彼女の友だちですか。 ――はい，そうです。

(2) あなたの友だちであるトムはカナダ出身ですか。 ――いいえ，ちがいます。

(3) ジェーンのお兄さんは大学生ではありません。

(4) このネコはかわいい。

(5) あちらの女性はだれですか。 ――ボブのお母さんの友だちです。

11 下の図はジンの街 (town) の建物 (building(s)) の配置を表し，文はそれを説明したものです。これを読んで，(1)～(5)の（　　）内に適する建物を記号で答えなさい。 (2点×5＝10点)

The park is in front of the station. The largest building in Jin's town is the city hall. Three buildings are behind the city hall. The smallest building of the three is the flower shop. The bank is between the flower shop and the post office. The library is across the street from the city hall.

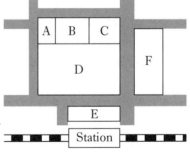

(注) in front of ～「～の前に」, largest「いちばん大きい」, behind「～の後ろに」, smallest「いちばん小さい」, between A and B「AとBの間に」, across the street from ～「通りをはさんで～の向かい側に」

(1) The post office is (　　　　). (2) The city hall is (　　　　).

(3) The park is (　　　). (4) The library is (　　　).

(5) The bank is (　　　).

11 I [You] play 〜.

解答 別冊 p.24〜p.25

*69 (　　) 内の日本語の意味を表す一般動詞を (　　) 内に入れて, できた英文を日本語になおしなさい。

(1) I (　　　　) a computer. 　　　　　　(持っている)

(2) You (　　　　) the guitar. 　　　　　(ひく)

(3) I (　　　) my dog very much. 　　　(好きです)

(4) I (　　　) the doctor. 　　　　　　(知っている)

(5) You (　　　　) this letter. 　　　　(読む)

(6) I (　　　) this dictionary. 　　　　(使う)

(7) You (　　　　) to school. 　　　　(行く)

(8) You (　　　　) in the pool. 　　　　(泳ぐ)

(9) You (　　　　) English well. 　　　(話す)

(10) I (　　　) a new pen. 　　　　　　(必要です)

**70 次の日本文の意味を表す英文になるように, (　　) 内に適当な1語を入れなさい。

(1) 私はこの歌が好きです。

　　I (　　　　) this (　　　　).

(2) 私は新しい自転車がほしい。

　　I (　　　) a (　　　　) bicycle.

(3) あなたは東京に住んでいます。

　　You (　　　) (　　　　) Tokyo.

(4) 私はあなたのお兄さんを知っています。

　　I (　　　) (　　　　) brother.

(5) あなたは上手にピアノをひきます。

　　You (　　　) the (　　　　) well.

(6) 私は彼の家に行きます。

　　I (　　　) (　　　　) his house.

着眼

69 (5) letter [létər レタァ] 手紙　(6) dictionary [díkʃəneri ディクショネリィ] 辞書
(8) pool [púːl プール] プール　(9) well [wél ウェル] 上手に
70 (2) 「ほしい」want [wɑ́nt ワント]

(7) 私は白い犬を飼っている。

I (　　　　) a white (　　　　).

(8) あなたは毎日数学を勉強します。

You (　　　　) math (　　　　) day.

★★71 次の日本文の意味を表す英文になるように，(　　)内の語を並べかえなさい。
< 頻出

(1) 私には兄がいます。(a / have / I / brother).

(2) 私は毎日新聞を読みます。(read / a / I / every / newspaper / day).

(3) あなたはテニスがとてもうまい。(tennis / you / play / well / very).

(4) 私はその話を知っている。(I / the / know / story).

(5) あなたは新しい車がほしい。(a / you / want / car / new).

(6) 私は自分の部屋を掃除する。(I / my / clean / room).

(7) 私は手紙を書きます。(a / I / write / letter).

(8) あなたは毎日テレビを見ます。

(day / you / watch / every / television).

★★72 次の英文を日本語になおしなさい。

(1) I play baseball every day.

(2) You live in Kyoto.

(3) I go to the park.

(4) I make a chair.

(5) You study English every day.

★★★73 次の日本文を英語になおしなさい。

(1) 私は新しいノートがほしい。

(2) 私はこの歌がとても好きです。

(3) あなたは大きな家に住んでいます。

(着眼)
70 (8)「数学」math [mǽθ マス]（mathematics [mæ̀θəmǽtiks マセマティクス]とも言う）
71 (2)「新聞」newspaper [njúːzpeipər ニューズペイパァ] (6)「掃除する」clean [klíːn クリーン] (8)「テレビ」television [téləviʒən テレヴィジョン]（TVとも言う）
72 (1)〈play＋スポーツ名〉（スポーツ）をする，every day 毎日 (2) live [lív リヴ] 住む (3) go [góu ゴウ] 行く，to 〜 〜に (4) make [méik メイク] つくる (5) study [stʌ́di スタディ] 勉強する

12 I [You] don't play 〜.

解答 別冊 p.25〜p.27

*74 次の英文を否定文にして，できた英文を日本語になおしなさい。

(1) I want a new bag.　　(2) I use this dictionary.

(3) You play soccer very well.　　(4) You study English every day.

(5) I live in Hokkaido.　　(6) I know that policeman.

(7) You go to London.　　(8) I read this magazine.

(9) You have a dog.　　(10) You need a new bicycle.

**75 次の日本文の意味を表す英文になるように，（　）内に適当な1語を入れなさい。

(1) 私は毎日朝食をつくるわけではありません。

I (　　　　) (　　　　) (　　　　) breakfast every day.

(2) 私はこの町に住んでいません。

I (　　　　) (　　　　) in this town.

(3) あなたは上手に野球をしません。

You (　　　　) play (　　　　) (　　　　).

(4) 私は新聞を読みません。

I (　　　　) not (　　　　) the newspaper.

(5) 私は彼女のお母さんを知りません。

I (　　　　) (　　　　) her mother.

(6) あなたは歩いて学校へ行きません。

You (　　　　) (　　　　) to school.

(7) 私は新しいノートが必要ではありません。

I (　　　　) (　　　　) (　　　　) a new notebook.

(8) 私はこの車はほしいですが，あの車はほしくありません。

I (　　　　) this car, but I (　　　　) (　　　　) that car.

着眼

74 (7) London [lʌ́ndən ランドン] ロンドン

75 (1) 「朝食」breakfast [brékfəst ブレクファスト]　(2) 「町」town [táun タウン]　(6) 「歩いて〜へ行く」walk to 〜 = go to 〜 on foot　※ on foot 徒歩で　(8) but [bət バト] 「〜が／しかし」

★★76 次の日本文の意味を表す英文になるように，（　　　）内の語を並べかえなさい。
< 頻出

(1) 私はこのプールで泳ぎません。
(in / swim / I / don't / pool / this).

(2) あなたはハムスターを飼っていません。
(you / hamster / do / have / not / a).

(3) 私は英語を話しません。
(don't / I / English / speak).

(4) 私はあの少年を知りません。
(I / know / do / that / not / boy).

(5) あなたは日本に住んでいません。
(live / don't / you / Japan / in).

(6) 私はバスケットボールをしません。
(I / play / don't / basketball).

(7) あなたは新しい車が必要ではありません。
(a / you / new / don't / need / car).

(8) 私はこの番組を見ません。
(this / I / watch / don't / program).

★★77 次の英文を日本語になおしなさい。

(1) I don't have a good friend.

(2) You don't use this dictionary.

(3) I don't play the violin.

(4) You don't have a black cat.

(5) I don't like my math teacher.

★★★78 次の日本文を英語になおしなさい。

(1) 私はこの花が好きではありません。

(2) 私は高校に行っていません。

(3) 私は新しい家に住んでいません。

着眼
76 (2)「ハムスター」hamster [hǽmstər ハムスタァ]
78 (1)「花」flower [fláuər フラウア] (2)「高校」high school

13 Do you play 〜 ?

解答 別冊 *p.27~p.28*

＊79 次の英文を疑問文にして，できた英文を日本語になおしなさい。

(1) You know Mr. Brown.　　(2) You play the guitar.

(3) You study English hard.　(4) You eat vegetables.

(5) You use this dictionary.　(6) You need an umbrella.

(7) You like pop music.　　(8) You run in the park.

＊80 次の疑問文に対する答えとして最も適当なものを下から選んで，記号で答えなさい。

(1) Do you need this map?

　ア Yes, I do.　　　　　　イ Yes, you do.

　ウ No, you don't.　　　　エ Yes, it is.

(2) Do you have breakfast every day?

　ア Yes, I have.　　　　　イ No, you don't.

　ウ Yes, you do.　　　　　エ No, I don't.

(3) Do I sing well?

　ア Yes, I do.　　　　　　イ Yes, you do.

　ウ Yes, you are.　　　　エ No, I don't.

(4) Do I live in Nagano?

　ア No, you don't.　　　　イ Yes, you are.

　ウ Yes, I do.　　　　　　エ No, I don't.

(5) Do you play the piano every day?

　ア Yes, I am.　　　　　　イ Yes, I do.

　ウ Yes, you do.　　　　　エ No, you don't.

＊81 次の英文の（　　）内に適当な1語を入れなさい。 ◀頻出

(1) (　　　　　) you want a new desk?　　　—— Yes, I (　　　　　).

(2) (　　　　　) you a pilot?　　　　　　　—— Yes, I (　　　　　).

着眼
79 (4) vegetable [védʒ(ə)təbl ヴェヂタブル] 野菜　(7) pop music ポピュラー音楽
(8) run [rʌ́n ラン] 走る

(3) (　　　　) you study law?　　　　　―― No, I (　　　　).

(4) (　　　　) you the new English teacher?

　　　　　　　　　　　　　―― No, (　　　　) (　　　　).

(5) (　　　　) you play the guitar?

　　　　―― No, (　　　　) (　　　　), but I (　　　　) the piano.

☆82 次の日本文の意味を表す英文になるように，(　　)内に適当な1語を入れなさい。

(1) あなたは毎日テレビを見ますか。　――いいえ，見ません。

　　(　　　　) you (　　　　) TV every day?

　　―― No, (　　　　) don't.

(2) あなたは中国語を話しますか。　――はい，話します。

　　(　　　　) you (　　　　) Chinese?

　　――(　　　　) , I do.

(3) あなたはニンジンが好きですか。　――いいえ，好きではありません。

　　(　　　　) you (　　　　) carrots?　―― No, I (　　　　).

(4) あなたはあの俳優を知っていますか。　――はい，知っています。

　　(　　　　) you (　　　　) that actor?

　　―― Yes, I (　　　　).

☆83 次の日本文の意味を表す英文になるように，(　　)内の語を並べかえなさい。

(1) あなたは赤い帽子を持っていますか。

　　(have / do / a / you / hat / red)?

(2) あなたはこの部屋で遊びますか。

　　(do / this / you / play / in / room)?

(3) あなたはよく駅へ行きますか。

　　(you / do / to / the / go / station) often?

(4) あなたは毎日新聞を読みますか。

　　(read / a / do / you / every / newspaper / day)?

(5) あなたは新しい自転車がほしいですか。

　　(a / new / you / do / want / bicycle)?

着眼

81 (3) law [lɔ̀: ロー]法律

82 (3)「ニンジン」carrot [kǽrət キャロト]

14 A or B の疑問文

解答 別冊 *p.28*

*84 例にならって，次の2つの文を1つの文にしなさい。

[例] Do you have a pen?　Do you have a pencil?
　　→ Do you have a pen or a pencil?

(1) Do you play tennis?　　Do you play golf?
(2) Are you a doctor?　　Are you a pilot?
(3) Do you want a hat?　　Do you want a cap?
(4) Is he American?　　Is he Japanese?

*85 次の疑問文に対する答えとして最も適当なものを下から選んで，記号で答えなさい。

(1) Do you play the piano or the guitar?
　　ア Yes, I do.　　イ I play the guitar.
　　ウ It is the guitar.　　エ No, I don't.
(2) Is that girl Tom's sister or Jiro's sister?
　　ア She is Tom's sister.　　イ Yes, she is.
　　ウ No, she isn't.　　エ It is Tom's sister.
(3) Is this a dog or a wolf?
　　ア It is a dog.　　イ That's a wolf.
　　ウ Yes, it is.　　エ This is a dog.
(4) Do you go to the station or the bank?
　　ア Yes, I do.　　イ You go to the bank.
　　ウ No, I don't.　　エ I go to the bank.

**86 次の対話文の（　　）内に適当な1語を入れなさい。

(1) A :（　　）this a tiger（　　）a lion?
　　B :（　　）is a tiger.
(2) A :（　　）you like soccer（　　）baseball?
　　B : I（　　）soccer.

⑶ A : (　　　　) that your car (　　　　) Ken's car?

　　B : (　　　　) is my car.

⑷ A : (　　　　) you from America (　　　　) Canada?

　　B : I (　　　　) from Canada.

87 次の日本文の意味を表す英文になるように，(　　　) 内に適当な 1 語を入れなさい。

⑴ あなたは紅茶が好きですか，それともコーヒーが好きですか。

　　——コーヒーが好きです。

　　(　　　　) you like (　　　　) or coffee?

　　—— I (　　　　) coffee.

⑵ これはリンゴですか，それともトマトですか。　——トマトです。

　　(　　　　) this (　　　　) apple or a tomato?

　　—— (　　　　) is a tomato.

⑶ あれはギターですか，それともバイオリンですか。　——バイオリンです。

　　(　　　　) that a (　　　　) or a violin?

　　—— It (　　　　) a violin.

⑷ あなたは日本人ですか，それとも中国人ですか。　——日本人です。

　　(　　　　) you Japanese (　　　　) Chinese?

　　—— (　　　　) (　　　　) Japanese.

88 次の日本文の意味を表す英文になるように，(　　　) 内の語 (句) を並べかえなさい。◁頻出

⑴ あなたの家は新しいですか，それとも古いですか。

　　(or / is / house / your / new / old)?

⑵ あれは飛行機ですか，それとも鳥ですか。

　　(is / a / or / that / plane / bird / a)?

⑶ あなたは鉛筆を使いますか，それともボールペンを使いますか。

　　(use / do / or / you / pencil / a / a / ballpoint pen)?

着眼

88 ⑶ 「ボールペン」ballpoint pen [bɔ́:lpoint pén ボールポイント ペン]

15 the ; one の用法

解答 別冊 p.29~p.30

*89 次の英文の（　　）内に a, an, the, one の中から適当なものを選んで入れなさい。不要な場合は×を入れなさい。 ◁頻出

(1) I play (　　) guitar every day.

(2) Do you play (　　) soccer?

(3) I swim in (　　) sea.

(4) I don't like this dress. I want a new (　　).

(5) Is this (　　) banana or (　　) apple?

(6) This is (　　) my sister.

(7) You have (　　) black cat. I have a white (　　).

(8) (　　) moon is bright.

(9) I have a racket. This is (　　) racket.

(10) That is (　　) old monkey.

**90 日本文の意味を表す英文になるように，次の英文の誤りを訂正して，全文を書きなさい。

(1) 私はゴルフをします。　　　　　I play the golf.

(2) 地球は丸い。　　　　　　　　Earth is round.

(3) 私は朝散歩する。　　　　　　I walk in a morning.

(4) あなたはピアノがとてもうまい。　You play a piano very well.

(5) 私は大きな犬を飼っています。これがその犬です。

I have a big dog. This is a dog.

**91 次の日本文の意味を表す英文になるように，（　　）内に適当な1語を入れなさい。

(1) 私は早起きです。　I get up early in (　　　　) (　　　　).

(2) この自転車は古い。　私は新しいものがほしい。

This bicycle is old. I want a (　　　　) (　　　　).

着眼

89 (3) sea [sí: スィー] 海　(5) banana [bənǽnə バナァナ] バナナ　(8) moon [mú:n ムーン] 月，bright [bráit ブライト] 明るい

90 (2) earth [ə́:rθ ア〜ス] 地球，round [ráund ラウンド] 丸い

91 (1)「起きる」get up，「(時間が) 早く」early [ə́:rli ア〜リィ]

(3) 今日の空は青い。

(　　　) (　　　　) is blue today.

(4) あなたは海で泳ぎますか。

Do you (　　　　) in (　　　　) sea?

(5) 午後は授業がありません。

I (　　　　) have a class in (　　　　) afternoon.

(6) 私はバイオリンはあまりうまくありません。

I (　　　　) play (　　　　) violin very well.

★92 次の日本文の意味を表す英文になるように，(　　)内の語を並べかえなさい。

(1) あなたは毎月，映画に行きますか。

(every / to / the / do / go / you / month / movies)?

(2) その歌手は世界中で有名です。

(famous / over / singer / world / all / is / the / the).

(3) ボブは部屋の中にいますか。(the / is / room / Bob / in)?

(4) このシャツは小さすぎる。大きいものがほしい。

This shirt is too small. (big / I / a / want / one).

(5) 私は有名な絵を持っている。これが，その絵です。

I have a famous picture. (this / the / is / picture).

(6) あなたはウクレレをひきますか。

(you / the / do / play / ukulele)?

(7) 今夜は満月です。(is / the / moon / tonight / full).

(8) あなたは公園で走りますか。(the / do / in / you / run / park)?

★93 次の英文を日本語になおしなさい。

(1) I don't like this camera. I want a new one.

(2) I walk to school in the morning.

(3) I don't know your math teacher. Is he the math teacher?

着眼

91 (3)「空」sky[skái スカイ]，「青い」blue[blú: ブルー] (5)「授業」class[klǽs クラス]
92 (1)「映画」movie[múːvi ムーヴィ] (4)「シャツ」shirt[ʃə́ːrt シャ〜ト] (6)「ウクレレ」
ukulele[juːkəléili ユークレイリィ] (7)「満ちた」full[fúl フル]，「今夜」tonight[tənáit
トゥナイト]

第3回 実力テスト

時間 **50**分
合格点 **80**点

得点 /100

解答 別冊 *p.31~p.34*

1 次の語の下線部と同じ発音を含む語を右から選んで，記号で答えなさい。
(1点×4＝4点)

(1) card 〔ア bird　イ word　ウ walk　エ park 〕
(2) three 〔ア mother　イ this　ウ thank　エ with 〕
(3) book 〔ア school　イ watch　ウ kitchen　エ lunch 〕
(4) busy 〔ア bus　イ put　ウ city　エ right 〕

2 次の英文の（　）内に最も適する動詞を右らんの中から選んで入れなさい。
ただし，同じ動詞は1回しか使えません。　(1点×10＝10点)

(1) I ( ) milk every morning.
(2) Do you ( ) his mother?
(3) You ( ) TV after dinner.
(4) I ( ) my homework before dinner.
(5) You ( ) the newspaper in the morning.
(6) I ( ) the drums every day.
(7) Do you ( ) to the radio in your car?
(8) Do you ( ) social studies at school?
(9) What do you ( ) in your bag?
(10) What time do you ( ) your lessons?

| begin |
| do |
| drink |
| have |
| know |
| listen |
| play |
| read |
| study |
| watch |

3 次の疑問文に対する答えとして最も適当なものを右から選んで，記号で答えなさい。
(1点×5＝5点)

(1) What is your father?
(2) What season do you like?
(3) Do you speak Chinese or French?
(4) Is that a new book or an old book?
(5) Do you want a new pen?

ア I speak French.
イ It is a new one.
ウ He is an office worker.
エ That is a new one.
オ I like spring.
カ Yes. I want one.
キ Yes. I want it.

4 次の英文の誤りを訂正して，全文を書きなさい。ただし，下線部は誤っていないものとする。 (1点×5＝5点)

(1) I am <u>walk</u> school every morning.

(2) Are you <u>live</u> a big town?

(3) Do that man your father or your uncle?

(4) I'm not <u>drink</u> coffee the morning.

(5) What are you <u>like</u> animal?

5 次の英文を（ ）内の指示に従って書きかえなさい。 (2点×5＝10点)

(1) Yes, I do. I like music very much.
 （これが答えになる疑問文に）

(2) No, I don't. My bike is very old.
 （これが答えになる疑問文に）

(3) I eat <u>bread and butter</u> for breakfast.
 （下線部が答えの中心になる疑問文に）

(4) I <u>play baseball</u> after school.
 （下線部が答えの中心になる疑問文に）

(5) I <u>watch TV</u> after dinner.
 （下線部が答えの中心になる疑問文に）

6 次の各組の英文がほぼ同じ意味を表すように，（ ）内に適当な1語を入れなさい。 (1点×5＝5点)

(1) You are a very good singer.
 You ( ) ( ) ( ).

(2) Are you from Korea?
 ( ) you ( ) ( ) Korea?

(3) My hair isn't long.
 I ( ) ( ) long ( ).

(4) You teach Andy.
 Andy is ( ) ( ).

(5) What is your favorite class?
 ( ) ( ) do you ( )?

7 次の日本文の意味を表す英文になるように,（　　）内に適当な1語を入れなさい。 (2点×4＝8点)

(1) あなたと私は毎日学校へ歩いていきます。

You and I (　　　　) (　　　　) school every day.

(2) マイクとジェーンは日本語を上手に話します。

Mike and Jane (　　　　) Japanese (　　　　).

(3) あなたは毎朝何を食べますか。

(　　　　) (　　　　) you eat every morning?

(4) あなたは手に何を持っていますか。

(　　　　) (　　　　) you have (　　　　) your hands?

8 次の日本文の意味を表す英文になるように,（　　）内の語と符号を並べかえなさい。ただし,それぞれ不足している1語を補うこと。 (2点×4＝8点)

(1) 私はこの帽子が気に入りません。新しい帽子がほしいです。

(want / like / I / I / cap / new / don't / this / a / . / .)

(2) 私は古い切手を持っています。これがその切手です。

(this / I / have / is / an / stamp / stamp / old / . / .)

(3) 今夜は月がとても明るい。(is / tonight / very / moon / bright / .)

(4) 私は毎夏海で泳ぎます。(every / in / swim / I / summer / sea / .)

9 次の英文を日本語になおしなさい。 (3点×5＝15点)

(1) You speak Japanese very well.

(2) Do you have a big dog? —— No, I don't. I have a small one.

(3) Do you like your new teacher, Kumi? —— Yes, I do.

(4) Do you need a hand?

(5) Ken and his brother don't write to Mr. Tanaka.

10 次の日本文を英語になおしなさい。 (3点×5＝15点)

(1) 私は毎日電車で通学します。　　(2) あなたと私は放課後テニスをしません。

(3) 私は日曜日に家で勉強します。

(4) ナンシー（Nancy）とお兄さんは夕食の前に居間で何をしますか。

(5) あなたはどんな色が好きですか。 ——私は緑が好きです。

11 次の対話文を読んで，あとの問いに答えなさい。　　　　(3点×5＝15点)

(ナンシーがオーストラリアから日本にホームステイにやってきました)

Nancy : Hi, nice to meet you.　My name is Nancy. I'm from Australia.

Jin : 　Nice to meet you, too.　I'm Jin.　①I don't know Australia well.　Can you tell me about your country?

Nancy : Yes. It is a very big country and we have many kinds of wild animals there.　For example, koalas, kangaroos, and so on.

Jin : 　Oh, wonderful! By the way, ②what do you have in your hand?

Nancy : Oh, this?　This is a cricket bat.　Do you know 'cricket'?

Jin : 　(　③　).　④それは何ですか。

Nancy : It is a very popular sport in Australia.　It is like baseball. Do you play baseball, Jin?

Jin : 　(　⑤　) I am a member of a baseball team.

Nancy : That's good.　You hit a ball with this bat.　It's very interesting.

Jin : 　⑥It sounds nice.　Can you show me how to play it this afternoon?

Nancy : Sure.

(注) tell ... about ～「～について…に教える」，country「国」，many kinds of ～「多くの種類の～」，wild「野生の」，there「そこに」，and so on「など」，by the way「ところで」，cricket「クリケット」，popular「人気のある」，a member of ～「～の一員」，how to play it「そのやりかた」，this afternoon「今日の午後」

(1) 下線部①を日本語になおしなさい。

(2) 下線部②を日本語になおしなさい。

(3) (　③　)と(　⑤　)に入れる文の組み合わせとして適当なものを選んで，記号で答えなさい。

　　ア〔 ③Yes, I do.　　⑤Yes, I do.　〕

　　イ〔 ③Yes, it is.　　⑤No, I don't.〕

　　ウ〔 ③No, I don't.　⑤Yes, I do.　〕

　　エ〔 ③No, I don't.　⑤Yes, I am.　〕

(4) 下線部④を英語になおしなさい。

(5) 下線部⑥の意味として適当なものを選んで，記号で答えなさい。

　　ア　そのとおり。　　　イ　おもしろそうだね。　　ウ　知っているよ。

16 I have two dogs.

解答 別冊 *p.34~p.37*

*94 次の語の複数形を書きなさい。ふつうは複数形にしないものや複数形がないものには×を書きなさい。

(1) cup 　　(2) Tom 　　(3) man 　　(4) lady

(5) city 　　(6) woman 　　(7) class 　　(8) child

(9) tooth 　　(10) book 　　(11) Korea 　　(12) deer

(13) country 　　(14) leaf 　　(15) fish 　　(16) sheep

*95 次の語の下線部の発音が [s] のときはA，[z] のときはB，[iz] のときはCを書きなさい。

(1) caps_ 　(2) roses_ 　(3) rooms_ 　(4) balls_ 　(5) maps_

(6) dishes_ 　(7) stamps_ 　(8) buses_ 　(9) pens_ 　(10) tomatoes_

*96 次の英文の（　　）内の語を適当な形になおしなさい。ただし，なおす必要がないものはそのまま書くこと。◀頻出

(1) I have a sister and two (brother).

(2) I have some (knife) in my bag.

(3) Do you have any English (dictionary)?

(4) I don't know any American (song).

🕮▶(5) I buy two (toothbrush).　　　　　　　　（茨城・江戸川学園取手高⧉）

*97 次の英文の（　　）内にa, an, some, anyの中から適当なものを選んで入れなさい。

(1) I have (　　　　) orange for breakfast.

(2) Do you have (　　　　) cats?

(3) I don't see (　　　　) flowers in this park.

(4) I like (　　　　) English songs.

⦅着⦆⦅眼⦆

94 (4) lady [léidi レイディ] 女性⇔gentleman [dʒéntlmən ヂェントゥルマン]　(8) child [tʃáild チャイルド] 子ども　(9) tooth [túːθ トゥース] 歯　(12) deer [díər ディア] シカ　(14) leaf [líːf リーフ] 葉　(16) sheep [ʃíːp シープ] ヒツジ

96 (3) any [éni エニィ]（疑問文・否定文で）いくつかの，何人かの

(5) I want (　　　　) new sweater.

(6) I don't want (　　　　) cookies.

★★98 次の日本文の意味を表す英文になるように, (　　　) 内に適当な1語を入れなさい。 <頻出

(1) 私は自転車を3台持っています。

I have (　　　　) (　　　　).

(2) あなたにはたくさんのいとこがいます。

You have (　　　　) (　　　　).

(3) ①あなたは何匹か犬を飼っていますか。

(　　　　) you have (　　　　) (　　　　)?

②はい。3匹飼っています。(①の答え)

Yes. I have (　　　　) (　　　　).

(4) 私は毎朝, 2人の息子を保育園に連れて行きます。

I take my (　　　　) (　　　　) to nursery school every morning.

(5) 日曜日には授業はありません。

I (　　　　) have (　　　　) classes on Sunday.

(6) 私はその2人の日本人を知りません。

I don't know those (　　　　) (　　　　) people.

(7) あなたはいくつか質問がありますか。

Do you have (　　　　) (　　　　)?

(8) 私はかさが3本必要です。

I need (　　　　) (　　　　).

(9) ①あなたはナイフが何本か必要ですか。

(　　　　) you need any (　　　　)?

②いいえ。1本も必要ありません。(①の答え)

No. I (　　　　) need any (　　　　).

(10) まぶしいな, サングラスが必要だ。

The sun is in my eyes, I need (　　　　).

(着眼)

97 (5) sweater [swétər スウェタァ] セーター

98 (4) 「息子」son [sʌ́n サン] 「保育園」nursery school (6) 「日本人の」Japanese [dʒæpəníːz ヂャパニーズ] (9) ①「ナイフ」knife [náif ナイフ]

★★99 次の日本文の意味を表す英文になるように，（　　）内の語（句）を並べかえなさい。

(1) あなたには何人か仲のよい友だちがいますか。
（ good / do / you / any / have / friends ）?

(2) 私の筆箱の中に，消しゴムがいくつかあります。
（ erasers / in / I / my / have / some / pencil box ）.

(3) お子さんはいらっしゃいますか。
（ any / do / have / you / children ）?

(4) 私にはおばさんが3人います。
（ have / I / aunts / three ）.

(5) 私は今日，お金を全く持っていません。
（ I / any / don't / money / have / today ）.

(6) 私はテレビで映画を見ます。
（ TV / movies / I / on / watch ）.

(7) あなたは犬を5匹飼っている。
（ have / dogs / you / five ）.

(8) 私は昼食用にオレンジが7個必要です。
（ seven / I / for / need / oranges / lunch ）.

(9) 私は2台のコンピューターを使います。
（ use / computers / two / I ）.

(10) あなたは英語の歌を何曲か知っていますか。
（ know / English / you / do / any / songs ）?

(11) あなたは何冊か辞書が必要ですか。
（ do / any / you / need / dictionaries ）?

(12) 私は毎週土曜日にケーキをたくさんつくります。
（ I / every / cakes / Saturday / make / many ）.

(13) あなたはお母さんに手紙を書きますか。
（ you / do / write / a letter / to / mother / your ）?

(14) あなたはたくさんの漫画を持っています。
（ have / a / lot / you / comic / of / books ）.

着眼

99 (2)「筆箱」pencil box（pencil caseとも言う）　(5)「お金」money[máni マニィ]（⇒
数えられない名詞）　(14)「漫画」comic book[kámik buk カミク ブク]

¾100 次の英文を（　　）内の指示に従って書きかえなさい。

(1) You have some pencils. （疑問文に）

(2) I need some boxes. （「1つも～ない」の意味の文に）

(3) I don't make any sandwiches for lunch every day. （肯定文に）

(4) I have a class today.
（下線部を「6時間の授業」の意味にかえた文に）

(5) I have a carp in the pond.
（下線部を「5匹のコイ」の意味にかえた文に）

(6) I watch a video every Saturday evening.
（下線部を「2本のビデオ」の意味にかえた文に）

(7) Do you have any English books?
（下線部を「1冊の英語の本」の意味にかえた文に）

¾101 次の英文を日本語になおしなさい。

(1) I have many interesting books.

(2) I don't have any American friends.

(3) Do you like apple pie?

(4) I need some potatoes for curry.

¾102 次の日本文を英語になおしなさい。

(1) 私には娘が1人もいない。

(2) 私は英語の本をたくさん持っています。

(3) あなたは何本かのバラが必要ですか。

(4) あなたには何人かのアメリカ人の友だちがいますか。

(5) 私は月に1度両親を訪れます。

(6) 彼は私の仲の良い友だちの1人です。

（着眼）

100 (2) box [báks バクス] 箱　(3) sandwich [sǽn(d)witʃ サン（ドゥ）ウィチ] サンドイッチ
(5) carp [káːrp カープ] コイ　(6) video [vídiou ヴィディオウ] ビデオ

101 (3) apple pie アップルパイ　(4) some [səm サム, sʌ́m サム]（肯定文で）いくつかの, 何人かの, curry [káːri カ～リィ] カレー料理

102 (1)「娘」daughter [dɔ́ːtər ドータァ]　(5)「月に1度」once a month

17 : We [You, They] are 〜 .

解答 別冊 p.37〜p.41

*103 下線部の語句を，英文中で適当な形の1語の代名詞で表して，できた英文を
日本語になおしなさい。 ◀頻出

(1) <u>Your parents</u> are doctors.

(2) <u>Aki and I</u> are tennis players.

(3) <u>That boy</u> is George.

(4) Is <u>your father</u> a pilot?

(5) <u>My dogs</u> are old.

(6) <u>Ken's brothers</u> are very kind.

(7) <u>Your mother</u> is a good dancer.

(8) <u>Your books</u> are interesting.

(9) <u>You and my sister</u> are soccer fans.

(10) Is <u>your cat</u> white?

*104 次の英文の（　）内の語を適当な形になおしなさい。

(1) I am (they) mother.

(2) (We) school is old.

(3) (She) dictionary is on (you) desk.

(4) Are these (they) pencils?

(5) (You) brothers are tennis players.

(6) This is (we) house.

(7) Mr. Brown is (he) teacher.

(8) This is a church. (It) roof is blue.

(9) These girls are French. (They) eyes are green.

(10) Tama is (we) cat.

着眼
103 (1) parent [pé(ə)rənt ペ(ア)レント] 親＜parents [pé(ə)rənts ペ(ア)レンツ] 両親
(3) George [dʒɔ́:rdʒ ヂョーヂ] (男性の名)
104 (4) these [ði:z ズィーズ] これら (8) church [tʃə́:rtʃ チャ〜チ] 教会 (9) green [grí:n
グリーン] 緑の

☆105 次の英文の ( ) 内に is, am, are の中から適当なものを選んで入れなさい。
< |頻出|

(1) I ( ) a college student.

(2) Tom and Mike ( ) good friends.

(3) They ( ) kind policemen.

(4) You ( ) good tennis players.

(5) This orange ( ) a little sour.

(6) We ( ) doctors.

(7) Kiyomi and I ( ) from Kobe.

(8) His sisters ( ) very pretty.

(9) These ( ) beautiful pictures.

(10) Your cat and dog ( ) white.

(11) Kate ( ) a good cook.

☆106 次の英文を否定文にして，できた英文を日本語になおしなさい。

(1) Those are my cars.

(2) My brothers are tall.

(3) We are Japanese.

(4) They are my friends.

(5) My father and brother are baseball fans.

☆107 次の英文を疑問文にして，できた英文を日本語になおしなさい。また，( )
内の語を用いて答えなさい。

(1) You are good soccer players. (Yes)

(2) His parents are very busy. (Yes)

(3) These books are difficult for you. (No)

(4) You and Bob are good pianists. (No)

(5) These apples are sweet. (Yes)

(着)(眼)

105 (5) a little 少し，sour [sáuər サウア] すっぱい

106 (1) those [ðóuz ゾウズ] あれら

107 (2) busy [bízi ビズィ] 忙しい (5) sweet [swí:t スウィート] 甘い

☆108 次の疑問文に対する答えとして最も適当なものを下から選んで，記号で答えなさい。

(1) Are you teachers?

　ア　Yes, I am.　　　　　　イ　No, I'm not.

　ウ　I am a teachers.　　　エ　Yes, we are.

(2) Are Miki and Keiko dancers?

　ア　Yes, they are.　　　　イ　Yes, she is.

　ウ　No, she isn't.　　　　エ　She is a dancer.

(3) Are your dogs big?

　ア　Yes, they are.　　　　イ　Yes, it is.

　ウ　They are small.　　　エ　No, it isn't.

(4) Are these girls Chinese?

　ア　Yes, she is.　　　　　イ　Yes, they are.

　ウ　No, she isn't.　　　　エ　They are Chinese.

(5) Who are the ladies?

　ア　Yes, they are.　　　　イ　No, they aren't.

　ウ　They are my sisters.　エ　This is my sister.

(6) What are those men?

　ア　Yes, they are.　　　　イ　They are actors.

　ウ　No, they aren't.　　　エ　He is an actor.

(7) Are you Japanese or Chinese?

　ア　Yes, we are.　　　　　イ　No, we aren't.

　ウ　You are Japanese.　　エ　We are Japanese.

(8) Are those melons?

　ア　Yes, they are.　　　　イ　Yes, it is.

　ウ　No, it isn't.　　　　　エ　They are pumpkins.

(9) Are your parents kind?

　ア　Yes, he is.　　　　　　イ　Yes, she is.

　ウ　No, he isn't.　　　　　エ　Yes, they are.

(10) Are these balls or eggs?

　ア　Yes, they are.　　　　イ　No, they aren't.

　ウ　They are eggs.　　　　エ　It is an egg.

着眼

108 (4) these [ðíːz ズィーズ] 形 これらの　(6) those [ðóuz ゾウズ] 形 あれらの
(8) pumpkin [pʌ́m(p)kin パン(プ)キン] かぼちゃ

★109 次の英文を（　）内の指示に従って書きかえなさい。ただし，(2)(6)は（　）内の指示に従って答えること。

(1) <u>He</u> is an Australian boy.
（下線部を複数形に）

(2) You and your sister are good nurses.
（疑問文にして，Yesで答える）

(3) <u>I</u> am an actress.
（下線部を複数形に）

(4) This is <u>a grapefruit</u>.
（下線部を複数形に）

(5) That is my <u>hat</u>.
（下線部を複数形に）

(6) We are good pianists.
（疑問文にして，Yesで答える）

(7) They are French <u>girls</u>.
（下線部を単数形に）

(8) These are his <u>knives</u>.　（下線部を単数形に）

(9) Those are beautiful <u>flowers</u>.　（下線部を単数形に）

★110 次の英文の誤りを訂正して，全文を書きなさい。ただし，誤っている箇所は1か所である。

(1) This is we new car.

(2) Are their speakers of Japanese?

(3) Mika and I am good friends.

(4) Ken and Tadashi is high school students.

(5) My cousins are college student.

(6) Is his brother and sister in Tokyo?

(7) What is her parents?

(8) What are you dreams?

(9) My grandfather and grandmother is very old.

(10) Are you policeman?　—— Yes, we are.

着眼

109 (1) Australian [ɔ(ː)stréiljən オ(ー)ストゥレイリャン] オーストラリア（人）の
(4) grapefruit [gréipfruːt グレイプフルート] グレープフルーツ

110 (2) speaker [spíːkər スピーカァ] 話し手

★★111 次の日本文の意味を表す英文になるように，（　　）内に適当な1語を入れなさい。

(1) ユリと私はクラスメートです。

Yuri and I (　　　　) (　　　　).

(2) 私の姉たちは大学生です。

(　　　　) sisters (　　　　) college students.

(3) これらのいすは古い。

(　　　　) chairs (　　　) old.

(4) ジローと私は兄弟です。

Jiro and I (　　　　) (　　　　).

(5) これらはあなたのCDですか。

Are (　　　) (　　　　) CDs?

(6) あなたの両親は日本にいますか。

(　　　　) your (　　　　) in Japan?

(7) あれらの帽子は私には大きすぎる。

(　　　　) hats (　　　　) too big for me.

(8) ケンとボブはアメリカ人の学生です。

Ken and Bob (　　　　) American (　　　　).

(9) これがあなたたちの家ですか。

(　　　) this (　　　) house?

(10) 彼らの学校は新しいですか，それとも古いですか。

(　　　　) (　　　　) school new or old?

(11) その男性たちはサラリーマンではありません。

The (　　　　) (　　　　) office workers.

(12) 彼らはオーストラリア出身ですか。

(　　　) (　　　　) from Australia?

(13) インドとケニアは暑い国です。

India and Kenya (　　　) hot (　　　　).

(14) 彼のおじさんたちはとても金持ちです。

(　　　) uncles (　　　) very rich.

(15) 私の父と兄は野球ファンです。

(　　　) father and brother (　　　　) baseball fans.

☆☆*112* 次の日本文の意味を表す英文になるように，（　　　）内の語を並べかえなさい。

(1) ケンとジョンはパイロットではありません。

(John / not / Ken / are / and / pilots).

(2) 私たちは今，ひまではありません。

(now / we / not / are / free).

(3) こちらの女性たちは何をされている方ですか。

(these / what / ladies / are)?

(4) 彼らはとても人気のある歌手です。

(popular / they / singers / are / very).

(5) これらは私の大好きな本です。

(my / books / these / favorite / are).

(6) 彼らのおじいさんはフランス出身ですか。

(is / from / their / grandfather / France)?

☆☆*113* 次の英文を日本語になおしなさい。

(1) Miki and I are classmates.　We are good friends.

(2) Tom and Bill are very tall.　They are volleyball players.

(3) Mr. Takahashi is our music teacher.

(4) That old building is their school.

(5) My brother and I are junior high school students.

☆☆*114* 次の日本文を英語になおしなさい。

(1) あなたたちは中学生ですか。

(2) 彼らの名前は何ですか。　——ダイスケとタローです。

(3) 私たちの両親は今家にいません。

(4) あれらはチョウですか，それとも鳥ですか。

(5) 私たちはテニスが上手ではありません。

着眼

112 (2)「ひまな」free［fríː フリー］　(5)「大好きな」favorite［févərit フェイヴァリト］

113 (4) building［bíldiŋ ビルディング］建物

114 (3)「両親」parents［pé(ə)rənts ペ(ア)レンツ］　(4)「チョウ」butterfly［bʌ́tərflai バタフライ］　(5)「上手な」good［gúd グッド］,「上手に」well［wél ウェル］

18 We play ～ . ; How many ～ ?

解答 別冊 p.41~p.43

*115 次の英文を（　　）内の指示に従って書きかえなさい。ただし，(3)(4)は（　　）
内の指示に従って答えること。

(1) We swim in the sea. （否定文に）

(2) They have some beautiful dresses. （否定文に）

(3) You and your mother take a walk every morning.
　　（疑問文にして，Yesで答える）

(4) Your brother and his friend practice soccer every day.
　　（疑問文にして，Noで答える）

(5) His brothers have three rabbits.
　　（下線部が答えの中心となる疑問文に）

(6) They have six classes on Monday.
　　（下線部が答えの中心となる疑問文に）

*116 次の日本文の意味を表す英文になるように，（　　）内に適当な1語を入れな
さい。 < 頻出

(1) 私たちは月に1度あのレストランで昼食を食べます。

　　We （　　　　） lunch at that restaurant once a month.

(2) 彼らは放課後サッカーをします。

　　They （　　　　） （　　　　） after school.

(3) 兄と私はよく図書館へ行きます。

　　My brother and I often （　　　　） （　　　　） the library.

(4) 彼らは自転車を持っていません。

　　They （　　　　） （　　　　） any bicycles.

(5) あなたたちは何個リンゴが必要ですか。

　　（　　　　） （　　　　） apples do you need?

(6) 彼らは英語の歌を何曲知っていますか。

　　（　　　　） many English （　　　　） do they know?

着眼

115 (3) take a walk 散歩する　(5) rabbit [rǽbit ラビト] ウサギ

116 (1) 「昼食」lunch [lʌ́ntʃ ランチ]，「レストラン」restaurant [rést∂r∂nt レストラント]
　　(2) 「放課後」after school

★117 次の日本文の意味を表す英文になるように，（　　）内の語を並べかえなさい。

(1) 私たちにはアメリカ人の友だちが何人かいます。

　　(some / we / American / have / friends).

(2) あなたたちは英語の単語をいくつ知っていますか。

　　(English / know / do / words / how / you / many)?

(3) 彼らは1か月に何冊雑誌を買いますか。

　　(magazines / do / they / how / many / buy) a month?

(4) 彼女たちはサルが好きではありません。

　　(not / monkeys / do / they / like).

(5) あなたたちは金曜日の午後にピアノの練習をするのですか。

　　(piano / you / the / do / practice) on Friday afternoon?

(6) ルーシーとケンは毎日学校で日本語の勉強をします。

　　(Japanese / Ken / and / school / Lucy / study / at) every day.

(7) 私たちは月曜日はお母さんの手伝いをしません。

　　(mother / don't / our / help / we) on Monday.

★118 次の英文を日本語になおしなさい。

(1) Do your American friends speak Japanese?　——　Yes, they do.

(2) How many dogs do they have?　——　They have three.

(3) They don't watch TV at all.

(4) We grow flowers here every year.

(5) How many ballpoint pens do you need?　——　We need ten.

★119 次の日本文を英語になおしなさい。

(1) 彼らは日曜日に映画に行きます。

(2) ①あなたには何人のクラスメートがいますか。

　　②40人です。（①の答え）

着眼

　117 (2)「単語」word［wə́ːrd ワ〜ド］　(5)「練習をする」practice［prǽktis プラクティス］

　118 (3) not 〜 at all　全く〜(し)ない　(4) grow［gróu グロウ］育てる

| 第 **4** 回 | **実力テスト** | 時間 **50** 分
合格点 **80** 点 | 得点 | /100 |

解答 別冊 *p.43~p.46*

---

1 次の語の複数形を書きなさい。　　　　　　　　　　　　　　　(1点×14＝14点)

(1) bus　　　(　　　　)　　　(2) library　(　　　　)

(3) boy　　　(　　　　)　　　(4) wolf　　(　　　　)

(5) baby　　(　　　　)　　　(6) dish　　(　　　　)

(7) tooth　　(　　　　)　　　(8) knife　　(　　　　)

(9) sheep　　(　　　　)　　　(10) wife　　(　　　　)

(11) foot　　(　　　　)　　　(12) woman　(　　　　)

(13) roof　　(　　　　)　　　(14) fish　　(　　　　)

---

2 次の各組の語の下線部の発音が同じ場合には○，異なる場合には×を書きなさい。　　　　　　　　　　　　　　　　　　　　　　(1点×10＝10点)

(1) 〔 how　　　know 〕　　　(2) 〔 pictures　boxes 〕

(3) 〔 like　　　city 〕　　　(4) 〔 these　　teeth 〕

(5) 〔 glasses　places 〕　　　(6) 〔 books　　cups 〕

(7) 〔 early　　hard 〕　　　(8) 〔 flowers　watches 〕

(9) 〔 good　　foot 〕　　　(10) 〔 near　　hear 〕

---

3 次の疑問文に対する答えとして最も適当なものを下から選んで，記号で答えなさい。　　　　　　　　　　　　　　　　　　　　　　(1点×5＝5点)

(1) Are you Mr. Oka's students?

(2) What are those women?

(3) Are Tom and I good students?

(4) How many books do you have?

(5) Are those American cars or Japanese cars?

ア　Yes, I am.　　　　　　イ　Yes, they are Japanese cars.

ウ　Yes, you are.　　　　　エ　They are my aunts.

オ　No, we aren't.　　　　　カ　They are nurses.

キ　No, they don't.　　　　ク　I have seven.

ケ　They are American cars.　コ　Yes, they are American cars.

4 次の英文の（　　）内に適当な1語を入れなさい。　　　　　　（1点×4＝4点）

(1) (　　　　) you and Ken both farmers?
　　── Yes, (　　　) (　　　).
(2) (　　　　) Taro and Ken study English very hard?
　　── No, (　　　) (　　　).
(3) What (　　　　) those two men?
　　── One (　　　　) a lawyer, and the other (　　　) a doctor.
(4) I (　　　　) not busy.

5 次の英文を（　　）内の指示に従って書きかえなさい。ただし，(2)(6)は（　　）内の指示に従って答えること。　　　　　（1点×8＝8点）

(1) I am from Australia. （主語を複数形にかえて，否定文に）
(2) You have some pets. （疑問文にして，Noで答える）
(3) They are American girls. （主語を単数形にかえて）
(4) Those are old houses. （主語を単数形にかえて）
(5) Is this child Mr. White's daughter? （主語を複数形にかえて）
(6) Are you and Tom good friends?
　　（下線部を代名詞にかえて，Yesで答える）
(7) I have three brothers. （下線部が答えの中心になる疑問文に）
(8) Andy is my friend. （下線部を「私たちの友だち」の意味を表す語句にかえて）

6 次の各組の英文がほぼ同じ意味を表すように，（　　）内に適当な1語を入れなさい。　　　　　（1点×5＝5点）

(1) You are a college student. I'm a college student, too.
　　(　　　) (　　　) college (　　　).
(2) Tokyo is a large city. Osaka is a large city, too.
　　Tokyo and Osaka (　　　) (　　　) (　　　).
(3) Those are old buildings.
　　Those (　　　) (　　　) (　　　).
(4) My parents teach English.
　　My parents (　　　) (　　　) (　　　).
(5) Are they very good tennis players?
　　(　　　) they (　　　) tennis very (　　　)?

7 次の日本文の意味を表す英文になるように，（　）内に適当な1語を入れなさい。
（1点×4＝4点）

(1) これらは彼女たちのユリですか。　——はい，そうです。
Are (　　　) (　　　) (　　　)?
—— Yes, (　　　) are.

(2) あちらの女の人たちは警察官ではありません。
(　　　) (　　　) (　　　) police officers.

(3) あなたは英語の本を何冊か持っていますか。
(　　　) you (　　　) (　　　) English books?

(4) その少年たちはその公園には行きません。
The (　　　) (　　　) go (　　　) (　　　) park.

8 次の日本文の意味を表す英文になるように，（　）内の語と符号を並べかえなさい。ただし，それぞれ，不要な語が1語ずつあります。　（3点×5＝15点）

(1) 私はネコを5匹飼っています。それらのしっぽは長いです。
(are / have / I / its / their / long / five / tails / cats / . / .)

(2) あなたの両親は自動車を何台持っていますか。
(how / any / have / your / many / parents / cars / do / ?)

(3) 私たちは自動車を何台も持っています。
(have / we / our / many / cars / .)

(4) あなたたちはこれらの歌が大好きですか。
(are / like / much / these / you / do / very / songs / ?)

(5) あれらの子どもたちはだれですか。　——私の姉の息子たちです。
(do / are / are / who / sons / children / my / they / those / sister's / ? / .)

9 次の英文を日本語になおしなさい。　（2点×5＝10点）

(1) We have no classes on Saturday.

(2) Are you office workers?
—— Yes, we are. We work for a bank.

(3) I have some pictures of animals in Australia.

(4) Do they read any books after school?

(5) How many books do you have in your room?

10 次の日本文を英語になおしなさい。 (3点×5＝15点)

(1) ユミとクミはアメリカで何を勉強しますか。 ——英語です。

(2) ぼくは車を1台も持っていません。

(3) 私は今 (now), 大阪に住んでいません。京都に住んでいます。

(4) あなたはあまり上手に英語を話しません。

(5) そのパーティーのためにお皿が何枚いりますか。

11 次の英文を読んで, あとの問いに答えなさい。 (計10点)

(ジンが英語の時間にした家族についてのスピーチです)

Hello, everyone. My name is Jin Taguchi. I live in Akebono-cho with my father, mother, Ayu and Kei. Ayu is my big sister and Kei is my little brother.

My father is an engineer. His hobby is soccer. Kei and I like soccer, too. ①We play soccer in the park ②(＿＿＿＿) Saturday afternoon. But my mother and Ayu don't play it.

My mother and Ayu like birds. They have a parrot. The parrot's name is Pi-chan. ③It is small and beautiful.

Every Sunday evening my family talk, and enjoy TV programs. I love my family.

(注) with「〜と一緒に」, big sister「姉」, little brother「弟」, parrot「オウム」, enjoy「楽しむ」, TV program「テレビ番組」

(1) 下線部①は具体的にだれを指していますか。下から選んで, 記号で答えなさい。

　　ア Jin and his mother 　　イ Jin and his father (2点)
　　ウ Mr. Taguchi, Kei and Jin 　　エ Jin's family

(2) 下線部②が「土曜日の午後に」という意味になるように, ( ) 内に適当な語を入れなさい。 (2点)

(3) 下線部③は具体的に何を指していますか。下から選んで, 記号で答えなさい。(2点)

　　ア soccer 　　イ birds 　　ウ the parrot
　　エ the name 　　オ Jin's mother

(4) 次の問いに ( ) 内の語数の英語で答えなさい。 (2点×2)

　　1) Do Jin's mother and sister play soccer? (3語)

　　2) What do Jin and his family enjoy every Sunday evening? (4語)

19 He [She] plays 〜 .

解答 別冊 *p.46~p.49*

* **120** 次の英文の(   )内の語を適当な形になおしなさい。ただし，かえる必要がなければそのまま書きなさい。

(1) January (have) thirty-one days. (熊本県函)

(2) The earth (go) around the sun. (愛知・滝高)

(3) You (want) an English dictionary.

(4) My cats (like) fish.

(5) The bird (fly) in the sky.

(6) Mary (study) science very hard.

(7) Linda (play) the drums every day.

(8) (Do) your brothers (live) in America?

(9) (Do) he (read) many books?

(10) Bill (don't) (swim) in the river.

* **121** 次の英文を否定文にしなさい。

(1) He has a rabbit.　　　　(2) My dog runs fast.

(3) Bill speaks Japanese well.　　(4) Jane plays the piano very well.

(5) She takes a walk in the morning. (6) Taro needs a new glove.

(7) Keiko knows this American girl.　(8) Kumi likes orange juice.

* **122** 次の英文を疑問文にしなさい。また，(   )内の語を用いて答えなさい。

(1) Your brother goes to school by bus. (Yes)

(2) Kate has a beautiful French doll.　 (No)

(3) His brother lives in Hokkaido.　　 (Yes)

(4) Jim plays soccer very well.　　　 (No)

(5) She helps her mother.　　　　　 (Yes)

(6) His father washes his car.　　　 (No)

(着眼)

120 (2) go around 〜 〜の周りをまわる　(5) fly [flái フライ] 飛ぶ　(9) read [ríːd リード] 読む

121 (6) glove [ɡlʌ́v グラヴ] グローブ・手袋

★★123 次の各組の英文がほぼ同じ意味を表すように，（　　）内に適当な1語を入れなさい。

(1) My sister is a good singer.　　　　　　　　　　　　　　(愛知・滝高)

My sister (　　　　) (　　　　).

(2) Mr. Kato is our English teacher.　　　　　　　　　(東京・実践学園高)

Mr. Kato (　　　　) English to us.

(3) He usually goes to school on foot.　　　　　　　(大阪・関西大倉高)

He usually (　　　　) (　　　　) school.

(4) My mother is an early riser.　　　　　　　　　　(鹿児島・樟南高)

My mother always (　　　　) early.

(5) We have little rain in the desert.　　　　　　　　(東京・堀越高)

It (　　　　) little in the desert.

★★124 次の対話文の（　　）内に最も適当なものを下から選んで，記号で答えなさい。

(1) A : Excuse me. (　　　)　　　　　　　　　　　　(福岡大附大濠高図)

B : No. It goes to Osaka.

ア Do you take this train?

イ Does this train go to Kyoto?

ウ Do you go to Kyoto?

エ Does he go to Osaka?

(2) A : Does Bob take your dog for a walk?

B : (　　　) He takes his dog for a walk.

ア No, he doesn't.

イ Yes, it does.

ウ No, he isn't.

エ Yes, he does.

(3) A : Does Hideki play baseball or soccer?

B : (　　　)

ア Yes, he does.　　　　　イ No, he doesn't.

ウ He likes soccer.　　　　エ He plays baseball.

───────────────────────────────

(着眼)

123 (3) on foot 徒歩で　(4) riser[ráizər ライザァ]起きる人＝＜rise[ráiz ライズ]起きる＋er＞　(5) desert[dézərt デザト]砂漠

124 (1) take[téik テイク]乗る・取る　(2) take ～ for a walk ～を散歩に連れて行く

★125 次の英文の下線部を（　）内の語にかえて，全文を書きかえなさい。◀ 頻出

(1) <u>My friends</u> go to the movies every weekend.　(My friend)
(2) <u>They</u> run very fast.　　　　　　　　　　(He)
(3) <u>The boy</u> loves this song.　　　　　　　　(The boys)
(4) <u>We</u> live in a big house.　　　　　　　　(Kate)
(5) <u>I</u> don't have any classes today.　　　　　(She)
(6) Do <u>you</u> study math in your room?　(Jim)
(7) <u>You</u> drive a car.　　　　　　　　　　　(Your father)
(8) <u>These buses</u> go to the zoo.　　　　　(This bus)

★126 次の日本文の意味を表す英文になるように，（　）内に適当な1語を入れなさい。

(1) トムは毎日朝食を食べます。
　Tom (　　　　) (　　　　) every day.
(2) 彼は新しい自転車をほしがっています。
　He (　　　　) a (　　　　) bicycle.
(3) 私の妹は，その歌が好きではありません。
　My sister (　　　　) (　　　　) the song.
(4) アヒルは飛びますか。
　(　　　　) ducks (　　　　)?
(5) 彼女はバッグの中に，ペンを持っています。
　She (　　　　) a pen in her bag.
(6) ナンシーに兄弟はいますか。
　(　　　　) Nancy (　　　　) any brothers?
(7) 彼はギターをひきません。
　He (　　　　) (　　　　) the guitar.
(8) 私の母は料理がとても上手です。
　My (　　　　) (　　　　) very well.
(9) この赤ちゃんは毎晩泣く。　　　This baby (　　　　) every night.
(10) ミキは居間で勉強します。　　Miki (　　　　) in the living room.

着眼
125 (1) weekend [wíːkend ウィークエンド] 週末　(8) zoo [zúː ズー] 動物園
126 (1) 「朝食」breakfast [brékfəst ブレクファスト]　(4) 「アヒル」duck [dʌ́k ダック]
　　(9) 「泣く」cry [krái クライ], 「毎〜」every [évri エヴリィ], 「夜」night [náit ナイト]

★★127 次の日本文の意味を表す英文になるように，（　　）内の語を並べかえなさい。ただし，不要な1語が含まれています。

(1) 私の兄は野球がとてもうまい。

（ very / my / play / plays / brother / baseball / well ）.

(2) 私のおじは，羊をたくさん飼っている。

（ sheep / my / have / has / uncle / many ）.

(3) 彼はこの雑誌を読みません。

（ read / he / this / don't / doesn't / magazine ）.

(4) 彼女はしばしば映画に行きますか。

（ she / the / does / go / goes / to / movies / often ）?

(5) ジムは馬に乗りません。　（ horse / Jim / a / doesn't / ride / rides ）.

(6) ルーシーは，ときどき公園で何枚か写真をとります。

（ Lucy / some / sometimes / take / takes / the / in / pictures / park ）.

(7) その老人は毎日散歩をします。

（ walk / day / man / the / a / old / take / takes / every ）.

(8) 彼はロンドンに住んでいますか。

（ do / does / London / live / he / in ）?

(9) ケイコは毎年夏に海で泳ぎます。

（ every / in / Keiko / the / swim / swims / sea ） summer.

(10) あなたのお姉さんは，大学で音楽を勉強しているのですか。

（ at / your / music / sister / study / studies / college / does ）?

★★★128 次の日本文を英語になおしなさい。

(1) デイビッドは日本語を話しません。

(2) ケイコはそのオーストラリア人の少年を知っています。

(3) あなたのお父さんは黄色い車を持っていますか。

(4) 彼は自分の部屋で宿題をします。

(5) あのサルは森に住んでいます。

(6) 私の姉は何羽かの鳥を飼っています。

(7) あなたの家には，部屋がたくさんありますか。

(着)(眼)

127 (5)「（またがって）乗る」ride［ráid ライド］　(6)「写真をとる」take pictures

128 (1)「デイビッド」David　(4)「宿題をする」do *one's* homework（*one's*には主語に合わせた所有格を入れる）　(5)「森」forest［fɔ́(:)rist フォ(ー)レスト］, wood(s)［wúd(z) ウッド（ウッヅ）］

20 副　詞

解答 別冊 p.49～p.50

★129 次の英文に（　）内の語句を補って，全文を書きかえなさい。◁頻出

(1) She watches this TV program. (often, on Tuesday)
(2) I am busy. (usually, very)
(3) They practice the piano hard. (always, very)
(4) These dolls are pretty. (very)
(5) My mother likes this cake. (very much)
(6) I read a newspaper. (every day)

★130 次の日本文の意味を表す英文になるように，（　）内に適当な1語を入れなさい。

(1) 彼の兄さんたちはいつもとても空腹だ。
   His brothers are (　　　　) (　　　　) (　　　　).
(2) これは日本でとても人気のある歌です。
   This is a (　　　　) (　　　　) song in Japan.
(3) 私はその俳優をとてもよく知っている。
   I know the actor (　　　　) (　　　　).
(4) 彼は毎日サッカーをします。
   He plays soccer (　　　　) (　　　　).
(5) このドレスは私には少し大きすぎる。
   This dress is (　　　　) (　　　　) too big for me.
(6) 私はたいてい毎週土曜日に，図書館へ行きます。
   I (　　　　) (　　　　) to the library (　　　　) (　　　　).
(7) 彼らはあまり熱心に英語を勉強しません。
   They don't study English (　　　　) (　　　　).
難(8) 時々，そこでは冬に激しく雪が降る。　　　　　　　　　（神奈川・慶應高改）
   It sometimes (　　　　) (　　　　) there in winter.

着眼
129 (1) TV program テレビ番組　(3) practice[præktis プラクティス]練習する
130 (1)「空腹の」hungry[hʌ́ŋgri ハングリィ]　(2)「人気のある」popular[pɑ́pjulər パピュ
ラァ]　(8) there[ðέər ゼア]そこで

★★131 次の日本文の意味を表す英文になるように，(　　)内の語を並べかえなさい。

(1) 彼はとても有名な作家です。

(is / a / he / famous / very / writer).

(2) 私はしばしば夕食後に食器類を洗います。

(dinner / I / the / after / wash / often / dishes).

(3) あなたたちは毎週日曜日に野球をしますか。

(Sunday / do / baseball / you / play / every)?

(4) 私はその小説をあまりよく知りません。

(novel / well / I / know / don't / the / very).

(5) 彼女は毎日日記をつけています。

(day / she / a / keeps / diary / every).

(6) 私の兄はいつもとても速く走ります。

(runs / fast / always / brother / very / my).

難▶(7) ミキはチョコレートが大好きです。

(of / Miki / is / fond / very / chocolate).

★132 次の英文を日本語になおしなさい。

(1) She sometimes studies English in the library.

(2) I like my dog very much.

(3) My brother plays the guitar very well.

(4) Do you go to the movies every Sunday?

(5) These flowers are very beautiful.

(6) This orange is a little sour.

★133 次の日本文を英語になおしなさい。

(1) この本は子どもたちにはとても難しい。

(2) 私はたいてい朝の6時に起きます。

(3) あなたはいつもこの部屋でピアノの練習をするのですか。

着眼
>　　　***131*** (2)「食器類を洗う」wash the dishes　(5)「日記をつける」keep a diary
>　　　(7)「チョコレート」chocolate [tʃák(ə)lət チャコレト]，「〜が好きである」be fond of 〜
>　　　***133*** (2)「たいてい」usually　(3)「いつも」always

21 mine, yours; Whose 〜 ?

解答 別冊 p.50〜p.53

***134** 次の英文の（　　）内の語を適当な形になおしなさい。 ◁頻出

(1) This is (I) cap.　That is (Kate).

(2) These are (you) cats.　Those are (I).

(3) This is (he) shirt.　That is (his brother).

(4) (Emily) hair is long.　(I) is short.

(5) These are (they) textbooks.　Those are (we).

(6) (We) rackets are cheap.　(He) is expensive.

(7) This is (I) CD.　That is (you).

(8) This is (Kumiko) camera.　That is (her sister).

(9) Those are (Bob).　These are (you).

(10) The (ladies) room is over here.　The (men) room is over there.

****135** 例にならって，次の英文を疑問文にしなさい。また，(a)，(b) の2つの形で答えなさい。

[例] This is my doll.

　→Whose doll is this?

　　　(a) —— It is my doll.

　　　(b) —— It is mine.

(1) This is your bicycle.

(2) That is his car.

(3) This is my mother's apron.

(4) That is my friend's paper.

(5) These are her albums.

(6) Those are Ken's rabbits.

(7) This is their house.

着眼

134 (3) shirt [ʃə́ːrt シャ〜ト] シャツ　(4) hair [héər ヘア] 髪　(5) textbook [tékstbuk テ
キストゥブク] テキスト・教科書　(10) 「女性用トイレはこちらです。男性用トイレはあち
らです」という意味の文。

135 (3) apron [éiprən エイプロン] エプロン

136 次の英文の（　　）内に最も適当なものを下から選んで，記号で答えなさい。

(1) A : Is that your school?　　　　　　　　　　　　　　　　（福島県函）

　　B : Yes, it is. It's (　　　).

　　ア　our　　　　イ　ours　　　　ウ　yours　　　　エ　theirs

(2) This pen is mine, and that is (　　　).　　　　　　　（京都文教高）

　　ア　my　　　　イ　hers　　　　ウ　their　　　　エ　your

(3) (　　　) bike is this?　—— It's mine.　　　　（和歌山・初芝橋本高函）

　　ア　Who　　　イ　Whose　　　ウ　What　　　エ　How many

(4) (　　　) is this?　—— It's Takashi's.　　　　　　（香川誠陵高函）

　　ア　Who　　　イ　How many　　ウ　Whose　　　エ　What

(5) John is (　　　).

　　ア　a friend of my　　　　イ　a my friend

　　ウ　a friend of mine　　　エ　one of my friend

137 次の各組の英文がほぼ同じ意味を表すように，（　　　）内に適当な1語を入れなさい。

(1) These are his textbooks.

　　These textbooks are (　　　　　).

(2) This isn't your hat.

　　This hat isn't (　　　　　).

(3) Is that her pencil?　　　　　　　　　　　　　　　　　（広島・如水館高）

　　Is that pencil (　　　　　)?

難▶(4) This computer is ours.　　　　　　　　　　　　　（東京・國學院高）

　　This computer (　　　　　) to us.

138 次の英文の誤りを訂正して，全文を書きなさい。

(1) Is this CD player his or her's?

難▶(2) My this camera is very expensive.　　　　（北海道・函館ラ・サール高）

(3) Osaka is Ken hometown.

(4) Is this watch Mr. Tanaka?

(5) His dog is big.　My is small.

着眼
138 (3) hometown [hóumtáun ホウムタウン] 故郷

★★139 次の日本文の意味を表す英文になるように，（　　）内に適当な1語を入れなさい。

(1) これらのCDは私のものです。

These CDs (　　　　) (　　　　).

(2) あの白いネコはタローのものです。

That white cat (　　　　) (　　　　).

●→(3) この部屋はエミとユキのものですか。

Is this room (　　　　) and (　　　　)?

(4) あのピアノは彼女のものではありません。

That piano (　　　　) (　　　　).

(5) この赤い車は私の両親のものです。

This red car (　　　　) (　　　　) (　　　　).

(6) これらの古い写真は，私のおじいさんのものです。

These old pictures (　　　　) (　　　　) (　　　　).

(7) ①これはだれのドレスですか。

(　　　　) (　　　　) is this?

②彼女のお姉さんのものです。（①の答え）

It is (　　　　) (　　　　).

(8) ①これらの漫画はだれのものですか。

(　　　　) (　　　　) these comic books?

②ケンのものです。（①の答え）

They are (　　　　).

(9) ①あの女の人はだれのお母さんですか。

(　　　　) (　　　　) is that woman?

②イチローのお母さんです。（①の答え）

She is (　　　　) (　　　　).

(10) ①これはあなたのコンピューターですか。

Is this (　　　　) (　　　　)?

②いいえ，ちがいます。姉のです。（①の答え）

No, it isn't. It's (　　　　) (　　　　).

★140 次の日本文の意味を表す英文になるように，（　　）内の語を並べかえなさい。

(1) あのウクレレは私のものではありません。

(mine / that / ukulele / not / is).

(2) あの白い家は私のおじのものです。

(my / is / that / house / white / uncle's).

(3) このラケットは彼のものですか。　——いいえ。彼のお兄さんのものです。

(this / is / his / racket)? —— No.　(is / his / it / brother's).

(4) これらのネクタイはジョンのものです。

(John's / these / are / ties).

(5) あなたはだれの車を使っているのですか。　——父のを使っています。

(use / you / whose / do / car)? —— (I / father's / use / my).

★141 下線部に注意して次の英文を日本語になおしなさい。

(1) (a)　This is Bill's car.

(b)　This car is Bill's.

(2) (a)　Is this your racket?

(b)　Is this racket yours?

(3) (a)　That is his watch.

(b)　That watch is his.

(4)　Your house is big.　Mine is small.

(5) (a)　I clean these boys' room.

(b)　This room is these boys'.

★142 次の日本文を英語になおしなさい。

(1) これはだれのカップですか。　——私のです。

(2) あの辞書はあなたのものですか。　——はい，そうです。

(3) これらの2つのカメラはケンのものです。

22 代名詞の目的格

解答 別冊 *p.53～p.54*

*143 次の英文の（　　）内の語を適当な形になおしなさい。◀頻出

(1) They are kind to (we). （東京・駒込高図）

(2) Some of (we) like this book very much. （大阪・羽衣学園高）

(3) My father doesn't know (he).

(4) My friend visits (I) on Sunday.

(5) These are interesting books. I like (they).

(6) Keiko's mother makes cake for (she).

*144 下線部の語句を英文中で適当な形の1語の代名詞で表しなさい。

(1) Keiko visits <u>my sister and me</u> every summer.

(2) She likes <u>John</u> very much.

(3) I always go to school with <u>Miki</u>.

(4) He plays <u>the violin</u> very well.

(5) Is <u>this car</u> yours?

(6) This is a present from <u>my parents</u>.

(7) I help <u>my mother</u> on Sunday.

(8) That boy doesn't say hi to <u>I</u>.

*145 次の日本文の意味を表す英文になるように，（　　）内に適当な1語を入れなさい。

(1) ケンは私たちを助けてくれる。　Ken (　　　　　) (　　　　　).

(2) 私を知っていますか。　　　　　Do you (　　　　　) (　　　　　)?

(3) これは彼女からの手紙です。
This is a letter (　　　　　) (　　　　　).

(4) その子どもたちは彼の言うことを聞きます。
The children listen (　　　　　) (　　　　　).

着眼

143 (2) some of ～ ～のうちのいくつか[何人か]

144 (8) hi [hái ハイ] こんにちは

☆146 次の日本文の意味を表す英文になるように，（　）内の語を並べかえなさい。

(1) 彼はしばしば彼女に英語の歌を歌ってあげます。
(he / for / sings / an / English / song / often / her).

(2) 私は彼らがあまり好きではありません。
(like / I / don't / very / them / much).

(3) ジミーは彼らをよく知っていますか。
(know / does / Jimmy / very / them / well)?

(4) メアリーはときどき彼女のところへ行きます。
(sometimes / her / Mary / visits).

(5) エミリーとユミは私にとても親切です。
(and / Emily / kind / me / Yumi / are / very / to).

(6) 私は毎朝彼女と一緒に散歩をします。
(morning / walk / take / her / a / every / with / I).

(7) 彼女たちはいつも彼の世話をしています。
(care / always / him / they / of / take).

(8) メアリーはときどき夕食後に彼に電話をします。
(Mary / after / calls / dinner / sometimes / him).

☆147 次の英文を日本語になおしなさい。

(1) Alice sometimes plays the piano for us.

(2) Do you often go to the park with her?

(3) She always helps me.

(4) We know them.　They know us, too.

☆☆148 次の日本文を英語になおしなさい。

(1) マイク (Mike) は彼女のことが好きですが，彼女は彼が好きではありません。

(2) 兄はときどき私にチョコレートを買ってくれます。

着眼

146 (5)「親切な」kind [káind カインド] (6)「散歩する」take a walk (7)「～の世話をする」take care of ～

147 (1) for ～ ～のために (2) with ～ ～と一緒に

148 (1)「～だが，…」～, but ... (2)「買う」buy [bái バイ]

| 第 **5** 回 | **実力テスト** | 時間 **50** 分
合格点 **80** 点 | 得点 | /100 |

解答 別冊 *p.54~p.57*

1 次のCとDの関係がAとBの関係と同じになるように，（　）内に適当な語を入れなさい。 (1点×5＝5点)

	A	B	C	D
(1)	swim	swims	wash	（　　）
(2)	play	plays	cry	（　　）
(3)	we	us	they	（　　）
(4)	she	hers	we	（　　）
(5)	I	mine	they	（　　）

2 次の語の下線部の発音がA[s ス]，B[z ズ]，C[iz イズ]のどれかを，A，B，Cの記号で答えなさい。 (1点×10＝10点)

(1) use<u>s</u>　　（　　）　　(2) help<u>s</u>　　（　　）
(3) play<u>s</u>　　（　　）　　(4) studie<u>s</u>　　（　　）
(5) goe<u>s</u>　　（　　）　　(6) watche<u>s</u>　　（　　）
(7) speak<u>s</u>　　（　　）　　(8) kisse<u>s</u>　　（　　）
(9) swim<u>s</u>　　（　　）　　(10) teache<u>s</u>　　（　　）

3 次の英文の（　）内に最も適当なものを下から選んで，記号で答えなさい。ただし，大文字で始めるべき語も小文字にしてある。 (1点×5＝5点)

(1) Taro (　　) like this song.
(2) Jane doesn't have much work today.　So she (　　) busy.
(3) Your friends (　　) in the library.
(4) (　　) your brother a college student?
(5) (　　) your friends take a walk every day?

　　ア is　　　　イ am　　　　ウ isn't
　　エ aren't　　オ don't　　　カ doesn't
　　キ do　　　　ク does

4 次の英文の（　　）内の語を適当な形になおしなさい。ただし，なおす必要が
ないものはそのまま書くこと。　　　　　　　　　　　　　（2点×4＝8点）

(1) He (love) (he) sisters.

They are very kind to (he).

(2) Is this car (her)?

(3) (Do) (you) father wash (he) car with (she)?

(4) Tom (sing) the song for (we).

5 次の英文を（　　）内の指示に従って書きかえなさい。ただし，(2)は（　　）内
の指示に従って答えること。　　　　　　　　　　　　　（2点×5＝10点）

(1) I teach math.

（主語をSheにかえて）

(2) Your sister runs in the room.

（疑問文にして，Noで答える）

(3) They use some balls.

（否定文に）

(4) That is my book.

（that bookで始めて，同じ意味を表す文に）

(5) These are <u>Nancy's</u> textbooks.

（下線部が答えの中心になる疑問文に）

6 次の各組の英文がほぼ同じ意味を表すように，（　　）内に適当な1語を入れな
さい。　　　　　　　　　　　　　　　　　　　　　　　（1点×5＝5点）

(1) This is his car.

This (　　　　) is (　　　　　　).

(2) Are those your books?

Are those (　　　　) (　　　　　)?

(3) My brother is a very careful driver.

My brother (　　　　) very (　　　　).

(4) Mr. Kato is our music teacher.

Mr. Kato (　　　　) music to (　　　　).

(5) It (　　　　) a lot in June in Japan.

(　　　　) (　　　　　　) a lot of rain in June in Japan.

7 次の日本文の意味を表す英文になるように，（　）内に適当な1語を入れなさい。　　　　　　　　　　　　　　　　　　　　　　　　　（2点×5＝10点）

(1) ジョンはプールで泳ぎません。

John (　　　　) (　　　　) (　　　　) the pool.

(2) スミスさんは日本語を話しますか。　——いいえ，話しません。

(　　　　) Mr. Smith (　　　　) Japanese?

—— No, (　　　　) (　　　　).

(3) あれらはだれの車ですか。

(　　　　) cars (　　　　) (　　　　)?

(4) あなたのお父さんは水色のシャツを何枚か持っていますか。

(　　　　) your father (　　　　) (　　　　) light blue shirts?

(5) 彼らは彼が好きですか。

(　　　　) (　　　　) like (　　　　)?

8 次の日本文の意味を表す英文になるように，（　）内の語と符号を並べかえなさい。ただし，それぞれ，不足している1語を補うこと。　（1点×5＝5点）

(1) それはだれの辞書ですか。

(dictionary / whose / is / ?)

(2) 私のおばは私たちに英語を教えてくれます。

(English / aunt / my / teaches / to / .)

(3) この自転車はあなたのですか，それともあなたのお兄さんのですか。

(your / yours / bike / this / or / is / ?)

(4) あなたの友だちは鉛筆を何本ほしがっているのですか。

(many / want / your / how / pencils / friend / ?)

(5) ジェーンは私の友だちの1人です。

(friend / Jane / a / of / is / .)

9 次の英文を日本語になおしなさい。　　　　　　　（3点×5＝15点）

(1) Kyoko often plays the piano for them.

(2) Whose are those textbooks?　—— They are Keiko's.

(3) I always use this computer.　My father sometimes uses it, too.

(4) She doesn't like table tennis very much.

(5) How many brothers does Ken have?　—— He has only one.

10 次の日本文を英語になおしなさい。　　　　　　　　　　　　(3点×5＝15点)

(1) トムは中国語を上手に話します。

(2) あなたのお父さんはふつう，朝食前に音楽を聞きますか。

(3) 北海道には美しい湖がたくさんありますか。

(4) 彼のお母さんはときどき彼に電子メール (e-mail) を送ります。

(5) ナンシーのお兄さんは夕食後，何をしますか。

　　――いつも自分の部屋でテレビを見ます。

11 次の対話文を読んで，あとの問いに答えなさい。　　　　　　(計12点)

（ジンは新しい自転車を買おうと思い，店に入りました）

Clerk : May I help you?

Jin :　Yes. I want a new bike.

Clerk : OK. How about this black one?

Jin :　I like the color, but it's a little small.

　　　①(want / I / one / big / a).

Clerk : We (②) any big black ones. Is another color OK?

Jin :　Yes. Please show me another.

Clerk : Well then, this one is big.

Jin :　The size is OK, but ③(like / I / white / don't).

Clerk : We have a red one. How about this?

Jin :　Oh, it's nice. I'll (④) it.

(注) May I help you?「いらっしゃいませ」, How about ～?「～はいかがですか」
a little「少し」, Please show me another.「ほかのを見せてください」
well then「それでは」, size「サイズ」, I'll ～.「私は～するつもりです」

(1) 対話の流れに合うように，①，③の( )内の語を並べかえなさい。　　(2点×2)

(2) (②)(④)に適当な語句を，それぞれ右から選んで，記号で答えなさい。

　　　　　　　　　　　　　　　　　　　　　　　　　　　　　　　(2点×2)

　　②〔ア have　　イ doesn't have　　ウ don't have 〕
　　④〔ア show　　イ take　　　　　　ウ like　　　　〕

(3) この対話からわかるジンの好きな色は何ですか。日本語で答えなさい。　(4点)

23 命令文；Let's 〜．

解答 別冊 p.57〜p.61

*149 (1)〜(5)は「〜しなさい」，(6)〜(10)は「〜してください」という意味の英文に書きかえなさい。また，できた英文を日本語になおしなさい。

(1) You open the door.

(2) You are kind to old people.

(3) You wash your car.

(4) You practice the piano every day.

(5) You read this book.

(6) You close the window.

(7) You help your mother.

(8) You are quiet.

(9) You play with my son.

(10) You write your name here.

**150 例にならって，次の英文を書きかえなさい。また，できた英文を日本語になおしなさい。

［例］ You study English every day. → Study English every day.

［例］ Mary writes a letter to me. → Mary, write a letter to me.

(1) You sit down.

(2) You play the piano for her.

(3) You take this dog for a walk.

(4) Kate cooks breakfast every morning.

(5) Miki is kind to everyone.

(6) Yumi makes some cookies.

(7) Taro comes to my party.

着眼

149 (2) old people お年寄り (4) practice[prǽktis プラクティス]練習する (6) close [klóuz クロウズ]閉じる，window[wíndou ウィンドウ]窓 (8) quiet[kwáiət クワイエト]静かな (9) play[pléi プレイ]遊ぶ，son[sʌ́n サン]息子 (10) here[híər ヒア] ここに

150 (1) sit down 座る (3) take 〜 for a walk 〜を散歩に連れて行く (5) everyone [évriwʌn エヴリワン]みんな

★★151 (1)〜(5)は「〜してはいけない」，(6)〜(10)は「〜しましょう」という意味の英文に
書きかえなさい。また，できた英文を日本語になおしなさい。

(1) Eat this apple.

(2) You swim in this pool.

(3) You are noisy in the library.

(4) Keiko is rude to my friends.

(5) David goes to bed early.

(6) Write to Mr. Kato.

(7) Study English before dinner.

(8) We buy some roses at that store.

(9) We sing an English song.

(10) We read his novel.

★★152 次の対話文の（　　）内に最も適当なものを下から選んで，記号で答えなさい。

(1) A : Watch your step. 　　　　　　　　　　　　（福岡大附大濠高⊠）

B : (　　　)

ア I try it on.　　イ O.K.　　ウ Good shoes.　　エ I'm sorry.

(2) A : Let's play tennis after school.

B : (　　　) Let's play video games.

ア Yes, I do.　　　　　イ No, let's not.

ウ Yes, let's　　　　　エ No, I don't.

(3) A : Have a nice Christmas. 　　　　　　　　　　（福岡大附大濠高）

B : (　　　) to you.

ア And　　　イ Just　　　ウ Same　　　エ Also

(4) A : Let's have lunch together today.

B : (　　　)

ア Sure.　　　　　　　イ Yes, I do.

ウ No, I don't.　　　　エ O.K.　How about Sunday?

着眼

151 (3) noisy [nɔ́izi ノイズィ] 騒がしい　(4) rude [rúːd ルード] 無作法な・失礼な　(5) go
to bed 寝る　(6) write to 〜 〜に手紙を書く　(7) before [bifɔ́ːr ビフォーァ] 〜の
前に　(10) novel [nǽvl ナヴル] 小説

152 (1) watch *one's* step 足元に気をつける，try 〜 on 〜を試着する　(2) video game
[vídiou geim ヴィディオウ ゲイム] テレビゲーム　(3) Have a nice 〜. 良い〜を，
just [dʒʌ́st ヂャスト] ちょうど，same [séim セイム] 同じ，also [ɔ́ːlsou オールソウ]
〜もまた　(4) together [təɡéðər トゥゲザァ] 一緒に，How about 〜 ? 〜はいかがで
すか？

☆153 次の英文に対する応答として最も適当なものを下から選んで，記号で答えなさい。

（神奈川・湘南学園高図）

(1) Please tell me the way to the station.

　　ア　I'm fine.　　　　イ　You are welcome.

　　ウ　Thanks.　　　　エ　Sorry. I'm a stranger here.

(2) Get up! It's ten o'clock now.

　　ア　Oh, really?　　　イ　No, I'm not.

　　ウ　See you.　　　　エ　Yes, I am.

☆154 次の日本文の意味を表す英文になるように，（　　）内に適当な1語を入れなさい。 ◁ 頻出

(1) ジャック，私の辞書を使わないでください。

　　Please (　　　　) (　　　　　) my dictionary, Jack.

(2) 夕食の前に手を洗いなさい。

　　(　　　　) your (　　　　) before dinner.

(3) この写真を見てください。　　(　　　　) (　　　　) at this picture.

(4) 気をつけなさい。　　(　　　　) (　　　　　).

(5) テレビのスイッチを消してください。(　　　　) (　　　　) off the TV.

☆155 次の日本文の意味を表す英文になるように，（　　）内の語を並べかえなさい。

(1) 今日の午後野球をしましょう。　　　　　　　　　（広島・如水館高）

　　(play / let's / baseball) this afternoon.

(2) 私の家族の写真をとってください。

　　(please / picture / take / my / a / of / family).

🕮(3) 君のこの辞書を貸してください。(1語不足)　　　（大阪・清風高図）

　　Please (this / me / of / lend / dictionary).

(4) 私の誕生パーティーに来てください。

　　(my / please / to / come / party / birthday).

(5) 起きて顔を洗いなさい。(up / your / get / and / wash / face).

―――――――――――――――――――――――――――――――

着眼

　153 (1) the way to ～ ～への道，stranger［stréindʒər ストゥレインヂァ］不案内な人

　154 (4) 「気をつける」⇒「注意深くなる」と考える。「注意深い」careful［kέərfəl ケアフル］

　　　(5) 「～を消す」turn off ～

　155 (2) 「(写真を)とる」take　(5) 「顔」face［féis フェイス］

(6) ここで休息しましょう。(rest / let's / a / take / here).

(7) その山に登ってはいけません。(don't / the / climb / mountain).

*156 次のような場合，英語では相手にどのように言いますか。(　　)内の語に不足する1語を加え，正しく並べかえなさい。

(1) 戸を閉めてと頼む場合。　　　　　　　　　　　　　　　　（静岡県図）

(door / close / the).

(2) ここで野球をしてはいけないと禁止する場合。　　　　　（高知県）

(baseball / play / here).

(3) 今日の午後バレーボールをしようと誘う場合。　　　　　（広島県）

(volleyball / this / play / afternoon).

●難▶(4) 丸ノ内線に乗って，四谷で電車を乗り換え，新宿で降りるように言う場合。

(take / get off / the Marunouchi Line, / trains / Yotsuya / Shinjyuku / at / at / and).　　　　　　　　　（愛知・滝高図）

*157 次の英文を日本語になおしなさい。

(1) Be a good boy, Bill.

(2) Please get up early every morning.

(3) Let's practice baseball after school.

(4) Don't play the piano in this room.

(5) Everyone, listen to me, please.

**158 次の日本文を英語になおしなさい。

(1) ジェーン，怖がらないで。

(2) この教室をそうじしてください。

(3) 食べすぎてはいけません。

(4) 夕食の前に宿題をしなさい。

(5) ①走って公園に行きましょう。

②はい，そうしましょう。（①に対する応答）

着眼

155 (6)「休息する」take a rest　(7)「登る」climb［kláim クライム］

158 (2)「そうじする」clean［klíːn クリーン］　(4)「宿題をする」do *one's* homework

(5)「走って〜に行く」run to 〜

24 can

解答 別冊 p.61~p.64

*159 次の英文を can を用いた文にしなさい。また，できた英文を日本語になおしなさい。 < 頻出

(1) I sing English songs.　　(2) He drives a car.

(3) My sister writes a letter in English.　(4) Ken runs very fast.

(5) The baby walks well.　　(6) Kate plays the violin.

(7) They understand these French words.

(8) My mother cooks some Chinese dishes.

*160 次の英文を否定文にしなさい。

(1) She can ski.　　(2) Ted can swim fast.

(3) The boy can play catch.　　(4) My sister can dance well.

(5) I can carry the heavy baggage.　　(6) He can ride a bicycle.

(7) They can write a letter in English.　(8) The duck can fly.

*161 次の英文を疑問文にしなさい。また，（　）内の語を用いて答えなさい。

(1) Yumi can make cookies well.　　(Yes)

(2) That dog can swim well.　　(No)

(3) I can play baseball here.　　(Yes)

(4) The penguin can fly.　　(No)

(5) We can use this dictionary.　　(Yes)

(6) Mike can eat natto.　　(No)

(7) They can answer these questions.　(Yes)

(8) Your brother can teach Chinese.　(No)

着眼

159 (7) understand [ʌndərstǽnd アンダスタンド] 理解する　(8) dish [díʃ ディシ] 料理

160 (1) ski [skíː スキー] スキーをする　(3) play catch キャッチボールをする
(4) dance [dǽns ダンス] 踊る　(5) heavy [hévi ヘヴィ] 重い，baggage [bǽgidʒ バゲヂ] (手)荷物　(8) duck [dʌ́k ダック] アヒル

161 (4) penguin [péŋgwin ペングウィン] ペンギン　(7) answer [ǽnsər アンサァ]

★162 次の対話文の（　　）内に最も適当なものを下から選んで，記号で答えなさい。

<頻出

(1) A : Can I go now?　　　　　　　　　　　　　　　（福岡・西南学院高）

　　B : （　　）

　　ア　Go ahead.　　　　　　イ　By bike.

　　ウ　No, thank you.　　　　エ　Yes, I can.

(2) A : Can you tell me the way to the station?　　（福岡大附大濠高）

　　B : （　　） I don't live in this town.

　　ア　Yes, I can.　　　　　イ　Of course.

　　ウ　Certainly.　　　　　　エ　Please ask someone else.

(3) A : Hello. Can I speak to Mary?

　　B : （　　）

　　ア　Yes, she can.　　　　イ　Speaking.

　　ウ　At ten o'clock.　　　　エ　Please come again this afternoon.

(4) A : Who can arrange these flowers beautifully?

　　B : （　　）

　　ア　Mr. White can.　　　　イ　Yes, I can.

　　ウ　No, I can't.　　　　　エ　Of course.

(5) A : What languages can Toshio speak?

　　B : （　　）

　　ア　Yes, he can.　　　　　イ　He can speak Chinese.

　　ウ　Sure.　　　　　　　　エ　No, he can't.

★163 次の英文の（　　）内に適当な1語を入れなさい。

(1) （　　　　　） Bill skate well?　—— Yes, he can.

(2) （　　　　　） can they play?　—— They can play the piano.

(3) （　　　　　） can solve the problem?　—— Takashi can.

(4) （　　　　　） can you buy in this shop?　—— We can buy fruit.

着眼

　162 (2) Of course. もちろん。Certainly. [sə́:rtnli サ～トゥンリィ] もちろん。
　someone else だれかほかの人　(3) again [əgén アゲン] 再び　(4) arrange [əréindʒ
　アレインヂ] 整える・配置する，beautifully [bjú:təfəli ビューティフリィ] 美しく
　(5) language [lǽŋgwidʒ ラングウィヂ] 言葉・言語

　163 (1) skate [skéit スケイト] スケートをする　(3) solve [sálv サルヴ] 解く，problem
　[prábləm プラブレム] 問題

★★164 次の日本文の意味を表す英文になるように，（　　）内に適当な1語を入れなさい。

(1) 私の娘はバイオリンを上手にひくことができます。

My daughter （　　　　） （　　　　　） the violin well.

(2) 質問をしてもいいですか。

（　　　　　） I （　　　　　） you some questions?

(3) その老人は速く歩けません。

The old man （　　　　） （　　　　　） fast.

(4) 空にたくさんの鳥が見えます。

We （　　　　） （　　　　　） many birds in the sky.

(5) あなたは早く起きることができますか。

（　　　　　） you （　　　　） up early?

(6) ①メアリーは昼食に何をつくることができますか。

（　　　　） （　　　　　） Mary cook for lunch?

②カレーライスです。（①の答え）

（　　　　） （　　　　　） cook curry and rice.

(7) ①マイクはピアノがひけますか，それともバイオリンがひけますか。

（　　　　） Mike （　　　　） the piano or the violin?

②バイオリンがひけます。（①の答え）

（　　　　） （　　　　　） play the violin.

(8) 電話を借りてもいいですか。　――どうぞ。

（　　　　） I （　　　　） the telephone?

―― Sure.

(9) 家事を手伝ってくれませんか。　――いいですよ。

（　　　　） you （　　　　　） me with the housework?

―― Sure.

(10) 庭で遊んでいいですか。　――いいえ，いけません。

（　　　　） we （　　　　） in the garden?

―― No, you can't.

着眼

164 (1)「娘」daughter [dɔ́ːtər ドータァ] (6)②「カレーライス」curry and rice (8)「借りる」はborrowだが，その場で使うものを借りる際にはuse「使う」にする。(9)「家事」housework [háuswəːrk ハウスワ〜ク]

★★165 次の日本文の意味を表す英文になるように，（　）内の語を並べかえなさい。

(1) スーザンは刺身を食べることができる。(*sashimi* / Susan / eat / can).

(2) そのサルは絵をかくことができる。
(picture / the / draw / monkey / can / a).

(3) 私のネコはネズミをつかまえることができない。
(catch / mouse / my / cannot / cat / a).

(4) 手伝っていただけませんか。
(help / can / me / you)?

(5) 私たちはそこで白鳥を見ることができますか。
(swans / there / see / can / we)?

(6) アリスはこの問題を解くことができません。
(solve / Alice / this / can't / problem).

★★166 次の英文を日本語になおしなさい。

(1) Miki can speak Chinese well.

(2) Can your mother ride a horse?

(3) You can play in this room.

(4) Can you go there with me?

(5) What can we do for the children?

(6) Who can meet Jimmy there?

★★167 次の日本文を英語になおしなさい。

(1) あなたたちは今日パーティーに来られますか。

(2) あなたの辞書を使ってもいいですか。

(3) 彼のお父さんは料理がうまい。

(4) ジャック (Jack) はあまり速く泳げません。

(5) 私のベッドで眠ってもかまいませんよ。

(6) 私にその写真を見せてくれませんか。

着眼

165 (2)「(絵を)かく」draw[drɔ́ː ドゥロー] (3)「つかまえる」catch[kǽtʃ キャッチ]
(5)「白鳥」swan[swán スワン]

166 (2) horse[hɔ́ːrs ホース]馬 (6) meet[míːt ミート]会う

167 (5)「眠る」sleep[slíːp スリープ] (6)「～に…を見せる」show ... to ～

25 時刻の表し方

解答 別冊 p.64~p.66

*___168___ 例にならって，次の時刻を英語で表しなさい。

[例] 3:10 → It is three ten.

(1) 5:30　　　(2) 11:25　　　(3) 6:15　　　(4) 8:11

(5) 9:55　　　(6) 4:20　　　(7) 12:45　　　(8) 5:00

*___169___ 次の英文の（　　）内に最も適当な語を下から選んで入れなさい。ただし，各語は1度しか使えない。 < 頻出

(1) Let's play tennis (　　　　) school.

(2) I get up (　　　　) six.

(3) We have four classes (　　　　) the morning.

(4) Wash your face (　　　　) breakfast.

(5) They practice the piano (　　　　) two (　　　　) five.

[about　after　before　from　in　to]

*___170___ 次の疑問文に（　　）内の語(句)を用いて答えなさい。

(1) What time do you go home?　　　　(five)

(2) What time does your school start?　　　　(eight ten)

(3) What time does Bill go to work?　　　　(seven)

(4) What time does Yuki take a bath?　　　　(ten)

*___171___ 次の英文の下線部が答えの中心になる疑問文を作りなさい。

(1) It is four o'clock now.

(2) I come home at 6:00.

(3) Emi closes the store at 8:00.

(4) This movie starts at 12:00.

着眼

170 (1) go home 帰宅する　(2) start [stá:rt スタート] 始まる・始める (= begin [bigín ビギン]) (3) go to work 仕事に行く　(4) take a bath 風呂に入る

171 (2) come home 帰宅する

★★172 次の日本文の意味を表す英文になるように, (　　) 内に適当な1語を入れなさい。 ◁ 頻出

(1) フランスでは今, 午後2時です。
　　It is two (　　　　) (　　　　) (　　　　) in France now.

(2) あと10分で11時です。
　　It is (　　　　) (　　　　) eleven.

(3) 今5時10分です。
　　It is ten (　　　　) five now.

(4) バスは10分おきに来ます。 (愛知・滝高)
　　The bus comes (　　　　) ten minutes.

(5) 午前中4時間授業があります。
　　We have four classes in (　　　　) (　　　　).

★★173 次の日本文の意味を表す英文になるように, (　　) 内の語を並べかえなさい。

(1) ①ビルは何時に朝食を食べますか。
　　(Bill / breakfast / what / have / time / does)?
　　②7時ごろに食べます。(①の答え)
　　(seven / he / has / around / it).

(2) ①ケンは何時に彼の犬を散歩に連れて行きますか。
　　(walk / Ken / what / does / time / take / dog / his / for / a)?
　　②午前5時です。(①の答え)
　　(morning / he / at / takes / a / for / it / walk / five / in / the).

(3) 彼はいつも夕方にジョギングをする。
　　(in / the / he / jogs / always / evening).

(4) ①バスは何時に出発しますか。
　　(what / bus / time / does / the / start)?
　　②たいてい10時に出ます。(①の答え)
　　(it / ten / usually / starts / at).

(5) ①あなたは何時にそのテレビ番組を見ますか。
　　(watch / what / do / time / you / program / the / TV)?
　　②午後3時に見ます。(①の答え)
　　(at / it / I / watch / afternoon / three / in / the).

着眼
172 (4) 「分」 minute [mínit ミニト]
173 (3) 「ジョギングをする」 jog [dʒɑ́g ヂャグ]

26 序数・曜日・月・季節の表し方

解答 別冊 *p.66~p.68*

---

*174 次の数の序数（「〜番目」を表す言い方）を英語で書きなさい。

(1) 1　　　　　(2) 2　　　　　(3) 3　　　　　(4) 5　　　　　(5) 8

(6) 9　　　　　(7) 12　　　　(8) 20　　　　(9) 41　　　　(10) 64

---

*175 次の曜日と月の名前を英語になおしなさい。

(1) 火曜日　　　(2) 水曜日　　　(3) 木曜日　　　(4) 1月

(5) 2月　　　　(6) 4月　　　　(7) 7月　　　　(8) 8月

(9) 9月　　　　(10) 10月　　　(11) 11月　　　(12) 12月

---

*176 次の英文の（　　）内の語を適当な形になおしなさい。

(1) February is the (two) month of the year.　　　　　　　（大阪・樟蔭高）

(2) What is the (nine) month of the year?

　　—— September is.　　　　　　　　　　　　　　　　　（岡山白陵高）

(3) The (three) month of the year is March.

(4) The (one) day of the week is Sunday.

(5) May is the (five) month of the year.

(6) The (twelve) month of the year is December.

---

*177 次の英文の下線部が答えの中心になる疑問文を作りなさい。 **＜頻出**

(1) It is <u>Monday</u>.

(2) It is <u>April 10</u>.

(3) It is <u>one fifty</u>.

(4) I have dinner <u>at seven</u>.

(5) My mother goes to church <u>on Sundays</u>.

着眼

176 (1) month [mʌ́nθ マンス] 月，〜 of the year 1年の〜　(4) day [déi デイ] 日，week [wíːk ウィーク] 週

☆☆*178* 次の英文の( )内に適当な1語を入れなさい。

⑴ The eighth month of the year is ( ).　　(東京・法政大一高図)

⑵ ( ) comes after January.　　(愛知・滝高)

⑶ ( ) comes after Wednesday.　　(香川誠陵高図)

⑷ What day comes after Tuesday?
　　── ( ) does.　　(岡山白陵高)

⑸ The day before Sunday is ( ).

☆*179* 次の英文の( )内に適当な前置詞を入れなさい。 ◀頻出

⑴ We don't have any classes ( ) Saturday and Sunday.

⑵ We can catch many butterflies ( ) spring.

⑶ Many people come to this shrine ( ) January 1.

⑷ You can skate there ( ) January.

⑸ They practice baseball from Monday ( ) Friday at school.

☆*180* 次の日本文の意味を表す英文になるように，( )内に適当な1語を入れなさい。

⑴ ①あなたの誕生日はいつですか。

　　( ) ( ) your birthday?

　　②5月5日です。(①の答え)

　　It is ( ) 5.

⑵ 冬のあとに春が来ます。

　　( ) comes after ( ).

⑶ ニュージーランドでは，8月にスキーができます。

　　We can ski ( ) ( ) in New Zealand.

⑷ 4月30日に新しいメンバーが40人，我々のクラブに加わった。　　(東京・開成高)

　　(*F*) new members joined our club on April the
　　(*t*).

着眼
179 ⑵ catch [kætʃ キャッチ] 捕まえる，butterfly [bʌ́tərflai バタフライ] チョウ
　　　⑶ shrine [ʃráin シライン] 神社
180 ⑴ 「いつ」when [(h)wén (フ)ウェン]

27 年齢・身長などの言い方

解答 別冊 *p.68~p.69*

*181 次の対話文の（　　）内に適当な1語を入れなさい。

(1) How (　　　　) is this baby?　　—— He is six months old.

(2) How (　　　　) is the lake?　　—— It is 100 meters deep.

(3) How (　　　　) is that bag?　　—— It is 30,000 yen.

(4) How (　　　　) kids do they have?　　—— They have three.

*182 次の疑問文に（　　）内の日本語を英語になおして答えなさい。ただし，**数字も英語で書くこと。**

(1) How tall is your sister?　　　　　　（150センチメートル）

(2) How old is his grandfather?　　　　（90歳）

(3) How much money does Taro need for the book?　(2,000円)

(4) How long does she sleep?　　　　（7時間）

(5) How many dogs do they have?　　（4匹）

*183 次の日本文の意味を表す英文になるように，（　　）内に適当な1語を入れなさい。 < 頻出

(1) あの家は建てられて30年になります。　　　　　　　　　（大阪・開明高）

That house is thirty (　　　　) (　　　　) now.

(2) ①あなたは毎日どれくらいの時間ピアノを練習しますか。

(　　　) (　　　　) do you practice the piano every day?

②毎日5時間練習します。（①の答え）

I practice it for (　　　) (　　　　) every day.

(3) ①あの山の高さはどれくらいですか。

(　　　) (　　　　) is that mountain?

②2,000メートルくらいです。（①の答え）

(　　　) is about 2,000 (　　　　) high.

着眼

181 (1) month [mʌ́nθ マンス] 月　(2) meter [míːtər ミータァ] メートル，deep [díːp ディープ] 深い　(4) kid [kíd キッド] 子ども

182 (1) tall [tɔ́ːl トール] (背が) 高い，「センチメートル」centimeter [séntəmiːtər センティミータァ]　(4) long [lɔ́(ː)ŋ ロ(ー)ンヶ] 長い

*184 次の日本文の意味を表す英文になるように，（　　）内の語を並べかえなさい。

(1) ①この帽子はいくらですか。

(hat / how / is / much / this)?

②100ドルです。(①の答え)

(100 / it / is / dollars).

(2) ①この橋の長さはどれくらいですか。

(bridge / how / is / long / this)?

②10メートルくらいです。(①の答え)

(about / it / 10 / is / meters / long).

(3) ①あのバレーボール選手の身長はどれくらいですか。

(volleyball / how / is / tall / that / player)?

②約2メートルです。(①の答え)

(he / meters / is / about / two / tall).

*185 次の英文を日本語になおしなさい。

(1) How old are you?　── I am fifteen years old.

(2) How tall is he?　── He is 170 centimeters tall.

(3) How much is this doll?　── It is 5,000 yen.

(4) How high can this dog jump?

── It can jump about one meter high.

*186 次の日本文を英語になおしなさい。

(1) ①この川の長さはどのくらいですか。

②約100キロメートルです。

(2) あのフェンスは2メートルの高さがあります。

(3) あなたの家から公園までどのくらいですか。

─────────────

(着眼)

184 (1) ②「ドル」dollar [dálər ダラァ] (a dollar = one hundred cents)　(2) ①「橋」
bridge [brídʒ ブリッヂ]

185 (4) jump [dʒʌ́mp ヂャンプ] 跳び上がる

186 (1) ②「キロメートル」kilometer [kilámətər キラメタァ]　(2) 「フェンス」fence [féns
フェンス]

28 Wh-，How で始まる疑問文

解答 別冊 p.69~p.72

* **187** 次の疑問文の（　　）内に最も適当なものを下から選んで，記号で答えなさい。

< 頻出

(1) （　　） is the capital of Italy?　── It is Rome.　　（大阪・明星高）
　ア What　　イ When　　ウ Who　　エ Where

(2) （　　） do you think of that?　　（福岡大附大濠高）
　ア How　　イ What　　ウ Why　　エ When

(3) Who （　　） English?　　（広島・如水館高）
　ア teach　　イ teaches　　ウ teaching　　エ is teach

(4) How （　　） children does the woman have?
　ア much　　イ tall　　ウ many　　エ old

(5) （　　） do they go to the zoo?　── They go there by bus.
　ア When　　イ What　　ウ Where　　エ How

(6) （　　） do your parents live?　── They live in Paris.
　ア Where　　イ When　　ウ Which　　エ What

(7) （　　） is your birthday?　── January 31.
　ア How　　イ Where　　ウ Which　　エ When

(8) （　　） car is this?　── It's my brother's.
　ア Who　　イ Whose　　ウ Where　　エ When

(9) （　　） bus does Jim take?　── He takes this one.
　ア Who　　イ How　　ウ Which　　エ What

(10) （　　） do you spend your holidays?　　（熊本・真和高）
　ア Who　　イ What　　ウ When　　エ How

(11) How （　　） money do you have in your pocket?（東京・日本大鶴ヶ丘高）
　ア many　　イ much　　ウ some　　エ what

(12) （　　） do you go to the library for?　　（東京・中央大附高⑫）
　ア Why　　イ What　　ウ Where　　エ When

(13) How （　　） do you call her on the phone?　　（東京・明治大付中野高）
　ア often　　イ long　　ウ many　　エ much

着眼
187 (1) capital [kǽpətl キャピトル] 首都，Rome [róum ロウム] ローマ　(9) take [téik テイク] 乗る　(10) spend [spénd スペンド] 過ごす，holiday [hɔ́lədei ホリデイ] 休日
(13) call ~ on the phone ～に電話する

★188 次の対話文の（　　）内に最も適当なものを下から選んで，記号で答えなさい。

(1) A : (　　) do you like your coffee?　　　　　　　　（大阪・開明高）
　　B : With cream and sugar, please.
　　ア How　　　イ Which　　　ウ What　　　エ What kind

(2) A : Nice to meet you, Tom.　(　　)　　　　　（兵庫・関西学院高函）
　　B : I'm a university student.　How about you?
　　A : I'm a nurse at the city hospital.
　　ア How do you do?　　　イ How do you feel?
　　ウ What do you do?　　　エ What do you think of this party?

(3) A : What does your father do?　　　　（北海道・函館ラ・サール高函）
　　B : (　　)
　　ア Yes, he does.　　　イ He does a lot.
　　ウ He drives a taxi.　　　エ No, he doesn't.

(4) A : How do you go to Mihara?　　　　　　（広島・如水館高）
　　B : (　　)
　　ア By the car.　　　イ It takes one hour.
　　ウ It is not far from here.　　　エ I take a bus.

(5) A : Where in Japan are you from?　　　（北海道・函館ラ・サール高）
　　B : (　　)
　　ア Yes, I am from Japan.　　　イ No, I'm not in Japan.
　　ウ Okinawa.　　　エ Okinawa is in Japan.

(6) A : Who does the shopping in your family?
　　B : My mother (　　).
　　ア is　　　イ are　　　ウ does　　　エ do

(7) A : Who plays the game next?　　　　　（福岡大附大濠高）
　　B : (　　)
　　ア That's great.　　　イ That's a good point.
　　ウ I'm afraid so.　　　エ It's my turn.

188 (1) cream [krí:m クリーム]クリーム・ミルク　(2) university [ju:nəvə́:rsəti ユーニヴァ〜スィティ](総合)大学　イ feel [fí:l フィール]感じる　(3) イ a lot たくさん　ウ taxi [tǽksi タクスィ]タクシー　(4) ウ far [fáːr ファー]遠い　(7) ア That's great. すごいね。イ point [póint ポイント]点・要点　ウ I'm afraid so. 残念だがそのようです。エ turn [tə́:rn タ〜ン]順番，It's my turn. 私の番です。

189 次の各組の英文がほぼ同じ意味を表すように，（　　）内に適当な1語を入れなさい。

(1) Where are you from?　　　　　　　　　　　　　　　　（獨協埼玉高阪）

Where do you (　　　　　) from?

(2) What is the price of this dictionary?　　　　　　　（埼玉・慶應志木高）

(　　　　) (　　　　　　) is this dictionary?

(3) Who is your English teacher?　　　　　　　　　　　（大阪・開明高）

Who (　　　　) English to you?

190 次の英文の下線部が答えの中心になる疑問文を作りなさい。

(1) Kazuo enjoys baseball.

(2) He goes to England by plane.　　　　　　　　　（佐賀・東明館高阪）

(3) Jimmy lives in Australia.

(4) Yumi plays tennis every Sunday.

(5) I want this book.

191 次の日本文の意味を表す英文になるように，（　　）内に適当な1語を入れなさい。

(1) 日本の首都はどこですか。　——東京です。　　　　　（大阪・開明高）

(　　　　　) is the capital of Japan?　—— It's Tokyo.

(2) 毎朝，朝ごはんをつくるのはだれですか。　　　　　（熊本・真和高）

(　　　　) (　　　　　) breakfast every morning?

(3) トムはどこで泳ぎますか。

(　　　　) does Tom (　　　　　)?

(4) ①メアリーはいつ宿題をしますか。

(　　　　) does Mary do her (　　　　　)?

②夕食の後にします。(①の答え)

She does her (　　　　) after (　　　　　).

(5) そのコンサートのチケットはどうしたら手に入れられますか。　（獨協埼玉高）

(　　　　) (　　　　　) (　　　　　) get a ticket for the concert?

着眼

189 (2) price [práis プライス] 値段

☆*192* 次の日本文の意味を表す英文になるように，（　　）内の語を並べかえなさい。

(1) ①動物園はどこにありますか。

(the / where / is / zoo)?

②私の家の近くにあります。（①の答え）

(house / it / near / is / my).

(2) ①ユキはどうやって駅へ行きますか。

(go / the / how / Yuki / does / to / station)?

②自転車で行きます。（①の答え）

(there / she / by / goes / bicycle).

(3) あなたは本を何冊持っていますか。　　　　　　　　　（東京・堀越高）

How (books / do / have / you / many)?

(4) ここから相模原駅までどのくらいありますか。　　　（東京・日本大鶴ヶ丘高）

(here / it / how / from / is / far) to Sagamihara Station?

☆*193* 次の英文を日本語になおしなさい。

(1) Where does this train go?　——　It goes to Tokyo.

(2) When do you go to the library?　——　I go there after school.

(3) How much snow do you have here?　——　We have a lot of snow.

(4) How does your father go to work?　——　He goes to work by bus.

(5) How is the weather in New York?　——　It is very fine.

☆*194* 次の日本文を英語になおしなさい。

(1) だれがこの部屋をそうじしますか。　——クミです。

(2) あなたはどこで写真をとりますか。　——私は公園で写真をとります。

(3) どちらの少女がマイクの妹ですか。

(4) 職員室はどこにありますか。　——図書室の隣にあります。

着眼

192 (1) ②「〜の近くに」near [níər ニア]

193 (1) train [tréin トゥレイン] 列車　(2) there [ðéər ゼア] そこに［へ，で］

(5) weather [wéðər ウェザァ] 天気，fine [fáin ファイン] 晴れの（= sunny）

194 (4)「職員室」the teachers' room,「〜の隣」next to 〜

第6回 実力テスト

時間 **50**分
合格点 **80**点

得点 ╱ 100

解答 別冊 *p.72~p.75*

1 次の各組で，下線部の発音が他と異なるものを1つ選んで，記号で答えなさい。
発音がすべて同じ場合には○を書きなさい。 (1点×5＝5点)

(1) ア likes イ helps ウ talks エ hopes
(2) ア radio イ cat ウ stand エ racket
(3) ア kitchen イ child ウ night エ kind
(4) ア match イ teach ウ chair エ children
(5) ア turn イ work ウ girl エ car

2 次の語を発音するとき，最も強く発音する部分を記号で答えなさい。
(1点×8＝8点)

(1) eve-ning (evening)
 ア　イ

(2) eigh-teen (eighteen)
 ア　イ

(3) to-ma-to (tomato)
 ア　イ　ウ

(4) cam-er-a (camera)
 ア　イ　ウ

(5) dif-fi-cult (difficult)
 ア　イ　ウ

(6) com-put-er (computer)
 ア　イ　ウ

(7) wom-an (woman)
 ア　イ

(8) be-gin (begin)
 ア　イ

3 次の疑問文に対する答えとして最も適当なものを下から選んで，記号で答えな
さい。 (1点×5＝5点)

(1) Do your parents often go to the library?
(2) What time do you go to bed every day?
(3) How do you come here?
(4) How much does your brother have?
(5) Where is your father now?

ア Yes, I do. イ No, they don't.
ウ Yes, he does. エ He has ten dogs.
オ I go to bed at ten. カ He is in Kyoto.
キ I walk here. ク He has ten thousand yen.

4 次の英文の下線部が答えの中心になる疑問文を作りなさい。　(2点×5＝10点)

(1) It is seven o'clock by my watch.

(2) We usually watch TV in the living room after dinner.

(3) Nancy goes to school on foot every day.

(4) Tom and Mike can play soccer with us.

(5) My brother can dig the hole twenty meters deep.

5 次の英文を (　　) 内の指示に従って書きかえなさい。　(2点×5＝10点)

(1) You open the window.
   (「～しなさい」という意味の命令文に)

(2) We go to the zoo with his brother.
   (「～しましょう」という意味の命令文に)

(3) You open the window.
   (「～しないでください」という意味の命令文に)

(4) You run in this room.
   (「～してはいけない」という意味の命令文に)

(5) Tom cooks very well.
   (「～できる」という意味の文に)

6 次の疑問文に (　　) 内の日本語を英語になおして答えなさい。ただし，数字も英語で書くこと。また，日本語がないものについては考えて答えを書くこと。
(1点×10＝10点)

(1) What time is it? (12時25分)

(2) When does your mother cook dinner? (午後6時)

(3) How high is Mt. Fuji? (3,776メートル) ＊「メートル」meter

(4) How tall are you? (5フィート4インチ) ＊「フィート」feet＜foot.「インチ」inch

(5) How many students have video games? (38人)

(6) What is the first day of the week?

(7) What's the last day of the week?

(8) What is the ninth month of the year?

(9) What is the shortest month of the year? ＊the shortest「一番短い」

(10) When is Children's Day?

7 次の日本文の意味を表す英文になるように, ( )内に適当な1語を入れなさい。　　　　　　　　　　　　　　　　　　　　　　　　　　　（2点×3＝6点）

(1) ここから駅までどのくらいの距離がありますか。

　　How (　　　　　) (　　　　　) it (　　　　) here to the station?

(2) 彼らはどうやって湖に行くのですか。

　　(　　　　) (　　　　　) they go (　　　　) the lake?

(3) メアリーはフルートを上手に吹くことができます。

　　Mary (　　　　) (　　　　) the flute well.

8 次の日本文の意味を表す英文になるように, ( )内の語と符号を並べかえなさい。ただし, それぞれ, 不足している1語を補うこと。　　（2点×3＝6点）

(1) あなたはたいてい日曜日には何時に起きますか。

　　(time / Sundays / usually / up / you / what / do / get / ?)

(2) ケン, あれらの山を見てごらん。(look / those / Ken / mountains / , / .)

(3) みなさん, 図書館では静かにしてください。

　　(in / quiet / please / library / everyone / the / , / .)

9 次の英文を日本語になおしなさい。　　　　　　　　　（3点×5＝15点）

(1) How much is that picture?

　　── It's three hundred and fifty dollars.

(2) Where is your brother?　── He is in the yard.

(3) Which does Jack speak, French or German?

　　── He speaks French.

(4) Which is Ann's racket, this one or that one?

　　── This one is Ann's.

(5) What can I do for you?

10 次の日本文を英語になおしなさい。　　　　　　　　　（3点×5＝15点）

(1) 老人には親切にしてあげなさい。

(2) あれらの歌をうたいましょう。　──はい, そうしましょう。

(3) 毎晩何時に寝ているの?　── 10時半ごろだよ。

(4) あなたは英語の歌を何曲うたえますか。

(5) コーヒーをいくらかいただいてもいいですか。

11 次の英文を読んで，あとの問いに答えなさい。 (計10点)

（ジンのクラスに新しい先生がやって来ます）

Mr. Ogawa is the English teacher for Jin's class. In the classroom, he says, "Hello, everyone. ①(teacher / from / have / new / Canada / a / today / we / .) Her name is Ms. White. She teaches English. ②She lives with her family in Tokyo. She likes her country very much. But she loves Japan and Japanese people very much, too."

After his speech, Ms. White smiles and says to the students, "Good morning, everyone. ③Let's study English together." Then, she walks to Jin and says, "Hello, what's your name?"

Jin can't answer the question. Mr. Ogawa says her question slowly.

Jin says, "(④)"

Ms. White says slowly, too. "Good. I ask ⑤another question, Jin. Do you know anything about Canada?"

Jin answers, "No. I know nothing about Canada."

Ms. White says with a smile, "OK. Thanks, Jin." And, she talks about nature in Canada.

(注) speech「スピーチ」, smile「ほほえむ」, then「それから」, slowly「ゆっくりと」, another「別の」, anything「何か」

(1) 下線部①が「私たちは今日，カナダ出身の新しい先生をお迎えします」という意味になるように，（　　　）内の語と符号を並べかえなさい。 (2点)

(2) 下線部②，③の英文を日本語になおしなさい。 (2点×2)

(3) （ ④ ）に最も適当な英文を下から選んで，記号で答えなさい。 (2点)
　ア　Nice to meet you.
　イ　How do you do?
　ウ　My name is Jin Taguchi.
　エ　I live in Yokohama.

(4) 下線部⑤の具体的な内容を，句読点を含む25字以内の日本語で答えなさい。 (2点)

29 ～がある[いる]；There is ～ .

解答 別冊 *p.75~p.78*

*195 次の英文の（　）内に is，are のどちらかを選んで入れなさい。 < 頻出

(1) There (　　　) three pencils in my pencil box.

(2) There (　　　) a car in front of your house.

(3) There (　　　) many children in the park.

(4) (　　　) there a pen on the table?

(5) There (　　　) a new restaurant near here.

(6) There (　　　) not any students in this room.

(7) (　　　) there any chairs by the bed?

(8) There (　　　) some people at the station.

(9) (　　　) there a lot of fish in this river?

(10) There (　　　) a ball in the box.

(11) Your dictionary (　　　) on the desk.

*196 次の英文を否定文にしなさい。

(1) There is a beautiful picture on the wall.

(2) There are ten elephants in the zoo.

(3) There are forty students in my class.

(4) There are some books on the desk.

(5) There is a famous restaurant near here.

(6) There are many rooms in his house.

(7) There is much water in the glass.

(8) There are a lot of temples in Kyoto.

(9) My sister is in the living room.

着眼

195 (2) in front of ～ ～の前に　(5) restaurant [réstərənt レストラント] レストラン
(7) by ～ ～のそばに

196 (1) on the wall 壁に　(5) famous [féiməs フェイマス] 有名な　(8) temple [témpl テンプル] 寺院

****197** 次の英文を疑問文にしなさい。また，（　　）内の語を用いて答えなさい。

(1) There is a red car in the garage.　　　　(Yes)

(2) There are many birds in the tree.　　　　(No)

(3) There is a clock on the wall.　　　　　　(Yes)

(4) There are some bicycles under the tree.　(No)

(5) There is a cat on the roof.　　　　　　　(Yes)

****198** 次の各組の英文がほぼ同じ意味を表すように，（　　）内に適当な1語を入れ
　　　　なさい。

(1) Our city has a famous temple.

　　（　　　　）（　　　　　）a famous temple（　　　　）our city.

(2) March has thirty-one days.

　　（　　　　）（　　　　　）thirty-one days（　　　　）March.

(3) How many libraries are there in this town?　(北海道・函館ラ・サール高)

　　How many libraries（　　　　）this town（　　　　）?

(4) Your opinion is different from mine.　　　　(埼玉・城西大付川越高)

　　（　　　　）is a difference between your opinion and mine.

****199** 次の英文を（　　）内の指示に従って書きかえなさい。

(1) There is a lemon in the basket.　（下線部を three にかえて）

(2) There are three dogs on the street.　（下線部を a にかえて）

●-(3) There are a lot of churches around here.　（下線部を snow にかえて）

●-(4) There is much water in the lake.　（下線部を fish にかえて）

(5) There are two hundred students in our school.
　　（下線部が答えの中心になる疑問文に）

(6) Your cats are on the roof.
　　（下線部が答えの中心になる疑問文に）

(着眼)

　　197 (1) garage [gərάːʒ ガラージ] 車庫　(5) roof [rúːf ルーフ] 屋根 (複数形は roofs)

　　198 (4) different [díf(ə)rent ディフ(ェ)レント] 異なった, difference [díf(ə)rens ディフ(ェ)
　　　　　レンス] 違い

　　199 (3) around here この辺りに

★★200 次の日本文の意味を表す英文になるように，（　）内に適当な1語を入れなさい。

(1) 湖の周りには木が何本かあります。

There (　　) some (　　) around the lake.

(2) テーブルの下に私のネコがいますか。

(　　) my cat (　　) the table?

(3) ビルは図書館にいます。

Bill (　　) (　　) the library.

(4) ①あなたの車はどこにありますか。

(　　) is (　　) car?

②車庫の中にあります。（①の答え）

(　　) is (　　) the garage.

(5) ①あなたのお父さんはどこにいますか。

(　　) is your (　　)?

②会社にいます。（①の答え）

(　　) is (　　) his office.

(6) 私たちの学校には音楽の先生がいません。

There (　　) any music (　　) in our school.

(7) そのビンに水がたくさん入っていますか。

(　　) there much (　　) in the bottle?

(8) その図書館にはたくさんの本があります。

The library (　　) (　　) books.

(9) ①あなたのクラブには部員が何人いますか。

(　　) (　　) (　　) (　　) there in your club?

②35人です。（①の答え）(　　) (　　) thirty-five.

難▶(10) その箱の中にはケーキが5個あります。

There (　　) five pieces of (　　) in the box.

難▶(11) 空には雲1つありません。

There are not (　　) (　　) in the sky.

着眼

200 (5) ②office [ɔ́(ː)fis オ(ー)フィス] 会社・事務所　(7) 「ビン」bottle [bátl バトゥル]
(9) ①「部員，一員」member [mémbər メンバァ]　(11) 「雲」cloud [kláud クラウド]

☆201 次の日本文の意味を表す英文になるように，(　　) 内の語を並べかえなさい。

(1) 私の町には大学が1つあります。

(town / there / a / is / in / university / my).

(2) ナンシーはバス停にいます。

(at / bus / Nancy / the / is / stop).

(3) ①あなたの弟はどこにいますか。

(brother / where / your / is)?

②友だちの家にいます。(①の答え)

(house / he / is / his / at / friend's).

(4) あの動物園にパンダはいますか。

(panda / is / that / there / a / in / zoo)?

(5) 職員室にだれがいますか。

(room / who / the / is / teachers' / in)?

(6) 公園にはたくさんの花が咲いています。

(are / flowers / in / there / many / park / the).

☆202 次の英文を日本語になおしなさい。

(1) There is an apple on the table.

(2) There are many animals in the zoo.

(3) There are not any stars in the sky.

(4) Are there any flowers in the garden?

── Yes, there are.

(5) What is in this basket?

── There are three oranges in it.

☆☆203 次の日本文を英語になおしなさい。

(1) 駅の近くに大きな湖が1つあります。

(2) あなたのバッグには何が入っていますか。

(難)(3) 通りにはだれもいません。

(着眼)

201 (1)「(総合)大学」university [juːnəvə́ːrsəti ユーニヴァ～スィティ]　(2)「バス停」bus
stop　(5)「職員室」teachers' room

202 (5) basket [bǽskit バスケト] かご

30 現在進行形

解答 別冊 *p.78~p.82*

204 次の動詞の ing 形を書きなさい。

(1) go   (2) swim   (3) write   (4) visit   (5) come

(6) study   (7) make   (8) sit   (9) ski   (10) run

(11) cut   (12) begin   (13) die   (14) lie

205 次の英文を現在進行形の文にして，できた英文を日本語になおしなさい。

(1) I play tennis with him.

(2) My father washes his car.

(3) Mr. and Mrs. White jog in the park.

(4) They make cookies.

(5) My brother takes a bath.

(6) A beautiful bird dies in my hands.

(7) Do Ken and Emi watch TV?

(8) Does your cat sleep on the sofa?

(9) My sister and I don't listen to the radio.

(10) Jimmy doesn't write a letter to his friend.

206 次の英文の下線部の誤りを指摘して，訂正しなさい。

(1) A little cat is lieing on the grass.

(2) Our parents is washing their car.

(3) Jim is needing a new dictionary.

(4) Who is makeing dinner now?

着眼

204 (9) ski [skíː スキー] スキーをする　(13) die [dái ダイ] 死ぬ　(14) lie [lái ライ] 横たわる，横になる

205 (4) cookie [kúki クキィ] クッキー　(5) take a bath 風呂に入る　(8) sofa [sóufə ソウファ] ソファ

206 (1) little [lítl リトゥル] 小さい・かわいい，grass [grǽs グラス] 芝生　(3) need [níːd ニード] 必要とする

⋆⋆*207* 次の英文の（　　）内に最も適当なものを下から選んで，記号で答えなさい。

(1) (　　) your sister sleeping now?　　　　　　　　　(東京・駒込高)

　　ア Is　　　　　　　イ Are

　　ウ Do　　　　　　エ Does

(2) What are you (　　) about?　　　　　　　　　(熊本・真和高)

　　ア talk　　　　　　イ talking

　　ウ are talking　　　エ talks

(3) Those boys (　　) in the pool now.

　　ア swim　　　　　　イ is swimming

　　ウ are swimming　　エ swims

(4) My aunt (　　) three daughters.

　　ア has　　　　　　イ have

　　ウ is having　　　エ are having

(5) We (　　) English very much.

　　ア are liking　　　イ like

　　ウ likes　　　　　エ is liking

(6) John (　　) a horse now.

　　ア rides　　　　　イ is rideing

　　ウ ride　　　　　エ is riding

(7) I (　　) these French words very well.

　　ア knows　　　　　イ is knowing

　　ウ know　　　　　エ am knowing

(8) His grandfather (　　) on the bench now.

　　ア is sitting　　　イ am sitting

　　ウ sits　　　　　エ sit

🏮(9) I'm (　　) forward to going to GLAY's concert. (京都・立命館宇治高)

　　ア look　　　　　イ looks

　　ウ looking　　　エ be looking

着眼

207 (2) talk [tɔ́ːk トーク] 話す・しゃべる　(6) horse [hɔ́ːrs ホース] 馬　(9) look forward to -ing ～することを楽しみにして待つ，concert [kánsərt カンサト] コンサート

★★*208* 次の英文を（　　）内の指示に従って書きかえなさい。ただし，(4)(5)は（　　）内の指示に従って答えること。 ◀頻出

(1) Emily plays the flute <u>every day</u>.
（下線部をnowにかえて，現在進行形の文に）

(2) I don't read an interesting book.（現在進行形の文に）

(3) A pretty cat runs on the roof.（現在進行形の否定文に）

(4) Does your uncle go to London?（現在進行形の文にして，Yesで答える）

(5) Bill skis very well.（現在進行形の疑問文にして，Noで答える）

(6) We are practicing <u>volleyball</u>.（下線部が答えの中心になる疑問文に）

(7) <u>Tom</u> is dancing in this room.（下線部が答えの中心になる疑問文に）

★★*209* 次の日本文の意味を表す英文になるように，（　　）内に適当な1語を入れなさい。

(1) 私は今，自分の部屋をそうじしています。
I (　　　　) (　　　　　　) my room now.

(2) 私の兄は今，ロンドンに住んでいます。
My brother (　　　　) (　　　　) London now.

(3) となりの部屋でピアノをひいているのはだれですか。　　　　　　　（獨協埼玉高）
(　　　) (　　　　) (　　　　) the piano in the next room?

●難▶(4) この木は枯れかけています。
This tree (　　　　) (　　　　).

(5) デイビッドは新しいラケットをほしがっていますか。
(　　　) David (　　　) a new racket?

(6) ①あなたの妹は何をしていますか。
(　　　) (　　　　) your sister doing?
②お風呂に入っています。（①の答え）
(　　　) is (　　　　) a bath.

(7) あなたはどこへ行くところですか。
(　　　) are you (　　　　)?

着眼
　208 (1) Emily エミリー(女性の名)，flute [flúːt フルート] フルート　(3) roof [rúːf ルーフ] 屋根　(6) practice [prǽktis プラクティス] 練習する
　209 (4)「枯れかけている」⇒「死にかけている [死のうとしている]」と考える。

☆☆*210* 次の日本文の意味を表す英文になるように，（　　）内の語を並べかえなさい。

(1) 私の妹は宿題をしています。

(homework / my / doing / sister / is / her).

(2) 空にたくさんの星が輝いています。

(shining / many / in / stars / are / sky / the).

(3) 私の父はテレビで野球の試合を見ています。

(on / a / game / my / watching / father / is / baseball / TV).

(4) 彼は何語を話しているのですか。

(what / he / speaking / language / is)?

(5) あの飛行機は空港を離れつつあります。

(airport / that / leaving / plane / is / the).

(6) ミキは今，絵をかいていません。

(not / a / Miki / is / drawing / picture / now).

☆☆*211* 次の英文を日本語になおしなさい。

(1) I am cooking lunch now.

(2) Bob isn't studying math.

(3) Is the baby sleeping in bed?

(4) What are you listening to?

☆☆☆*212* 次の日本文を英語になおしなさい。

(1) 今日はメガネをかけていないんだよ。 (岡山白陵高)

(2) 彼は今，出張でロンドンを訪問しているところだ。 (鹿児島・ラ・サール高匛)

(3) まだ激しく雪が降っていますか。

🟠▶(4) だれが私の部屋でテレビを見ているのですか。 ——イチローの弟です。

(着)(眼)

210 (1)「宿題をする」do *one's* homework　(2)「輝く」shine［ʃáin シャイン］　(4)「何語」what language　(5)「空港」airport［éərpɔ:rt エアポート］，「離れる，出発する」leave［lí:v リーヴ］

211 (4) listen to ～ ～を聞く

212 (1)「メガネ」glasses［glǽsiz グラスィズ］，「かける」⇒「身につける」wear［wéər ウェア］
(2)「出張で」on business　(3)「まだ」still［stíl スティル］，「激しく」hard［hά:rd ハード］，「雪が降る」snow［snóu スノウ］

31 過去形（規則動詞）

解答 別冊 p.82～p.85

*213 次の動詞の過去形を書きなさい。

(1) study (2) work (3) call (4) want (5) like
(6) use (7) visit (8) cry (9) enjoy (10) stop

*214 次の下線部の発音が，[d]ならア，[t]ならイ，[id]ならウを書きなさい。

(1) smil<u>ed</u> (2) look<u>ed</u> (3) finish<u>ed</u> (4) carri<u>ed</u>
(5) need<u>ed</u> (6) watch<u>ed</u> (7) start<u>ed</u> (8) danc<u>ed</u>
(9) answer<u>ed</u> (10) help<u>ed</u>

*215 次の英文の（　）内の語を適当な形になおしなさい。 < 頻出

(1) I (watch) that program on TV yesterday.
(2) We (clean) our room three hours ago.
(3) He (play) soccer with me last Saturday.
(4) My friend and I (listen) to this CD last night.
(5) Tom (walk) to school yesterday.

**216 次の英文を否定文にしなさい。

(1) We enjoyed the party very much.
(2) Keiko borrowed her friend's umbrella.
(3) They practice soccer for five hours.
(4) My baby cried this morning.
(5) Mariko needs a lot of glasses at the party.

着眼
 213 (8) cry[krái クライ]泣く・叫ぶ
 214 (1) smile[smáil スマイル]ほほえむ
 215 (1) program[próugræm プロウグラム]番組
 216 (2) borrow[bárou バロウ]借りる

☆217 次の英文を疑問文にしなさい。また，（　）内の語を用いて答えなさい。

(1) Mr. Brown started his speech at noon. （ Yes ）

(2) Mariko washed many dishes last night. （ No ）

(3) She looked at the pictures carefully. （ Yes ）

(4) They open the window. （ No ）

(5) My mother cooked breakfast. （ Yes ）

(6) George works at this office. （ No ）

(7) He talked with you last night. （ Yes ）

(8) His parents danced at the party. （ No ）

(9) Her brother wanted coffee then. （ Yes ）

(10) You played the cello at the concert. （ No ）

☆218 次の英文を（　）内の指示に従って書きかえなさい。ただし，(3)(4)は（　）内の指示に従って答えること。＜|頻出|

(1) I practice the piccolo <u>every</u> Sunday.
（下線部をlastにかえて）

(2) My mother cooks beef stew.
（文末にlast nightをつけて）

(3) Lucy walked to school yesterday.
（疑問文にして，Yesで答える）

(4) Your uncle stayed at this hotel.
（疑問文にして，Noで答える）

(5) The train started from this station.
（現在形の文に）

(6) They planted the small tree <u>last month</u>.
（下線部が答えの中心になる疑問文に）

(7) <u>My sister</u> worked in this hospital.
（下線部が答えの中心になる疑問文に）

着眼

217 (3) carefully [kéərfli ケアフリィ] 注意深く　(6) George ジョージ（男性の名）
(10) cello [tʃélou チェロウ] チェロ

218 (1) piccolo [píkəlou ピコロウ] ピッコロ　(4) stay [stéi ステイ] 滞在する，hotel [houtél ホウテル] ホテル　(6) plant [plǽnt プラント] 植える　(7) hospital [háspitl ハスピトゥル] 病院

☆219 次の日本文の意味を表す英文になるように，（　）内に適当な1語を入れなさい。

(1) 私たちはそのとき，たくさんの水が必要でした。

We (　　　　) much (　　　　　) then.

(2) あなたはゆうべテレビを見ましたか。

(　　　　) you (　　　　　) TV last night?

(3) 天候が急変しました。

The weather (　　　　) suddenly.

(4) だれがこの難しい問題に答えましたか。 ——アキコです。

(　　　) (　　　　　) this difficult question?

—— Akiko (　　　　).

(5) あなたは3年前どこに住んでいましたか。 ——大阪です。

(　　　　) did you (　　　　　) three years ago?

—— I (　　　　) in Osaka.

☆220 次の日本文の意味を表す英文になるように，（　）内の語と符号を並べかえなさい。ただし，(5)は不足している1語を補うこと。

(1) 私の父はずいぶん前に亡くなりました。

(years / my / many / father / died / ago).

(2) ケイコは昨日バイオリンをひきませんでした。

(not / play / Keiko / did / yesterday / the / violin).

(3) 彼は3日前に車を洗いました。

(he / car / washed / days / his / three / ago).

(4) あなたは昨夜ラジオで音楽を聞きましたか。

(to / did / on / you / listen / night / music / radio / the / last)?

●難►(5) 私の娘は青い目をしたかわいい人形をほしがっていました。

(blue / pretty / daughter / my / doll / eyes / a / with).

●難►(6) ナンシーはふだん夕食をつくりますが，昨日はつくりませんでした。

(cook / cooks / Nancy / it / didn't / usually / yesterday / dinner / but / ,).

──────────────────────

着眼
　219 (3)「突然」suddenly [sʌ́dnli サドゥンリィ]
　220 (1)「亡くなる，死ぬ」die [dái ダイ] 　(5)「～をした」＝「～を持った」with ～
　　　　(6)「ふだん」usually [júːʒuəli ユージュアリィ]，「～が，…」～, but …

☆221 次の英文を日本語になおしなさい。

(1) He looked at some pictures then.

(2) My uncle lived in this city two years ago.

(3) I talked with a Chinese boy in English that night.

(4) I did not play tennis with my friends yesterday.

(5) The bus didn't stop in front of our school at that time.

(6) Did Miss White finish her job at five last Sunday?
—— Yes, she did.

(7) What time did you start for school from your home this morning?
—— I started at seven thirty.

(8) When did you visit Nara?
—— Last spring.

(9) What did Dick's brother do after dinner yesterday?
—— He studied Japanese.

(10) Who carried my luggage to my room?
—— I don't know.

☆☆222 次の日本文を英語になおしなさい。

(1) その列車は京都駅に止まった。

(2) 昨日の朝，ジムはお母さんのために居間をそうじしました。

(3) 私の兄は午前中に理科を勉強し，昼食後は私と一緒に遊びました。

(4) 彼は何時にその仕事を終えましたか。
——7時です。

(5) だれが今朝，私の自転車を使いましたか。
——ユキオです。

---

221 (1) look at ～ ～を見る　(3) talk with + （人）（人）と話す　(5) in front of ～ ～の前に　(6) finish [fíniʃ フィニシ] 終える，job [dʒɑb ヂャブ] 仕事
(7) start for ～ ～に向けて出発する　(10) luggage [lʌ́gidʒ ラゲヂ] 荷物

222 (1) 「列車」train [tréin トゥレイン]　(2) 「～のために」for ～，「居間」living room
(3) 「～と一緒に」with ～，「遊ぶ」play [pléi プレイ]

32 過去形（不規則動詞）

解答 別冊 p.85~p.88

*223 次の動詞の過去形を書きなさい。

(1) have　　(2) know　　(3) go　　(4) come　　(5) sing

(6) stand　(7) speak　(8) make　(9) read　(10) forget

(11) buy　　(12) break　(13) see　　(14) run

*224 次の英文の（　　）内に最も適当なものを下から選んで，記号で答えなさい。

(1) Mary (　　) a long letter to Jack last night.　　　　　（東京・明治学院高）

　　ア write　　　イ writing　　　ウ wrote　　　エ writes

(2) I (　　) this dictionary the day before yesterday.（茨城・江戸川学園取手高）

　　ア buy　　　イ bought　　　ウ buys　　　エ buying

(3) We (　　) to the town in the middle of the night.

　　ア arrived　イ turned　　　ウ got　　　エ reached

(4) What (　　) you eat for dinner last night?　　　　　（広島・如水館高）

　　ア are　　　イ does　　　ウ do　　　エ did

(5) My father (　　) these pictures two weeks ago.　　　（鹿児島・樟南高）

　　ア took　　　イ takes　　　ウ take　　　エ taking

(6) We (　　) many stars in the sky last night.

　　ア see　　　イ saw　　　ウ sees　　　エ is seeing

*225 次の英文の（　　）内の語を適当な形になおしなさい。ただし，かえる必要がなければそのまま書きなさい。

(1) School (begin) two weeks ago.　　　　　　　　　　（兵庫県）

(2) She (get) up early this morning.

(3) I walked around and (see) some pictures.　Then I (stop) in front of a picture.

(4) Jimmy usually (do) his homework and then plays video games.

(5) He (fly) to Hokkaido last week.　　　　　　　　（東京・学習院高）

(6) "Who (buy) this dictionary?" "I did."　　　　　（熊本学園大付高）

着眼

　224 (2) the day before yesterday おととい　(3) in the middle of 〜 〜の真ん中に
　225 (3) in front of 〜 〜の前に／で

★★226 次の対話文の(　　)内に最も適当なものを下から選んで, 記号で答えなさい。

(1) A : Who got first prize?　　　　　　　　　　　(神奈川・法政大女子高)

　　B : (　　　)

　　ア　No, he doesn't.　　　イ　Yes, he did.

　　ウ　He does.　　　　　　エ　He did.

(2) A : Did I have the wrong number?　　　　　　(福岡大附大濠高)

　　B : (　　　)

　　ア　No, I didn't.　　　　イ　I hope so.

　　ウ　I'm afraid so.　　　エ　No, thank you.

★★227 次の各組の英文がほぼ同じ意味を表すように, (　　)内に適当な1語を入れなさい。

(1) Who did you spend time with yesterday?　　　　(佐賀・東明館高)

　　(　　　　) (　　　　　　) time with you yesterday?

(2) Hanako enjoyed the party.

　　Hanako (　　　　) a good time at the party.

(3) It snowed much here.

　　We (　　　　) much snow here.

★★228 次の英文を(　　)内の指示に従って書きかえなさい。ただし, (2)(3)は(　　)内の指示に従って答えること。◀頻出|

(1) He read some comic books. (否定文に)

(2) She went to bed early last night. (疑問文にして, Yesで答える)

(3) Nancy got up late this morning. (疑問文にして, Noで答える)

(4) They made a doghouse underlined{yesterday}.

　　(下線部が答えの中心になる疑問文に)

(5) Mr. Takada taught <u>math</u> last year.

　　(下線部が答えの中心になる疑問文に)

---

　226 (1) first prize 一等賞　(2) wrong number 間違った番号⇒間違い電話

　227 (1) spend [spénd スペンド] 過ごす＞spent [spént スペント]　(2) enjoy [indʒɔ́i エンヂョイ] 楽しむ

　228 (3) get up late 遅く起きる　(4) doghouse [dɔ́(:)ghaus ド(ー)グハウス] 犬小屋 (＝ kennel [kénl ケヌル])

☆229 次の日本文の意味を表す英文になるように，(　　)内に適当な1語を入れなさい。

(1) 彼女は先週，私の家に来ました。

She (　　　) to my house (　　　　) week.

(2) ジョージは朝食にリンゴを食べました。

George (　　　　) an apple (　　　　) breakfast.

(3) その手紙には何と書いてありましたか。　　　　　　　　　　　　(島根県)

What (　　　　) the letter (　　　　)?

(4) あなたは昨日どこへ行きましたか。

(　　　　) did you (　　　　) yesterday?

(5) ドアのそばに立っていた人はだれですか。

(　　　　) stood by the door?

(6) マユミは美しい人形をつくりました。

Mayumi (　　　　) a beautiful (　　　　).

(7) 彼はあなたに歌をうたってくれましたか。

(　　　) he (　　　　) a song for you?

☆230 次の日本文の意味を表す英文になるように，(　　)内の語を並べかえなさい。

(1) あなたの弟は，昨晩何時に寝ましたか。

(go / brother / what / did / time / your / bed / to / night / last)?

(2) メアリーは昨年，日本に来ました。

(to / Mary / last / came / Japan / year).

(3) トムはあの新しいレストランでお昼を食べました。

(new / Tom / restaurant / had / that / lunch / at).

(4) 彼女は昨晩8時間眠りました。

(eight / she / hours / slept / for / night / last).

(5) 私はその花の写真を何枚かとりました。

(pictures / I / the / took / some / of / flower).

(6) 母は私に誕生日プレゼントをくれました。

(birthday / my / a / mother / gave / to / present / me).

(着眼)

229 (2)「朝食に」⇒「朝食のために」と考える。

230 (1)「寝る」go to bed　(4)「～時間」for ～ hour(s), 「眠る」sleep [slíːp スリープ]
　　　 (5)「何枚かの～」some ～

★**231** 次の英文を日本語になおしなさい。

(1) We drove to the village.

(2) Who ran into your house? —— Akiko did.

(3) My father said nothing to me.

(4) You didn't do your best.
—— I did. I really did my best, but failed.

(5) Thomas Jefferson wrote the Declaration of Independence in his room. （鹿児島・ラ・サール高図）

(6) They made friends with Native Americans. （愛知・東海高図）

(7) He had hundreds of chickens and sold the eggs and the meat.

(8) We met in a small Italian restaurant. （東京・武蔵高図）

(9) He bought a farm in the eastern part of the country. （兵庫・滝川高）

難(10) The giant fell to the floor with a terrible cry. （東京・筑波大附駒場高図）

★★**232** 次の日本文を英語になおしなさい。

(1) 私たちは森でたくさんの鹿を見ました。

(2) あなたのお父さんは，どこでカメラを買ったのですか。
——駅の近くのあの大きな店で買いました。

(3) あなたはいつ，財布をなくしたのですか。
——昨日です。

(4) だれがこの窓を割ったのですか。 ——私です。

(5) 私のおじは大きな家を建てました。

(6) ケンはその女性を知りませんでした。

(7) 私は今年の冬は3回風邪をひきました。

着眼
231 (3) said [séd セド] < say [séi セイ]，say nothing 何も言わない (4) do *one's* best 最善をつくす，fail [féil フェイル] 失敗する (5) Thomas Jefferson トーマス・ジェファーソン（人名），the Declaration of Independence 独立宣言 (6) Native American アメリカ先住民 (7) hundreds of ～ 何百もの～，chicken [tʃíkin チキン] ニワトリ，meat [míːt ミート] 肉 (9) farm [fάːrm ファーム] 農場・農園，in the eastern part of ～ ～の東部に (10) giant [dʒáiənt ヂャイアント] 巨人，floor [flɔ́ːr フロー] 床，terrible [térəbl テリブル] 恐ろしい
232 (1)「森」forest [fɔ́(ː)rist フォ(ー)レスト]，「鹿」deer [díər ディア]（※単複同形） (3)「財布」wallet [wάlit ワレト] (4)「割る」⇒「壊す」break [bréik ブレイク] と考える。 (7)「3回」three times

33 : was, were（be動詞の過去形）

解答 別冊 p.88～p.90

*233 次の英文の（　　）内に was, were のどちらかを選んで入れなさい。

(1) Mary （　　　　） sick yesterday.

(2) I （　　　　） a junior high school student two years ago.

(3) You （　　　　） very kind to me.

(4) They （　　　　） very busy last month.

(5) It （　　　　） cold yesterday.

(6) There （　　　　） many apples on the table.

(7) Yumi and I （　　　　） good friends.

*234 次の英文を（　　）内の指示に従って書きかえなさい。ただし，(5)(6)は（　　）内の指示に従って答えること。

(1) It is very fine today. （下線部を yesterday にかえて）

(2) His brother was a tennis player. （下線部を複数形にかえて）

(3) Bill was late for school this morning. （否定文に）

(4) We were free yesterday. （否定文に）

(5) Her aunt was a nurse.
（疑問文にして，Yes で答える）

(6) Your cats were on your bed.
（疑問文にして，No で答える）

(7) He was in the library two hours ago.
（下線部が答えの中心になる疑問文に）

(8) Mr. Inoue was their English teacher last year.
（下線部が答えの中心になる疑問文に）

(9) Jimmy was absent from school yesterday.
（下線部が答えの中心になる疑問文に）

着眼

233 (1) sick [sík スィック] 病気の　(3) kind [káind カインド] 親切な　(4) busy [bízi ビズィ] 忙しい　(5) cold [kóuld コウルド] 寒い⇔hot [hát ハット] 暑い

234 (3) be late for ～ ～に遅れる　(4) free [frí: フリー] ひまな　(9) be absent from ～ ～を欠席する

*235 次の日本文の意味を表す英文になるように，（　　）内に適当な１語を入れなさい。 ＜頻出

(1) 私の父は今朝，会議に遅れました。

My father （　　　　） late （　　　　　　） the meeting this morning.

(2) あなたたちは2年前は大学生でしたか。

（　　　　　　） you college students two years （　　　　　）?

(3) 10年前ボブは日本にいませんでした。

Bob （　　　　） （　　　　　　） in Japan ten years ago.

*236 次の日本文の意味を表す英文になるように，（　　）内の語を並べかえなさい。

(1) 昨晩は星がとてもきれいでした。

(were / the / beautiful / stars / very / night / last).

(2) ヒロシは昨日学校を休みました。

(absent / Hiroshi / from / was / yesterday / school).

(3) あなたのお父さんは，ずっと以前野球選手でしたか。

(father / was / long / your / baseball / a / player / ago)?

(4) 昨日はあまり暑くなかった。

(yesterday / it / hot / wasn't / very).

*237 次の英文を日本語になおしなさい。

(1) Tom was ten years old then.

(2) There weren't any students in the classroom.

(3) Where were you last Friday?

—— I was in Osaka on business.

*238 次の日本文を英語になおしなさい。

(1) 去年，あなたの身長はどのくらいでしたか。 ——158センチでした。

(2) 私は昨日は家にいませんでした。

(3) そのカバンの中には本が１冊入っていました。

着眼

238 (1)「センチ（メートル）」centimeter [séntəmì:tər センティミータァ]

34 過去進行形

解答 別冊 p.90〜p.91

*239 次の（　）内に，ア〜エより適当なものを選んで入れなさい。

(1) I (　　) doing my homework at the library then.

 ア is イ was ウ are   エ were

(2) (　　) you using the computer now?

 ア Is イ Was ウ Are   エ Were

(3) Tom and Jack (　　) playing chess at around three yesterday.

 ア is イ was ウ are   エ were

(4) (　　) you having dinner with your friends at that time?

 ア Is イ Was ウ Are   エ Were

(5) Where (　　) they playing soccer then?

 ア is イ was ウ are   エ were

(6) (　　) you sleep well last night?

 ア Do イ Did ウ Was   エ Were

(7) She (　　) cleaning the house yesterday at this time.

 ア isn't イ wasn't ウ aren't   エ weren't

(8) They (　　) English together this time yesterday.

 ア study イ studied ウ are studying エ were studying

*240 次の文の（　）内の語を適当な形になおしなさい。

(1) Tom : Did you watch the baseball game last night?

 Kate : No, I didn't. I was (surf) the Internet.

(2) Mary : John, were you at the park this morning? I think I saw you there.

 John : Yes, I was. I (walk) my dog then.

(3) The students (go) to Kyoto on a school trip last week.

(4) I (listen) to music in my room at around 9 p.m. yesterday.

(5) The children (draw) pictures at that time.

着眼

239 (3) chess [tʃés チェス] チェス，around [əráund アラウンド] およそ，…ころ

240 (1) surf the Internet ネットサーフィンする　(2) walk [wɔ́ːk ウォーク] (犬など) を散歩させる　(3) a school trip 修学旅行

*241 次の文を（　　）内の指示に従って書きかえなさい。ただし，(3)は（　　）内の
指示に従って答えること。

(1) Who makes breakfast?　（進行形の文に）

(2) Beth was shopping at the department store.　（否定文に）

(3) They were swimming in the sea then.　（疑問文にし，Yesで答える）

(4) The girls <u>were dancing</u> on the stage.
　（下線部が答えの中心になる疑問文に）

*242 日本文の意味を表すように，（　　）内に適当な1語を入れなさい。

(1) イベントの間，だれが写真をとっていましたか。

　Who (　　　　) (　　　　　) pictures during the event?

(2) 彼らは一晩中テレビゲームをしていました。

　They (　　　　) (　　　　　) a video game all night long.

(3) 昨夜は雪がひどく降っていましたか。

　(　　　　) it (　　　　　) hard last night?

(4) 彼はそのとき，シャワーを浴びていました。

　He (　　　　) (　　　　　) a shower at that time.

(5) 父は居間で新聞を読んでいました。

　My father (　　　　) (　　　　　) the newspaper in the living
　room.

(6) あなたはそのとき庭で花に水をやっていましたか。

　(　　　　　) you (　　　　　) the flowers in the garden then?

**243 次の英文の下線部の誤りを正し，全文を書きなさい。

I ア<u>didn't</u> understand イ<u>what</u> she ウ<u>is saying</u> エ<u>in</u> her speech.

（神奈川・慶應義塾高）

*244 次の文を英語になおしなさい。

(1) ほとんどの観光客は外国語をしゃべっていたわ。　　　（東京・筑波大附高区）

(2) 私はカナダの友達にメールを書いていました。

(3) ほとんどの生徒は教室で勉強していた。　　　（北海道・函館ラ・サール高）

着眼

242 (1) event［ivént イヴェント］イベント　(2) all night long 一晩中
　　(6) water［wɔ́ːtər ウォータァ］水をやる

35 前置詞

解答 別冊 *p.91~p.92*

*245 次の英文の（　　）内に最も適当なものを下から選んで，記号で答えなさい。
◁ 頻出

(1) Soccer is very popular (　　) Japanese boys.　（兵庫・神戸学院大附高）
　　ア to　　　　イ for　　　　ウ between　　エ among

(2) Walk down Broad Street and turn right (　　) the second traffic light.　（大阪・清風高）
　　ア at　　　　イ to　　　　ウ of　　　　エ on

(3) Please get a drink (　　) me.
　　ア on　　　　イ in　　　　ウ for　　　　エ to

(4) This is a problem (　　) me and the girl.　（大阪・清風高図）
　　ア on　　　　イ with　　　　ウ at　　　　エ between

(5) He finished his report (　　) the morning of June 5.
　　ア in　　　　イ from　　　　ウ at　　　　エ on　　（福岡大附大濠高）

(6) Please wait at your house (　　) noon.　（千葉・専修大松戸高）
　　ア on　　　　イ with　　　　ウ by　　　　エ until

🔴(7) I leave Tokyo (　　) New York tomorrow.　（福岡大附大濠高図）
　　ア for　　　　イ at　　　　ウ to　　　　エ with

*246 次の各組の英文がほぼ同じ意味を表すように，（　　）内に適当な1語を入れなさい。

(1) She always takes a bus to go to school.　（大阪・清風高）
　　She always goes to school (　　　　) (　　　　).

(2) We see a lot of foreigners in Tokyo.　（東京・早稲田実業高）
　　We see a lot of people (　　　　) other countries in Tokyo.

🔴(3) I don't agree with your plan.　（広島大附高）
　　I'm (　　　　) your plan.

🔴(4) She agrees with my idea.　She is (　　　　) my idea.

──────────────────────

着眼
245 (2) traffic light 信号　(7) tomorrow [təmɔ́(ː)rou トゥモ(ー)ロウ] 明日
246 (1) take a bus バスに乗る，to go to ～ ～に行くために　(3) agree [əgríː アグリー]
賛成する　(4) idea [aidí(ː)ə アイディ(ー)ア] 考え

☆☆*247* 次の日本文の意味を表す英文になるように, (　　) 内に適当な1語を入れなさい。

(1) 暗くならないうちに帰ってきてください。

Please come home (　　　　) dark.

(2) 私の兄はこのホテルに滞在しています。

My brother is staying (　　　　) this hotel.

難(3) 夏休みの間, 私はハワイにいました。

I was in Hawaii (　　　　) summer vacation.

難(4) 山の上に白い雲がかかっている。

There is a white cloud (　　　　) the mountain.

☆*248* 次の日本文の意味を表す英文になるように, (　　) 内の語を並べかえなさい。

(1) 彼女はフランス語で手紙を書きました。

(letter / she / in / wrote / a / French).

(2) 私たちはその川に沿って歩いた。

(walked / the / we / along / river).

(3) 手紙をくれてどうもありがとう。

(very / your / thank / for / you / much / letter).

難(4) 彼は道具を全く使わないで, この箱をあけた。

(box / he / any / opened / this / without / tools).

☆*249* 次の英文を日本語になおしなさい。

(1) Tom said goodbye and went out of the room.

(2) I was by the door then.

☆*250* 次の日本文を英語になおしなさい。

(1) 私たちは昨日の午後, 2時間テニスをしました。

(2) このボールペンであなたの名前を書きなさい。

着眼

247 (1)「帰宅する」come home.「暗い」dark [dáːrk ダーク]　(3)「夏休み」summer vacation

248 (2)「～に沿って」along ～　(4)「～なしで」without ～,「道具」tool [túːl トゥール]

250 (2)「ボールペン」ballpoint pen

第**7**回	**実力テスト**	時間**50**分 合格点**80**点	得点 /100

解答 別冊 *p.92~p.95*

1 下線部の発音が [A] の語と同じものを，[B] からそれぞれ3つずつ選んで，記号で答えなさい。 (3点×3＝9点)

[A] (1) woman　　(2) only　　(3) early

[B]　ア　heart　　イ　wool　　ウ　garden　　エ　school　　オ　through

　　カ　book　　キ　third　　ク　over　　ケ　park　　コ　open

　　サ　shop　　シ　glove　　ス　alone　　セ　arm　　ソ　hard

　　タ　hot　　チ　bird　　ツ　wolf　　テ　food　　ト　world

2 次の各組で，最も強く発音する部分が他と異なるものを1つ選んで，記号で答えなさい。 (1点×4＝4点)

(1)　ア　ho-tel　　イ　or-ange　　ウ　sur-prise　　エ　gui-tar

(2)　ア　of-fice　　イ　be-tween　　ウ　for-get　　エ　be-gin

(3)　ア　Ja-pan　　イ　for-eign　　ウ　noth-ing　　エ　vil-lage

(4)　ア　Can-a-da　　イ　Af-ri-ca　　ウ　news-pa-per　　エ　mu-se-um

3 次の対話文で，最も強く発音するものを1つ選んで，記号で答えなさい。 (1点×5＝5点)

(1) A : Did you walk to the station?

　　B : No, I ァwent ィthere ゥby ェbus.

(2) A : How many girls came to the party?

　　B : ァAbout ィtwelve ゥgirls ェdid.

(3) A : Where did you meet your teacher yesterday?

　　B : ァI ィmet ゥhim ェat ォthe ヵbookstore.

(4) A : What were you doing at 6 o'clock last night?

　　B : ァI ィwas watching ゥTV ェwith my brother.

(5) A : Did Mary write this letter yesterday?

　　B : No, ァI ィwrote ゥit ェyesterday.

4 次の疑問文に対する答えとして最も適当なものを下から選んで, 記号で答えなさい。　(1点×5＝5点)

(1) Did you finish your work?

(2) Are you listening to music now?

(3) Were you in the library then?

(4) What did your brother do this morning?

(5) Who taught English to you?

　　ア　Yes, I am.　　　　　　イ　Yes, I do.

　　ウ　Yes, we did.　　　　　エ　No, we weren't.

　　オ　My father did.　　　　カ　My father was.

　　キ　He studied science.　　ク　He watches TV.

5 次の対話文の (　　) 内に適当な1語を入れなさい。((1)～(3)3点×3, (4)1点＝10点)

(1) (　　　　) your sister kind to you yesterday?

　── Yes, (　　　　) (　　　　).

(2) (　　　　) you and your brother visit your uncle last night?

　── No, (　　　　) (　　　　).

(3) (　　　　) Ken and his brother in Nara at that time?

　── No, (　　　　) (　　　　).

(4) I (　　　　) not listening to the radio now.

6 次の英文を (　) 内の指示に従って書きかえなさい。ただし, (2)は (　) 内の指示に従って答えること。　(2点×5＝10点)

(1) They worked hard.

　　(否定文に)

(2) He read the books.

　　(疑問文にして, Yesで答える)

(3) Takashi practiced *kendo* in the gym.

　　(文末にat that timeをつけて過去進行形の文に)

(4) My brother studies Chinese every Sunday.

　　(下線部をlastにかえて)

(5) Tom writes a letter every day.

　　(下線部をthe other dayにかえて)

7 次の各組の英文がほぼ同じ意味を表すように，（　　）内に適当な1語を入れなさい。　(1点×3＝3点)

(1) It (　　　　) much last month.

(　　　　) (　　　　) much rain last month.

(2) There were a lot of trees on the mountain.

The mountain (　　　　) a lot of trees.

(3) Kate is a girl. She has long hair.

Kate is a girl (　　　　) long hair.

8 次の日本文の意味を表す英文になるように，（　　）内に適当な1語を入れなさい。　(2点×3＝6点)

(1) 彼は今，体育館で何をしていますか。

What (　　　　) he (　　　　) (　　　　) the gym now?

(2) そのとき，ケイトは図書館の前にいました。

Kate (　　　　) (　　　　) (　　　　) (　　　　) the library then.

(3) 彼女は赤ん坊の世話をしました。

She (　　　　) (　　　　) (　　　　) the baby.

9 次の日本文の意味を表す英文になるように，（　　）内の語と符号を並べかえなさい。ただし，それぞれ，不足している1語を補うこと。　(2点×3＝6点)

(1) あなたのクラスには何人の生徒がいますか。

(many / there / your / how / class / in / students / ?)

(2) あなたは今朝何時に起きましたか。

(time / this / what / you / up / morning / get / ?)

(3) トムは昨日学校を欠席しました。

(absent / Tom / school / yesterday / from / .)

10 次の英文を日本語になおしなさい。　(3点×4＝12点)

(1) Her aunt was afraid of the dog.

(2) It's getting warm.

(3) My father cut the cherry tree down.

(4) Jane was writing an e-mail to her friend at that time.

11 次の日本文を英語になおしなさい。　　　　　　　　　　　（3点×5＝15点）

(1) 兄が，去年の12月にカナダへ連れて行ってくれました。

(2) この駅の近くに郵便局はありますか。

(3) あなたはどのくらいの間オーストラリアに滞在したのですか。

(4) あなたのお姉さんが今使っている辞書はだれのですか。

(5) だれがあなたの家の前で車を洗っていたのですか。　――私の兄です。

12 次の英文を読んで，あとの問いに答えなさい。　　　　　　（3点×5＝15点）

　　One day a dog was walking along the street.　The dog
＿＿＿①＿＿＿.　So he was looking for some food.　Just then, he
found a piece of meat on the street.　He became very happy.　He
went home ②<u>with the piece of meat in his mouth</u>.

　　On his way home, there was an old bridge.　He stopped at
the center of the bridge and looked into the river.　He saw
another dog there.　It had a piece of meat in ③(it) mouth, too.
He wanted the meat, and he barked at the dog in the river.

　　He ④<u>dropped</u> his meat into the river, and he became hungry
again.

（注）was walking「歩いていた」，along「～に沿って」，look for ～「～を探す」，just then
　　「ちょうどそのとき」，a piece of meat「1切れの肉」，on *one's* way home「家に帰る途
　　中で」，another「別の」，bark「吠える」，again「再び」

(1) 下線部①が「とても空腹だった」という意味になるように，3語の英語で答えなさ
　　い。

(2) 下線部②を日本語になおしなさい。

(3) ③の（　　）内の語を文中で適する形になおしなさい。

(4) 文の流れから判断して，④の意味として最も適当なものを下から選んで，記号で
　　答えなさい。
　　　　ア　食べた　　イ　泣いた　　ウ　落とした　　エ　投げた

(5) この文から読み取れることわざとしてふさわしいものを下から選んで，記号で答
　　えなさい。
　　　　ア　犬も歩けば棒に当たる。　　　イ　二兎を追う者は一兎をも得ず。
　　　　ウ　人間万事塞翁が馬。　　エ　隣の芝は青い。　　オ　塵も積もれば山となる。

36 I am going to 〜.

解答 別冊 p.95〜p.96

*251 次の（　）内に，ア〜ウより適当なものを選んで入れなさい。

(1) I (　　　) going to go hiking next weekend.
　　ア am　　　　　イ is　　　　　ウ are

(2) Miyuki (　　　) going to make lunch for her family.
　　ア am　　　　　イ is　　　　　ウ are

(3) She (　　　) take a test to become an elementary school
　　teacher.　　　　　　　　　　　　（東京工業大附科学技術高囮）
　　ア is gone to　　イ be going to　　ウ is going to

*252 次の英文を（　　）内の指示に従って書きかえなさい。ただし，(2)は（　　）内
の指示に従って答えること。

(1) I am going to buy some eggs at the supermarket. （否定文に）

(2) Your sister is going to give a speech in front of the class
　　tomorrow. （疑問文にして，Yesで答える）

(3) Akio is studying <u>in the library</u> after school.
　　（下線部が答えの中心になる疑問文に）

(4) Michael is going to visit his friends in Canada <u>this summer</u>.
　　（下線部が答えの中心になる疑問文に）

*253 日本文の意味を表すように，（　　）内に適当な1語を入れなさい。

(1) 私は来年留学するつもりです。
　　I (　　　　) (　　　　) (　　　　　) study abroad next year.

(2) タクは放課後友達とテレビゲームをするつもりです。
　　Taku (　　　　) (　　　　) (　　　　) (　　　　　) video games
　　with his friends after school.

(3) ユミは今日，髪を短く切るつもりです。
　　Yumi (　　　　) (　　　　) (　　　　) (　　　　　) her hair
　　short today.

―――――――――――――――――――――――――――――――――
着眼
　252 (2) give a speech スピーチをする，in front of 〜 〜の前で
　253 (1) study abroad 留学する

(4) あなたは誕生日にお兄さんに何をあげるつもりですか。

What (　　　) (　　　) (　　　) to give your brother for his birthday?

*254 日本文の意味を表すように，(　　)内の語句を並べかえなさい。

(1) 私はこれからひと休みするつもりだ。

(a / take / going / I / break / am / to) now.

(2) あなたは今度の金曜日のミーティングに出席するつもりですか。

(going / you / are / to / the meeting / attend) this Friday?

(3) カレンは先生に手助けを頼むつもりだ。

(is / Karen / going / teacher / to / her / ask) for help.

(4) 私たちは今週末テニスをするつもりだ。

(to / we / tennis / play / are / going) this weekend.

(5) あなたは本を何冊借りるつもりですか。

(borrow / you / how / books / are / many / going / to)?

*255 日本文の意味を表すように，下線部に英語を書きなさい。

(1) 次の日曜日に友達と原宿に行くつもりです。　　　　　　　　(東京・成城学園高)

I'm ＿＿＿＿＿＿＿＿ next Sunday.

(2) ミキは今年，英語を一生懸命勉強するつもりです。

Miki ＿＿＿＿＿＿＿＿ this year.

(3) リンダは明日の3時にフランスに向けて出発するつもりです。

Linda ＿＿＿＿＿＿＿＿ France at 3 o'clock tomorrow.

*256 次の文を be going to を用いて英語になおしなさい。

(1) 何か特別なものに使うつもり？　　　　　　　　　　　　　(長崎・青雲高)

(2) 私は来月，別の町に引っ越すつもりです。

(3) 母は庭に野菜をいくつか植えるつもりです。

(4) 彼らは街の中心にレストランを開くつもりです。

(5) あなたは今年の冬は何をするつもりですか。

着眼
254 (1) break [bréik ブレイク] 休けい　(2) attend [əténd アテンド] 出席する
(5) borrow [bárou バロウ] 借りる
256 (1) 「特別な」special [spéʃ(ə)l スペシ(ャ)ル]　(2) 「引っ越す」move [múːv ムーヴ]
(3) 「植える」plant [plǽnt プラント]，「野菜」vegetable [védʒ(ə)təbl ヴェヂタブル]

37 I will ～.

解答 別冊 *p.96~p.98*

*257 次の（　）内に，ア～エより適当なものを選んで入れなさい。

(1) She will (　　　) the dishes after dinner.

　　ア does　　　イ do　　　　ウ doing　　エ is doing

(2) What time will you (　　　) home tonight?

　　ア comes　　　イ come　　　ウ came　　エ coming

(3) Will Tom (　　　) a speech at the conference next month?

　　ア give　　　イ speak　　　ウ have　　エ take

(4) You should go home before it (　　　).　　　　　（愛知・東海高）

　　ア will rain　　イ won't rain　　ウ rains　　エ is raining

(5) A: Let's go shopping today. Where (　　　)?

　　B: In front of the station.

　　ア meet we will　　　　　イ will we meet

　　ウ we will meet　　　　　エ we meet will

*258 次の各組の文がほぼ同じ意味を表すように，（　）内に適当な1語を入れなさい。

(1) I am going to take a bus to the concert hall.

　　I (　　　　) (　　　　) a bus to the concert hall.

(2) The city (　　　) (　　　) (　　　) (　　　) a new library here.

　　The city will build a new library here.

(3) I (　　　) (　　　) (　　　) call you tonight.

　　I will call you tonight.

(4) She is not going to go to the movies tomorrow.

　　She (　　　　) (　　　　) to the movies tomorrow.

(5) Is John going to buy a new car?

　　(　　　　) John (　　　　) a new car?

着眼

257 (1) do the dishes 皿洗いをする　(3) conference [kάnf(ə)rəns カンフ（ェ）レンス] 会議　(4) rain [réin レイン] 雨が降る

258 (1) concert hall コンサートホール　(3) call [kɔ́ːl コール] 電話をかける

*259 次の文の（　　）内に適当な1語を入れなさい。

⑴ A : Where (　　　　) you be staying in New York?

　　B : (　　　　) be staying at my friend's house.

⑵ A : What (　　　　) you (　　　　) (　　　　) do this summer?

　　B : I (　　　　) (　　　　) (　　　　) visit my grandparents in Hokkaido.

⑶ A : Will you (　　　　) to the library after school?

　　B : No, I (　　　　).

⑷ A : (　　　　) you going to go jogging in the park?

　　B : Yes, I (　　　　).

⑸ A : How long (　　　　) you (　　　　) (　　　　) be in Japan?

　　B : (　　　　) (　　　　) to be in Japan for two weeks.

⑹ A : (　　　　) Ken be ten years old next month?

　　B : Yes, he (　　　　).

⑺ A : (　　　　) are they (　　　　) (　　　　) release their first album?

　　B : They (　　　　) (　　　　) to release their first album in July.

⑻ A : Who (　　　　) come to the meeting this afternoon?

　　B : Karen, Bill, and Tom (　　　　).

⑼ A : (　　　　) you tell Mike about the festival yesterday?

　　B : Yes, I (　　　　).

⑽ A : (　　　　) Susan be ready in a few minutes?

　　B : No, she (　　　　). She is still eating her breakfast.

*260 次の英文を日本語になおしなさい。

⑴ I will send a picture of my family to my host family.

⑵ You will catch a cold without a coat.

⑶ Haruka will be here in a minute.

着眼

259 ⑷ go jogging ジョギングに行く　⑺ release [rilíːs リリース]（CDなどを）発売する
⑼ festival [féstəvəl フェスティヴァル]祭り　⑽ be ready 準備ができている

260 ⑵ without [wiðáut ウィズアウト] 〜なしに

*261 日本文の意味を表すように，（　　）内の語句を並べかえなさい。

(1) その夫婦には今年の冬赤ん坊が生まれるでしょう。

(a / the / will / couple / baby / have) this winter.

(2) 放課後あなたは何をするつもりですか。

(you / will / what / after school / do)?

(3) あなたは，来年中国語を話すことができるようになるでしょう。（東京・実践学園高）

You (be / year / Chinese / will / next / speak / able / to).

(4) ソファをどこに置くつもりですか。

(will / put / sofa / the / you / where)?

(5) 今週末，あなたは暇になりますか。

(you / will / weekend / free / be / this)?

(6) 私は母のプレゼントにこのスカーフを買うつもりです。

(for / this scarf / my mother / will / buy / a present / I / as).

(7) 兄は車を売らないでしょう。

(brother / will / car / my / not / his / sell).

(8) 私たちはそのプロジェクトを数か月のうちに始めるでしょう。

(a few months / we / in / will / the project / start).

*262 次の英文を（　　）内の指示に従って書きかえなさい。ただし，(4)は（　　）内
の指示に従って答えること。

(1) I go to the amusement park with my friends.

（文末にnext week をつけて）

(2) Cindy studies math in the library.

（文末にafter school tomorrow をつけて）

(3) Tom is a junior high school student now.

（下線部を next year にかえて）

(4) Yuka will visit her grandmother at the hospital.

（疑問文にして，Yes で答える）

(5) The guests will arrive at the reception in two hours.

（下線部が答えの中心になる疑問文に）

(6) Mary will take care of our cat during the trip.

（下線部が答えの中心になる疑問文に）

261 (1) couple [kʌ́pl カプル] 夫婦　(6) scarf [skɑ́ːrf スカーフ] スカーフ
(8) project [prάdʒekt プラヂェクト] 計画，プロジェクト

*263 日本文の意味を表すように，（　）内に適当な1語を入れなさい。

(1) 明日の午後は雪が降るでしょう。

It (　　　　) (　　　　) tomorrow afternoon.

(2) バスは数分でバス停に着くでしょう。

The bus (　　　) (　　　　) at the bus stop in a few minutes.

(3) 運転手はどこに車を止めるつもりですか。

(　　　) (　　　　) the driver (　　　) the car?

(4) クリスは将来すばらしいテニスプレーヤーになるでしょう。

Chris (　　　) (　　　　) a wonderful tennis player in the future.

(5) 市は駅の近くにショッピングセンターを建設する予定です。

The city (　　　) (　　　　) a shopping center near the station.

(6) 来週はあまり寒くはならないでしょう。

(　　　) (　　　　) (　　　　) very cold next week.

(7) おじは来月退職する予定です。

My uncle (　　　) (　　　　) next month.

(8) 生徒たちは彼らの親友に手紙を書くでしょう。

The students (　　　) (　　　　) a letter to their best friend.

*264 次の文をwillを用いて英語になおしなさい。

(1) 太陽は明日6時に昇るでしょう。

(2) 父は夕食の前に帰宅するでしょう。

(3) あなたの両親はあなたのことを永遠に愛するでしょう。

(4) 妹は来月8歳になります。

(5) あなたは休日をどこで過ごすつもりですか。

(6) 私たちは来週家にペンキを塗る予定です。

(7) 彼女はすぐによくなるでしょう。

(8) そのレストランは今夜5時に閉まる。

着眼

263 (3)「(車を)駐車する」park [pάːrk パーク] (7)「退職する」retire [ritáiər リタイア]

264 (1)「(日が)昇る」rise [ráiz ライズ] (3)「永遠に」forever [fərévər フォレヴァ]

(5)「過ごす」spend [spénd スペンド]

第8回 実力テスト

時間 **50**分
合格点 **80**点

得点 / 100

解答 別冊 *p.98~p.100*

1 各組の下線部の発音が他の3つと異なるものを1つ選びなさい。（1点×5＝5点）

(1) ア piece　　イ these　　ウ friend　　エ teacher
(2) ア touch　　イ machine　　ウ children　　エ check
(3) ア learn　　イ burst　　ウ first　　エ hard
(4) ア another　　イ thirsty　　ウ booth　　エ through
(5) ア owl　　イ own　　ウ mouse　　エ shout

2 次の語を発音するとき，最も強く発音する部分を記号で答えなさい。
（1点×9＝9点）

(1) yes-ter-day
　　ア　イ　ウ
(2) vi-o-lin
　　ア　イ　ウ
(3) home-work
　　ア　　イ

(4) de-li-cious
　　ア　イ　ウ
(5) stat-ue
　　ア　イ
(6) wel-come
　　ア　イ

(7) tel-e-vi-sion
　　ア　イ　ウ　エ
(8) fa-mous
　　ア　イ
(9) beau-ti-ful
　　ア　イ　ウ

3 次の各組の文がほぼ同じ意味を表すように，（　）内に適当な1語を入れなさい。
（2点×4＝8点）

(1) I (　　　) (　　　) (　　　) buy some milk on my way home.
I will buy some milk on my way home.

(2) Bob is going to read the novel after dinner.
Bob (　　　) (　　　) the novel after dinner.

(3) The company is going to move its office to a new building.
The company (　　　) (　　　) its office to a new building.

(4) (　　　) Yuki (　　　) (　　　) send a letter to her friend in Canada?
Will Yuki send a letter to her friend in Canada?

4 日本文の意味を表すように，（　　）内に適当な1語を入れなさい。

(2点×7＝14点)

(1) すぐに雨が降るでしょう。

（　　　　）（　　　　　）（　　　　　） rain soon.

(2) あなたはバスケットボール部に入るつもりですか。

（　　　　　） you （　　　　　）（　　　　　） join the basketball club?

(3) トムはいつ東京に戻ってきますか。

When （　　　　　） Tom （　　　　　） back to Tokyo?

(4) A：休日の間，あなたは何をするつもりですか。

　　B：私は友人たちと遊園地に行くつもりです。

A : （　　　　　）（　　　　　） you going to do during the holidays?

B : I （　　　　　） going to （　　　　　） to the amusement park with my friends.

(5) 私は明日あなたの仕事を手伝うことはできないでしょう。

（　　　　）（　　　　　）（　　　　　） able to help you with your work tomorrow.

(6) サラは来週美術館を訪れるつもりです。

Sarah （　　　　　）（　　　　　）（　　　　　）（　　　　　） the museum next week.

(7) 私は今日の午後，犬を公園に連れていくつもりです。

I （　　　　　）（　　　　　） my dog to the park this afternoon.

5 日本文の意味を表すように，（　　）内の語を並べかえなさい。 (2点×5＝10点)

(1) 兄は来月20歳になるでしょう。

(my / twenty / old / years / be / brother / will) next month.

(2) 私は放課後，友人たちとサッカーをするつもりです。

(to / friends / going / my / am / with / play / I / soccer) after school.

(3) 人間はいつ火星に到達するでしょうか。

(will / when / reach / Mars / humans)?

(4) ケイトは昼食にサンドイッチを作るつもりです。

(sandwich / make / Kate / is / going / a / to) for lunch.

(5) どのチームが大会で勝つでしょうか。

(will / tournament / team / which / the / win)?

6 次の文の（　　）内に適当な1語を入れなさい。　　　　　（2点×5＝10点）

(1) A : What (　　　　　) you going to do this weekend?
　　 B : (　　　　) (　　　　　) to go to the movies with my friends.
(2) A : (　　　　　) will sing at the concert tomorrow?
　　 B : I think Yuna (　　　　).
(3) A : (　　　　) (　　　　　) going to come to the party with
　　　　 your sister?
　　 B : Yes, I (　　　　).
(4) A : (　　　　) Sam (　　　　) to be late?
　　 B : No, he (　　　　).
(5) A : I'm cold.
　　 B : I (　　　　) (　　　　　) on the air conditioner now.

7 次の文を日本語になおしなさい。　　　　　　　　　　（2点×5＝10点）

(1) I will leave in five minutes.
(2) They will travel all night.
(3) He will call me at nine in the morning tomorrow.
(4) Will Kaori be home before dinner?
(5) I'm all wet.　I will change my clothes.

8 次の英文を（　　）内の指示に従って書きかえなさい。ただし，(4)は（　　）内
　　 の指示に従って答えること。　　　　　　　　　　　　（2点×5＝10点）

(1) She will watch the football game on TV.　（否定文に）
(2) Jane plays in a concert.
　　　（文末に next week をつけて）
(3) Tom and Koji went hiking in the mountains yesterday.
　　　（下線部を next month にかえて）
(4) The meeting is going to take place on Monday.
　　　（疑問文にして，Yes で答える）
(5) I'm going to leave for the airport at 11 o'clock.
　　　（下線部が答えの中心になる疑問文に）

9 次の文を英語に直しなさい。 (2点×5＝10点)

(1) 私たちはプログラムをあと10分で始めるつもりです。 （willを用いて）

(2) 彼はどこで夕飯を食べるつもりですか。 （be going toを用いて）

(3) 私は明日家族と動物園へ行くつもりです。 （be going toを用いて）

(4) だれが私たちのチームのキャプテンになりますか。 （willを用いて）

(5) ビルは次の試合ではプレーしないでしょう。 （willを用いて）

10 次の対話文を読んで，あとの問いに答えなさい。 (計14点)

Yuka : Hi, Mary. ①(are / going / this / do / what / to / summer / you)? Do you have any plans?

Mary : Yes, I'm going back to my home country. How about you?

Yuka : I'm going to my grandparents' house in Okinawa.

Mary : What are you going to do there?

Yuka : I'm going to go swimming. There is a beautiful beach near their house. And ②this year I'm going to try scuba diving.

Mary : That sounds fun. Please show me the pictures when you come back.

Yuka : OK. I will. By the way, ③I'm going to go to the shopping center this afternoon. I want to buy some souvenirs for my grandparents. Can you come with me? I want your advice.

Mary : Sure, I will be glad to.

(注) scuba diving「スキューバダイビング」, when「…するときに」, by the way「ところで」, want to 原形「～したい」, souvenir「土産」, advice「助言, アドバイス」, I will be glad to.「(ぜひ) 喜んで」

(1) 下線部①が「今年の夏，あなたは何をするつもりですか」という意味になるように，( ) 内の語を並べかえなさい。 (2点)

(2) 下線部②，③の英文を日本語になおしなさい。 (2×3点)

(3) 次の問いに ( ) 内の語数で答えなさい。 (2×3点)

　　1) Where will Yuka go this summer? （5語）

　　2) What is Yuka going to buy at the shopping center? （10語） ③

〈執 筆 者〉　大澤英樹（おおさわ　ひでき）

㈱学研アイズ（同社元代表取締役社長）にて，上位公立高・難関国私立高進学を目指す生徒を対象とした英語指導に従事。論理的かつシンプルな解説は常に生徒の高い支持を得ていた。兵庫県公立高校入試解説にもテレビ出演。

□ 編集協力　（株）シー・レップス　鎌倉真友子　西澤智夏子

□ イラスト　よしのぶもとこ

シグマベスト
**最高水準問題集 特進
中1英語**

本書の内容を無断で複写（コピー）・複製・転載することを禁じます。また，私的使用であっても，第三者に依頼して電子的に複製すること（スキャンやデジタル化等）は，著作権法上，認められていません。

編 者　文英堂編集部

発行者　益井英郎

印刷所　株式会社天理時報社

発行所　**株式会社文英堂**

〒601-8121　京都市南区上鳥羽大物町28
〒162-0832　東京都新宿区岩戸町17
（代表）03-3269-4231

ⒸBUN-EIDO　2021　　　Printed in Japan　　　●落丁・乱丁はおとりかえします。

特進

最　高　水　準　問　題　集

中1英語

解答と解説

文英堂

1 My name is ～.；あいさつ

▶**1**
(1) **My name is Ken.**
(2) **My name is Aoki Ichiro.**
(3) **My name is Miki.**
(4) **My name is Alice White.**

解説 My name is ～.「私の名前は～です」
ただし，英語では＜名＋姓＞の順になる。
日本名の場合はAoki Ichiroのように＜姓
＋名＞の順で言ってもよい。

▶**2**
(1) オ　　(2) イ　　(3) エ

解説 (1)How are you?「お元気ですか」に対
しては，I'm fine, thank you.「元気です，
ありがとう」で答える。And you?「あなた
はどうですか」と相手に聞き返すことを忘れ
ないようにする。　(2)Nice to meet you.
「お会いできてうれしいです」に対しては，
Nice to meet you(,) too.「私もお会いでき
てうれしいです」と応じる。同様の表現であ
るHow do you do?「はじめまして」に対
しては，How do you do? と応じる。こ
の場合，", too" がつかないことに注意。
(3)Thank you.「ありがとう」に対しては，
You're welcome.「どういたしまして」と
応じる。ほかにも Not at all. や It's my
pleasure. という表現もある。

▶**3**
(1) エ　(2) カ　(3) コ　(4) イ
(5) ク　(6) ウ　(7) キ　(8) ケ
(9) オ　(10) ア

解説 これらの表現については，言えるだけ
でなく，書けるようにもしておこう。カの
", Jack"やクの ", Tom" に使われているカ
ンマは「呼びかけのカンマ」と言う。「～，
ジャック」や「トム，～」と訳す。

▶**4**
(1) **How, do**
(2) **evening**
(3) **My, name**
(4) **fine, thank, you**
(5) **from**
(6) **Nice, meet**

▶**5**
(1) ①エ　　②ア　　③イ
(2) ①イ　　②ア　　③ウ

解説 (1)① 次にHello, Emily. と応じてい
ることから考える。　②次にNice to meet
you(,) too. と応じていることから考える。
③? で終わっているので，How do you
do? のあとに呼びかけのJohn が付加した
形。　(2)① Hello, Takeshi. に対して応
じているから，本来ならHello, Yuki. とな
るが，選択肢にないのでHi, Yuki. とする。
②I'm fine, thank you. と答えているの
で，How are you? を選ぶ。③相手のよう
すを聞き返す。

2 This [That] is ～.

▶**6**
(1) **This is a cat.**
(2) **This is a piano.**
(3) **This is an apple.**
(4) **That is a guitar.**
(5) **That is a plane.**
(6) **That is an orange.**

＜a, an, ×＞
(1) 数えられる名詞が1つ[人]あるときに，
英語ではa, anをつける。

⇒子音（a, i, u, e, o以外の音）で始まる単語の前にはaをつける。
⇒母音（a, i, u, e, o）で始まる単語の前にはanをつける。

(2) 数えられない名詞，固有名詞（地名・人名・国名），「〜の」という所有を表す語がついた名詞にはa, anをつけない。

▶**7**
(1) **That is a watch.**
(2) **This is a desk.**
(3) **That's a chair.**

解説 (2)(3)That isの短縮形That'sはあるが，This isの短縮形This'sはない。

▶**8**
(1) **is, map**
(2) **Italy**
(3) **This, is**
(4) **This, umbrella**
(5) **That's**
(6) **This, is**
(7) **OK**

解説 (1)mapは数えられる名詞なので，aをつける。 (2)Italyは固有名詞（国名）なのでanをつけない。 (3)This is 〜 . には「こちらは〜です」という意味もある。 (4)umbrellaは数えられる名詞で，母音で始まるのでanをつける。 (5)空所が1つしかないので，That isの短縮形That'sを用いる。 (7)決まり文句として覚えておこう。

▶**9**
(1) **This is a dog.**
(2) **That's an egg.**
(3) **This is Taro.**
(4) **This is a present** (for you).

(5) **This is Japan.**
(6) **That is a bat.**

解説 文頭の語は大文字で書き始め，文尾にはピリオド(.)をつけるのを忘れずに。 (3)(5)固有名詞は文中であっても大文字で書き始める。

▶**10**
(1) **This is an eraser.**
(2) **That is[That's] a bird.**
(3) **This is a panda.**
(4) **That is[That's] a car.**

＜thisとthat＞
◇近くのものや人を指し示す場合，thisを用いる。
◇遠くのものや人を指し示す場合，thatを用いる。
※このようにthisやthatは人やものを指し示すので「指示代名詞」と呼ばれる。

▶**11**
(1) **This is a desk.**
(2) **This is Osaka.**
(3) **This is Mr. Green.**
(4) **This is an egg.**
(5) **That is[That's] a library.**
(6) **That is[That's] Mrs. Green.**
(7) **That is[That's] a tiger.**

解説 「これ」はthis，「あれ」はthat。見まちがえないようにしよう。

＜敬称の表し方 ⇒ 姓につける＞
男性 ：Mr. 〜 「〜さん，〜先生，〜氏」
既婚女性：Mrs. 〜 「〜さん，〜先生，〜夫人」

未婚女性：Miss 〜 「〜さん，〜先生，
　　　　　　　　　　〜嬢」
女性　　：Ms. 〜　「〜さん，〜先生」
※Ms.は既婚・未婚を問わず，女性一般
　に使える。
※Missには“ . ”がつかないことに注意。

3 | This [That] is not 〜 .

▶*12*

(1) **This is not a chair.**
　これはいすではありません。

(2) **This is not a bird.**
　これは鳥ではありません。

(3) **This is not a doll.**
　これは人形ではありません。

(4) **That is not a cap.**
　あれは帽子ではありません。

(5) **That's not a tiger.**
　あれはトラではありません。

(6) **That is not an organ.**
　あれはオルガンではありません。

(解説) is notはすべて，短縮形isn'tを用いて
もよい。　(4)(6)That's not 〜としてもよ
い。　(5)That isn't a tiger. としてもよい。

▶*13*

(1) **This is not a rose.　It is a lily.**

(2) **That is not a station.　It is a bank.**

(3) **This is not a television.　It is a computer.**

(4) **That is not a guitar.　It is a violin.**

(5) **This is not a ball.　It is an egg.**

(6) **That is not John.　It is David.**

(解説) isn'tやIt's，That'sを使いたいところ
だが，［例］では短縮形を用いていないので，
解答のようにする。(5)eggは母音で始まる
語なので，aではなくanになることに注意。

▶*14*

(1) **That isn't a fish.　It's a whale.**

(2) **This isn't a pen.　It's a pencil.**

(3) **This isn't a book.　It's an album.**

(解説) 近くにあるものにはthisを，遠くにあ
るものにはthatを使う。ここは［例］にな
らってisn'tやIt'sといった短縮形を用いる
こと。　(3)albumは母音で始まる語なので，
anを用いることに注意しよう。

▶*15*

(1) **is, not**

(2) **not, an, It's**

(3) **isn't**

(4) **not, Canada**

(5) **That, isn't, an, orange**

(解説) 空所の数で短縮形を用いるかどうかを
考えること。⇒最初に，短縮形を用いずに
全文を書いてみるとミスが少ない。
(5)That isn't は That's not でもよい。
orangeは母音で始まる語なので，anを用
いることに注意しよう。

▶*16*

(1) **This is not Mt. Fuji.**

(2) **That's not Mr. Tanaka.**

(3) **This isn't a rabbit.**
(4) **It is a station.**
(5) **This is not a tulip.**

解説 並べかえの問題の場合は，与えられた語（句）はそのまま用いなければならない。勝手に短縮形にしないこと。

▶**17**
(1) **That is not a radio. /**
  That isn't a radio. /
  That's not a radio.
(2) **This is not[isn't] China.**
(3) **This is not[isn't] Mr.[Mrs. /**
  Miss / Ms.] Smith.

解説 (1)radioは数えられる名詞で，子音で始まる単語なので，aをつけるのを忘れずに。 (2)Chinaは固有名詞（国名）なのでaをつけない。 (3)「〜さん」は，指定がないかぎり，Mr. / Mrs. / Miss / Ms. のいずれでもよい。

4 **Is this [that] 〜 ?**

▶**18**
(1) **Is this a television?**
  これはテレビですか。
(2) **Is this a strawberry?**
  これはイチゴですか。
(3) **Is that an apple?**
  あれはリンゴですか。
(4) **Is that Singapore?**
  あれはシンガポールですか。
(5) **Is this a car?** これは車ですか。
(6) **Is that a train?**
  あれは列車ですか。
(7) **Is this Mr. Brown?**

こちらはブラウン氏[さん, 先生]ですか。

解説 isを文頭に出し，文尾にクエスチョンマーク（?）をつければ疑問文になる。日本語に訳す場合, this「これ，こちら」, that「あれ，あちら」を混同しないように注意する。 (3)(6)That'sを疑問形にする場合は，That isと短縮形をくずして，Is thatとすること。

▶**19**
(1) **Is this Australia?** **Yes, it is.**
  No, it isn't[it's not / it is not].
(2) **Is that a chair?** **Yes, it is.**
  No, it isn't[it's not / it is not].
(3) **Is that a school?** **Yes, it is.**
  No, it isn't[it's not / it is not].
(4) **Is this a lake?** **Yes, it is.**
  No, it isn't[it's not / it is not].
(5) **Is this a desk?** **Yes, it is.**
  No, it isn't[it's not / it is not].
(6) **Is that an eraser?** **Yes, it**
  is. **No, it isn't[it's not / it is**
  not].

解説 Is this[that] 〜? でたずねられた場合には，itを用いて答えること。

▶**20**
(1) **This, not, glass**
(2) **that, it, isn't, apple**
(3) **isn't, It's**
(4) **Is, No, desk**

解説 肯定文・疑問文・否定文のいずれなのかをよく考えたうえで，文の流れをつかむこと。ここで用いられている名詞はすべて数えられる名詞で，「〜の」を表す語がついていないので，a, anのどちらをつけるかをしっかり考えよう。 (2)it isn'tはit's notでもよい。

▶*21*
(1) **No, it isn't. It is a cap.**
(2) **No, it isn't. It is a koala.**
(3) **No, it isn't. It is a glass.**
(4) **No, it isn't. It is Canada.**
(5) **No, it isn't. It is an orange.**

解説　［例］の形に合わせること。(5)orange は母音で始まる語なので，anを用いることに注意しよう。

▶*22*
(1) **Is, this, It's**
(2) **Is, that, it, isn't[it's, not]**
(3) **Is, this, an, apple**
(4) **Is, that, Yes, it**

解説　空所の数によって短縮形を用いるかどうかをよく考えること。また，a, anにも気をつけよう。　(2)it isn't は it's not でもよい。

▶*23*
(1) **Is this an umbrella?**
—— **Yes, it is.**
(2) **Is this France?**
—— **No, it isn't[it's not / it is not]. It's[It is] Germany.**
(3) **Is that a dictionary?**
—— **No, it isn't[it's not / it is not]. It's[It is] an album.**

解説　(1)umbrellaは数えられる名詞で，母音で始まるのでanをつける。　(2)France, Germanyはともに固有名詞（国名）なのでaをつけない。　(3)dictionaryは数えられる名詞で，子音で始まるのでaをつける。また，albumは数えられる名詞で，母音で始まるのでanをつける。

5 | a [an]; 形容詞; my, your

▶*24*
(1) **a**　　(2) **×**　　(3) **an**
(4) **an**　(5) **×**　　(6) **a**
(7) **×**　　(8) **an**

解説　*p.2*▶*6* のまとめを参照。
(1)(4)(6)(8)＜形容詞＋名詞＞が後ろにくる場合には，形容詞が母音で始まればan，子音で始まればaをつける。

▶*25*
(1) **This is a sweet apple.**
これは甘いりんごです。
(2) **Is this a new bike?**
これは新しい自転車ですか。
(3) **It isn't an old horse.**
それは年老いた馬ではありません。
(4) **That is an American stamp.**
あれはアメリカの切手です。
(5) **Is that Tom's cap?**
あれはトムの帽子ですか。
(6) **That's a beautiful flower.**
あれは美しい花です。

解説　名詞を説明する（＝修飾する）語を"形容詞"と言い，＜a[an]＋形容詞＋名詞＞の順にする。また，子音で始まる名詞であっても，形容詞が母音で始まる場合，aではなくanを用いる。⇒(3)(4)の場合。　(5)「トムの」といった所有を表す言葉がつくと，a[an]は不要。

▶*26*
(1) **This is a book.**
(2) **That is my car. / That is a car.**
(3) **This is an album.**

(4) **That is Mary's doll.**
(5) **Is this your small bag?**
No, it isn't[is not]. / Yes, it is.
(6) **It isn't France.**

解説 (1)bookは数えられる名詞で，子音で始まるのでaをつける。　(2)myは「〜の」を表す言葉なので，a, anとともに用いない。(3)albumは数えられる名詞で，母音で始まるのでanをつける。　(4)「メアリーの人形」なので，Mary's dollとする。このように名詞に「〜の」という意味を付加する場合，＜名詞＋'s＞の形にする。　(5)「あなたの小さいカバン」だからyour small bagの語順にする。また，Noで答える際には必ずnotを伴う。(6)フランスは固有名詞(国名)なので，aはつけない。

▶**27**
(1) これはあなたの新しい自転車ですか。
——いいえ，ちがいます。それは私の古い自転車です。
(2) あれもおもしろい物語ですか。
——はい，そうです。
(3) これは銀行ではありません。それは図書館です。
(4) これは大きなメロンですか。
——いいえ，ちがいます。それは小さいスイカです。
(5) あれはあなたのお母さんの車ですか。
——いいえ，ちがいます。それは私の姉[妹]の車です。
(6) これも私の兄[弟]のギターです。
(7) あれはケンのおじいさんの車です。
(8) あれは私の辞書ではありません。

解説 (2)(6)"(,) too"を文尾につけると，「〜も」という意味が加わる。

▶**28**
(1) **This is an old car.**
(2) **That is an easy question.**
(3) **Yes(, it is).　It is[It's] my house.**
(4) **That's Aki's desk.**
(5) **It is a big elephant.**
(6) **That is your racket(,) too.**
(7) **That isn't a small umbrella.**
(8) **Is that Mr. Brown's house?**
—— No, it isn't[it's not / it is not].

解説 (1)oldにかえると母音の前になるので，a⇒anにかえる。　(2)「簡単な」はeasyで，(1)と同様にする。　(3)「はい」であれば，Yes.でもよい。　(4)「アキの」はAki'sで表し，「〜の」を表す語がつくことになるのでaをとる。　(5)bigが加わると子音の前になるので，an⇒aにかえる。　(6)文尾に"(,) too"を加えればよい。　(7)smallが加わると子音の前になるので，(5)と同様にする。

トップコーチ
●国名と「〜の，〜人(の)，〜語(の)」
America – American「アメリカの，アメリカ人(の)」
Australia – Australian「オーストラリアの，オーストラリア人(の)」
Brazil – Brazilian「ブラジルの，ブラジル人(の)」
China – Chinese「中国の，中国人[語](の)」
Egypt – Egyptian「エジプトの，エジプト人(の)」
Britain – British「イギリスの，イギリス人(の)；English「英語(の)」
France – French「フランスの，フランス人[語](の)」

Germany – German「ドイツの，ドイツ人［語］（の）」
Greece – Greek「ギリシャの，ギリシャ人［語］（の）」
India – Indian「インドの，インド人（の）」
Italy – Italian「イタリアの，イタリア人［語］（の）」
Japan – Japanese「日本の，日本人［語］（の）」
Korea – Korean「朝鮮［韓国］の，朝鮮［韓国］人［語］（の）」
Russia – Russian「ロシアの，ロシア人［語］（の）」
Spain – Spanish「スペインの，スペイン人［語］（の）」

▶ **29**

(1) ①**Is**　②**it**　③**my**
　④**too**　⑤**isn't**　⑥**Alice's**

(2) ①**Is**　②**it**　③**isn't**　④**my**
　⑤**brother's**　⑥**Japanese**

解説 (1)ジェーン：エミリー，あれはあなたの自転車ですか。
エミリー：はい，そうです。それは私の自転車です。
ジェーン：あれもあなたの自転車ですか。
エミリー：いいえ，ちがいます。それはアリスの自転車です。
①That is 〜の疑問文なので，Isを文頭に出す。　②that［this］でたずねられたらitで答える。　③your bikeとたずねられているので，my bikeで答える。　④選択肢の中でカンマの後に置けるのはtooだけ。　⑤Noで答えているのでisn't。　⑥文の流れからEmilyの自転車でなく，Aliceの［＝Alice's］自転車となる。
(2)マイク：ボブ，これはあなたの切手ですか。
ボブ：いいえ，ちがいます。それは私の兄の切手です。
マイク：それは日本の切手ですか。
ボブ：はい，そうです。
①This is 〜の疑問文なので，Isを文頭に出す。　②③Noで答えているのでit isn't。　④⑤文の流れからBobの切手ではなく，Bobの兄の切手。ここではBobは発言者（＝私）だから，my brother's stampとなる。　⑥文の流れと選択肢から「日本の」が入る。

▶ **30**

(1) **That is an old church.**
(2) **This is my sister's violin.**
(3) **This is not my friend's bicycle.**
(4) **Is that Tom's mother?**
(5) **This is my desk, too.**
(6) **This is my good friend.**
(7) **Is this a large country?**

▶ **31**

(1) **Is that your school?**
　—— **Yes, it is.**
(2) **This is an old station.**
(3) **This is not[isn't] France.　It is[It's] Italy.**
(4) **This is my racket(,) too.**
(5) **Is that Miki's classmate?**
(6) **Is that a beautiful bird(,) too?**
(7) **This is Bob's good friend.**
(8) **It is[It's] Mr. Matsui's house.**

▶ **32**

(1) ①**isn't**　②**It's**
(2) ③マイクの兄［弟］の犬

④マイクの犬

(3) **too**

(4) それはあなたの仲のよい友だち［親友］
ですか。

【全訳】

トム　：これはあなたの犬ですか。

マイク：いいえ，ちがいます。それはぼくの
兄［弟］の犬です。

トム　：あれもあなたのお兄［弟］さんの犬で
すか。

マイク：いいえ，ちがいます。それはぼくの
犬です。

トム　：それはあなたの仲のよい友だちです
か。

マイク：はい，そうです。

---

6 What is this[that]? ; Is this[that] A or B?

▶ *33*

(1) **What is this?**
　　── **It's a flower.**

(2) **What is that?**
　　── **It's my album.**

(3) **What is this?**
　　── **It's an old gate.**

【解説】What is this[that] ?「これは［あれ
は］何ですか」に対しては，It's 〜.「それは
〜です」で答える。

▶ *34*

(1) ↘　　(2) ↗, ↘　　(3) ↘

(4) ↗, ↘　　(5) ↘, ↘

＜文の抑揚＞

◇肯定文，否定文は下げ調子（↘）で読む。

◇Yes/Noで答えられる疑問文は上げ調
子（↗）で読む。

◇Yes/Noで答えられない疑問文は下げ
調子（↘）で読む。

◇orを使った選択疑問文はorの前で上げ
調子（↗），最後を下げ調子（↘）で読む。（→
本冊*p.46* A or Bの疑問文）

▶ *35*

(1) イ　　(2) ウ　　(3) イ

【解説】(1)Yes/Noで答える疑問文。 (2)orを
使った選択疑問文は，Yes/Noで答えられ
ない疑問文。 (3)疑問詞（whatなど）で始
まる疑問文は，Yes/Noで答えられない疑
問文。What'sはWhat isの短縮形。

▶ *36*

(1) ①**a, ball, it, isn't**
　　②**What, an, egg**

(2) **is, this, my, hat[cap]**

(3) **Is, that, or, a, It's**

【解説】(1) ① it isn'tはit's notでもよい。②
①で「ちがう」と言われたので，What is it,
then? と聞き返している。 (2) 空所の数か
ら，What isは短縮しないことに注意。
(3) Is that a bird? とIs that a plane? を
orで結んでいると考える。

▶ *37*

①**What**　　②**old**　　③**what's**

④**Is**　　⑤**No**　　⑥**fast**

【解説】トム　：メアリー，あれは何ですか。

メアリー：それはロケットです。それは古
いロケットです。

トム　　：それでは，あれは何ですか。そ
れもロケットですか。

メアリー：いいえ，ちがいます。それは速
い飛行機です。

①その後にis thatが続いているのでWhat

が入る。 ②どんなロケットかを表す語が入るのでoldかfastだが，anがついているので，母音で始まるoldを選ぶ。 ③その後にthatしかないのでwhat'sが入る。文中なので小文字になることに注意。④It is ～の疑問文と考えて，Isを文頭に出す。 ⑤isn'tで答えているのでNoを選ぶ。⑥どんな飛行機を表す語が入るので，残ったfastを選ぶ。

▶**38**

(1) これはペンですか，それとも鉛筆ですか。——それは鉛筆です。
(2) あれはナンシーの犬ですか，それともジェーンの犬ですか。
　——それはナンシーの犬です。
(3) こちらはナンシーですか，それともジェーンですか。
(4) これは何ですか。
　——それは古い車です。
(5) あれは何ですか。
　——それは私の新しい自転車です。

解説 (1)(2)(3) orを使った選択疑問文は「～ですか，それとも…ですか」と訳す。

▶**39**

(1) **Is this a camera or a radio?**
　—— **It's[It is] a radio.**
(2) **Is that a new computer or an old computer?**
　—— **It's[It is] an old computer.**
(3) **What's[What is] your pet?**
　—— **It's[It is] a dog.**
(4) ①**Is that a library?**
　—— **No, it isn't[it's not].**
　②**What's[What is] it, then?**
　—— **It's[It is] a school.**

解説 (1) Is this a camera?とIs this a radio?をorで結べばよい。 (2)「コンピューター」はa computerだが，「古いコンピューター」になるとan old computerと，anにかわることに注意する。 (3)「あなたのペットは～です」Your pet is ～ . から考える。(4) ▶**36** (1)を参照。

<table>
<tr><td>第 **1** 回</td><td>**実力テスト**</td></tr>
</table>

1

(1) ウ　　(2) ア　　(3) ○
(4) イ　　(5) ○

解説 (1)ア[ð]　イ[ð]　ウ[θ]　エ[ð] ⇒ th の発音は，にごる音[ð]か，にごらない音[θ]かで判断する。 (2)ア[u]　イ[u:]　ウ[u:]　エ[u:] (3)すべて[ou]である。[ɔ:]と勘違いしないこと。「ハロー」「ノート」「オールド」はカタカナ英語なので気をつけよう。
(4)ア[æ]　イ[ɑ / ɔ]　ウ[æ]　エ[æ] ⇒ [æ]は「ア」と「エ」の間の音。よく狙われるのでチェックしておこう。 (5)すべて[ei]。⇒「テーブル」「フェイス」「ラジオ」「ネーム」はカタカナ英語。

2

(1) ↘, ↗　　(2) ↗, ↘
(3) ↘, ↘　　(4) ↗, ↘
(5) ↘, ↘

解説 (2)orを使った疑問文では，orの前で上げ調子(↗)，文末は下げ調子(↘)。 (3)肯定文，否定文は下げ調子(↘)。 (4)Yes / Noで答えられる疑問文は上げ調子(↗)。
(5)Yes / Noで答えられない疑問文(疑問詞who, whatの文など)は下げ調子(↘)。

3

(1) カ　(2) キ　(3) ウ
(4) エ　(5) ア

解説 (1)「こんにちは」 (2)「こんばんは」
(3)「どういたしまして」 (4)「こちらが私の
母です」 (5)「私の名前はジャックです」イ
は Thank you. と，オは Good morning.
と言う。

4

(1) ウ　(2) ア　(3) オ
(4) イ　(5) エ

解説 (1)「これはあなたのアルバムですか」⇒
ウ「はい，そうです。それは私のアルバムで
す」 (2)「あれは新しいアルバムですか」⇒
ア「いいえ，ちがいます。それは古いアルバ
ムです」 (3)「あれはカップですか，それと
もコップですか」⇒オ「それはコップです。
それはカップではありません」or を使った
疑問文には Yes / No で答えられない。
(4)「これもアルバムですか」⇒イ「いいえ，
ちがいます。それは本です」 (5)「あれは何
ですか」⇒エ「それは病院です」What (疑問
詞) を使った疑問文には Yes / No で答え
られない。

5

(1) **Is that a bird or a plane?**
(2) **That isn't an album. / That's
not an album.**
(3) ○
(4) **My name's Mike Davis. /
My name is Mike Davis.**
(5) **Is this Japan or England?
── It is Japan.**

解説 (1)plane「飛行機」は数えられる名詞で
あり，or の前後は同じ形にするので，単数
形にして a をつける。 (2)album は母音で
始まる語なので，an を用いる。 (3)what's
は what is の短縮形。 (4)文頭や固有名詞
は大文字で始める。また，My name is 〜 .
の短縮形はアポストロフィをつけて My
name's 〜 . とする。 (5)Japan, England
は固有名詞 (国名) なので数えられない。つ
まり，a, an はつけない。

6

(1) **What's, It, an**
(2) **or, It's**
(3) **You're, welcome**
(4) **too**
(5) **fine, And**

解説 (1)Jane は呼びかけ。「あれは何ですか，
ジェーン」「それはリンゴです」 (2)「これは
ライオンですか，それともトラですか」「そ
れはトラです」 (3)「ありがとう」「どういた
しまして」 (4)「お会いできてうれしいです」
「こちらこそ，お会いできてうれしいです」
初対面のあいさつ。あいさつを返すときに
は，文末に"(,)too"をつける。 (5)「ごきげ
んいかがですか」「元気です，ありがとう。
あなたはどうですか」How are you? に応
じるときは，And you? と聞き返すことも
忘れずに。

7

(1) **That isn't a new bike. /
That's not a new bike. /
That is not a new bike.**
(2) **Is this a book or an album?**

(3) **What is[What's] that?**

(4) **Is this your eraser?**

(5) **Is that a ball?**

解説 (1)That[This] is 〜. を否定文にするには, isの後ろにnotをつけ, That [This] is not 〜. / That [This] isn't 〜. または, That's not 〜. とすればよい。ただし, This is の短縮形This'sはない。 (2)「これは本ですか, それともアルバムですか」にすればよい。 (3)「それはネコです」と答えているのだから, 「あれは何ですか」とたずねればよい。 (4)「はい, そうです。それは私の消しゴムです」と答えているのだから, 「これはあなたの消しゴムですか」とたずねればよい。 (5)「いいえ, ちがいます。それはボールではありません」と答えているのだから, 「あれはボールですか」とたずねればよい。文の前後関係をよく考えよう。

8

(1) **That is a useful computer.**

(2) **Is this an American stamp? Yes, it is.**

(3) **Is this an old guitar, too?**

(4) **This is not my brother's dictionary.**

(5) **Is that a new bridge, too? No, it isn't.**

解説 (1)「便利な」usefulの[ju:]は母音ではないのでaを用いる。 (2)「アメリカの」American (3)「〜も」になっているので, 文末に", too"をつける。 (4)「私の兄」はmy brotherだから, 「私の兄の」はmy brother'sとなる。

9

(1) ジム, こちらは私の友だちのジェーンです。

(2) これはケンのノートですか。

──はい, そうです。

(3) あれもあなたの自転車ですか。

──いいえ, ちがいます。それは私の父の自転車です。

(4) あれはトムの犬ではありません。それはボブの犬です。

(5) はじめまして。

解説 (1)カンマは, ①呼びかけ, ②同格「〜である…」などを表すときに用いられる。Jim, は呼びかけであり, my friend, Janeはmy friend＝Janeであることを表しており, このようなカンマの用法を「同格」と呼ぶ。 (3)文末に", too"がついているから, 「〜も」と訳すことを忘れずに。

10

(1) **This isn't[is not] an interesting book.**

(2) **Is that a big cat or a small lion?**

(3) **Is this an old watch[clock](,) too? ── Yes, it is.**

(4) **Is that your vase(,) too? ── No, it isn't[it's not / it is not].**

(5) **What's[What is] that? ── It's[It is] a library.**

解説 いずれも, 「これは」this, 「あれは」that, 「それは」itに注意すること。(1)「おもしろい本」interesting bookは母音で始まる語だからanを用いる。 (2)「大きいネコ」a big catと「小さいライオン」a small lionをorで結ぶ。 (3)「〜も」だから, 文尾に"(,) too"を忘れずに。また,「古い時計」old watch[clock]は母音で始まる語句になるので, anを用いること。

11

(1) **Jin, this is my room. / This is my room, Jin.**

(2) **ウ**

(3) **No, it isn't[it's not / it is not].**

(4) **my brother's**　　(5) **ウ**

解説 (1)「ジン」は呼びかけだから，"Jin,"と文頭に置くか，文尾に"，Jin"と置いてもよい。　(2)Jinが同じことを繰り返して言っているので，マイクは聞き取れなかったと考え，**Pardon?**「何ですって[もう一度言ってください]」を選ぶ。聞き返す表現はほかにも，**Pardon me? / I beg your pardon?** などがある。　(3)そのあとに「それは私の兄のラケットです」という文があるので，マイクのラケットではないことがわかるから，Noで答える。　(4)「私の」「あなたの」はそれぞれmy，yourという特別な代名詞があるが，名詞に「〜の」をつける場合は〜'sで表す。　(5)マイクが兄のジャックをジンに紹介しているので，ジンとジャックは初めて会ったということがわかる。また，アの**How do you do**は最後が？になるし，答えるときには"（，）**too**"を用いないので，不適当。イの**Here you are**は，「はい，どうぞ」と相手に物を手渡すときの表現。

全訳
マイク：ジン，これがぼくの部屋だよ。入って。
ジン：あぁ，とても美しい部屋だね。これは君のラケットなのかい。
マイク：何だって。
ジン：これは君のラケットなのかい。
マイク：いや，ちがうよ。ぼくの兄のラケットなんだ。
ジャック：こんにちは。
マイク：ジン，ぼくの兄のジャックだよ。
ジン：お会いできてうれしいです。

ジャック：こちらこそ，会えてうれしいよ，ジン。

7 │ He [She, It] is 〜 .

▶**40**

(1) **She is a student.**
彼女は生徒です。

(2) **He is from America.**
彼はアメリカ出身です。

(3) **She is a nurse.**
彼女は看護師です。

(4) **It is my cat.**
それは私のネコです。

(5) **He is my teacher.**
彼は私の先生です。

(6) **It[He] is an old dog.**
それ[彼]は年老いた犬です。

(7) **He is Taro's brother.**
彼はタローの兄[弟]です。

(8) **She is Jiro's grandmother.**
彼女はジローの祖母です。

(9) **It is my key.**
それは私のカギです。

(10) **It is a beautiful picture.**
それは美しい絵です。

解説 男性ならばhe，女性ならばshe，もの（動物を含む）や事ならばitを使う。ただし，動物の場合は，オス，メスを区別して，he，sheを使うこともある。したがって，(4)のShiroは性別がわからないのでItにするが，(6)のJohnはもともと男性の名前なのでオスの犬と判断してHeにしてもよい。(9)(10)のthis，thatの代名詞はitを用いる。

▶*41*

(1) Mr. White isn't[is not] a doctor.

(2) Akira's sister isn't[is not] a singer.

(3) Yuko isn't[is not] a good tennis player.

(4) Aki isn't[is not] my good friend.

(5) Taro's father isn't[is not] a pilot.

(6) Japan isn't[is not] a large country.

(7) She isn't[is not] a dancer.

(8) He isn't[is not] a new student.

解説 isを用いた英文を否定文にするには，isの後ろにnotをつけて，is notまたはisn'tにすればよい。

▶*42*

(1) Is Akira's father from Hokkaido?
—— Yes, he is.

(2) Is Kuro my friend's cat?
—— No, it isn't[it's not / it is not].

(3) Is Mr. Inoue an English teacher?
—— Yes, he is.

(4) Is Jim your classmate?
—— No, he isn't[he's not / he is not].

(5) Is Japan a small country?
—— Yes, it is.

(6) Is your mother a doctor?

—— No, she isn't[she's not / she is not].

(7) Is your sister a volleyball player?
—— Yes, she is.

(8) Is that man Mr. Takahashi?
—— No, he isn't[he's not / he is not].

(9) Is this a big house?
—— Yes, it is.

(10) Is it a deep lake?
—— No, it isn't[it's not / it is not].

解説 isを用いた英文を疑問文にするには，isを文頭に出し，Is ～ ? とすればよい。また，Yes/Noの次に来る語は，疑問文の主語が男性であればhe，女性であればshe，ものや事であればitを使う。

▶*43*

(1) イ　　(2) ア　　(3) イ
(4) エ　　(5) エ　　(6) ウ

解説 (1)「これはあなたの写真ですか」⇒「それは私の写真です」だからYesで答える。(2)「ハナコはピアニストですか」⇒「彼女は看護師です」だからNoで答える。以下，同様に前後の文の流れからYes/Noを判断する。また，疑問文の主語からhe, she, itのどれで答えるかを考える。

▶*44*

(1) is, country　　(2) is, teacher
(3) Is, tall　　(4) white, isn't
(5) not, sister　　(6) is, kind
(7) not, new　　(8) Is, from
(9) Is, your　　(10) your, painter
(11) My, nurse　　(12) isn't, my

⒀ **It's, car**

解説 ＜(a[an]＋)形容詞＋名詞＞で「…な〜」を表す。　⑶「あの背の高い男の子」that tall boy と，そのままの語順にすればよい。this には「これ」という意味のほかに「この」，that には「あれ」という意味のほかに「あの」という意味があり，「これ[この]」という意味の場合，＜this[that]（＋形容詞）＋名詞＞でひとかたまりの言葉になる。⑸「私の」のように「〜の」を表す語が名詞についている場合，a[an]は不要。　⑻「〜出身」はfrom 〜 で表す。　⑽最初に肯定文で英作し，それを疑問文や否定文にするとミスが少なくなる。　⑿短縮形を使わなければIt is not my school. だが，空所の数から短縮形isn'tを使う。　⒀空所の数からIt is を短縮してIt's にすることに注意。

▶**45**

⑴ **My father is a baseball fan.**

⑵ **Is Fred your uncle?**

⑶ **She is my good friend.**

⑷ **Is your mother from Okinawa?**

⑸ **Kyoto is an old city.**

⑹ **Emily isn't my classmate.**

⑺ **It is a sweet apple.**

⑻ **She is not from Hokkaido.**

⑼ **Kenya is a hot country.**

⑽ **Is he a good baseball player?**

解説 ⑵まず肯定文のFred is your uncle. をつくり，それを疑問文にするとまちがいが少なくなる。　⑷肯定文：Your mother is from Okinawa.　⑽肯定文：He is a good baseball player.

＜〜's＞の意味
①〜 is の短縮形
[例] it's = it is
that's = that is
he's = he is
②「〜の」
[例] 「トムの」Tom's
「私の母の〜」
my mother's 〜
「あなたのお母さんの友だちの〜」
your mother's friend's 〜

▶**46**

⑴ **That boy is Bill. He's [He is] from America.**

⑵ **Your father is my teacher.**

⑶ **That tall man is my cousin.**

⑷ **This isn't[is not] my book. It's[It is] Yoko's book.**

⑸ **Is she a student?
—— Yes, she is.**

解説 どの部分が主語「〜は[が]」なのかを判断（下線などを引いておくとよい）して，＜主語＋is 〜＞に当てはめるとよい。疑問文や否定文の英作文は，まず肯定文を英作するとミスが減る。

---

8 | I am 〜 . You are 〜 . ; his, her

▶**47**

⑴ **I am [I'm] not a nurse.**
私は看護師ではありません。

⑵ **I am [I'm] not from India.**
私はインド出身ではありません。

⑶ **You are not [You're not / You aren't] a doctor.**

あなたは医者ではありません。

(4) **You are not [You're not / You aren't] my brother.**

あなたは私の兄［弟］ではありません。

(5) **You are not [You're not / You aren't] a tall girl.**

あなたは背の高い少女ではありません。

解説 「～です」を表すam, are, isを「be動詞」と言う。I am ～.「私は～です」、You are ～.「あなたは～です」の文を否定文にする場合には、isの文と同じく、am, areの後ろにnotをつければよい。また、are notの短縮形aren'tはあるが、am notの短縮形amn'tはないことに注意。

▶**48**

(1) **Am I a bad boy?**

私は悪い男の子ですか。

——**No, you are not [you're not / you aren't].**

(2) **Am I your good friend?**

私はあなたの良き友人ですか。

——**Yes, you are.**

(3) **Are you a famous pianist?**

あなたは有名なピアニストですか。

——**No, I am not [I'm not].**

(4) **Are you from Canada?**

あなたはカナダ出身ですか。

——**Yes, I am.**

(5) **Are you Tadashi's English teacher?**

あなたはタダシの英語の先生ですか。

——**Yes, I am.**

解説 be動詞（am, are, is）の文を疑問文にする場合には、be動詞を文頭に出す。また、I「私は」でたずねられたらyou「あなたは」を、you「あなたは」でたずねられたらI「私

は」を用いて答える。

▶**49**

(1) **am**	(2) **is**	(3) **is**
(4) **are**	(5) **is**	(6) **is**
(7) **is**	(8) **is**	(9) **am**
(10) **are**	(11) **is**	(12) **is**

> **＜be動詞（am, are, is）の使い分け＞**
>
> 主語がI「私は」のとき、be動詞はam。
>
> 主語がyou「あなたは」のとき、be動詞はare。
>
> 主語がそれ以外で単数のときには、be動詞はisを使う。

▶**50**

(1) **my**	(2) **her**	
(3) **his, Its**	(4) **Her**	
(5) **His**	(6) **your**	

解説 それぞれ後ろに名詞があるので、所有格「～の」にかえる。

> **＜代名詞の主格と所有格＞**
>
> | 主格 | | 所有格 | |
> |---|---|---|---|
> | 「私は」 | I | 「私の」 | my |
> | 「あなたは」 | you | 「あなたの」 | your |
> | 「彼は」 | he | 「彼の」 | his |
> | 「彼女は」 | she | 「彼女の」 | her |
> | 「それは」 | it | 「それの」 | its |
>
> ※代名詞の所有格はその後ろに名詞を伴ってひとかたまり（＝句）になる。
>
> ※主語には、「主格」または「所有格＋名詞」を使う。

▶**51**

(1) **I am a good teacher.**

(2) **Is Mika your friend?**

(3) **She is not from Singapore.**

(4) **He is a scientist.**

(5) **I am[I'm] an actress.**

(6) **I am[I'm] not your cousin.**

(7) **You are a college student.**

解説 それぞれ主語がかわるので, be動詞も主語に合わせてかえる。このように主語がかわると動詞の形が変化する場合があるので注意する。

▶ **52**

(1) **I**　　　　(2) **Is, he**

(3) **your, it**　(4) **Am, you**

(5) **your, Its**

解説 Yes/Noで答える場合, その後ろには**I, you, he, she, it**のいずれかを使う。
(1)youでたずねられているのでIで答える。
(2)your brotherが主語だからIsを選び, brotherは男性だからheで答える。
(3)watch（名詞）が後ろにあるので所有格を選び, thisが主語だからitで答える。
(4)主語がIだからAmを選び, Iでたずねられたらyouで答える。　(5)dog（名詞）が後ろにあるので所有格を選び, thatが主語だからitで答える。

▶ **53**

① **My**　② **too**　③ **Are**

④ **am**　⑤ **Is**　⑥ **it**

解説 ①自己紹介だからMy name is ~ . になる。②Nice to meet you. と言われたら, Nice to meet you(,) too. と応じる。③主語がyouだからbe動詞はareを使う。④主語がIだからbe動詞はamを使う。⑤主語がOttawaだからbe動詞はisを使う。⑥主語Ottawaに対しては, itで答える。

▶ **54**

(1) **His, scientist**

(2) **Is, her**　(3) **isn't, her**

(4) **is, big[large]**　(5) **Are, from**

(6) **tall, her**　(7) **His, is**

(8) **Is, your**　(9) **I'm, of**

解説 (1)「彼の」で, その後ろにuncle（名詞）があるので, 所有格Hisを用いる。　(2)「彼女のおばさん」her auntが主語だから, be動詞はisを用いる。　(3)Thisが主語だから, be動詞はisを用いる。　(4)Tokyoが主語だから, be動詞はisを用いる。　(5)主語がyouなので, be動詞はareを用い,「~からおいでですか」は「~出身ですか」と考えてfrom ~ とする。　(6)「その背の高い少年」that tall boy　(7)「彼の名前」his name　(8)thisが主語だから, be動詞はisを用い,「あなたの友だちの」はyour friend'sで表す。　(9)「AのB」の表し方は, **A's B = B of A**

▶ **55**

(1) **This is his watch.**

(2) **Her grandmother is from Osaka.**

(3) **Is she your classmate?**

(4) **Bill isn't an American student.**

(5) **Bob is Lucy's boyfriend.**

(6) **Is this large country China?**

(7) **That is a famous doctor.**

(8) **His father is a bus driver.**

(9) **Tama is my lovely cat.**

(10) **Are you a junior high school student?**

解説 主語「~は」を明確にして（下線などを引くとよい）, <主語＋be動詞＋~ .>に当

てはめる。また，数えられる名詞には，a[an] をつけるかどうかをよく考えること。疑問文・否定文の場合，慣れるまではまず肯定文をつくるようにしてみよう。

▶**56**

(1) **Australia is a large[big] country.**

(2) **That tall boy is a basketball player.**

(3) **Are you her brother?**
 —— **No, I am[I'm] not.**

(4) **His brother is an actor.**

(5) **Her grandfather is from Italy.**

解説 (1)「オーストラリアは」が主語だから，Australia is 〜. とする。 (2)「あの背の高い男の子は」が主語だから，That tall boy is 〜. とする。 (3)肯定文：You are her brother. から考える。 (4)「彼のお兄さんは」が主語だから，His brother is 〜. とする。 (5)「彼女のおじいさんは」が主語だから，Her grandfather is 〜. とする。

9 Who is〜?　What is〜?

▶**57**

(1) イ　　　(2) ア
(3) ウ　　　(4) イ

解説 who, what（疑問詞）で始まる文はYes/Noでは答えられない。＜主語＋動詞＞で答え始める。なお，youを主語にしたWho are you?「あなたはだれですか」やWhat are you?「あなたの職業は何ですか」は，英語としては正しいが，ぶしつけな感じを与える言い方なので，ふつうは使わないということも覚えておこう。 (1)名前・

身分をたずねる言い方。What is he? なら，職業をたずねる言い方なので，ウが正答になる。 (2)Who is she? でたずねているのと同じ。 (3)(4)＜What is ＋（人）？＞だから，職業をたずねている。

▶**58**

(1) **What is your name?**

(2) **What is his name?**

(3) **What is she?**

(4) **What is the man?**

(5) **Who is she?**

(6) **Who is the girl?**

解説 (1)(2)名前をたずねるのでWhat is 〜？にする。(1)は「私」は「あなた」にかえるので，myをyourにかえることに注意しよう。 (3)(4)職業をたずねるのでWhat is 〜？にする。 (5)名前をたずねているがnameがないので，「だれですか」つまり，Who is 〜？にする。 (6)The girlがだれであるかたずねるので，Who is 〜？にする。

┌─＜下線部をたずねる疑問文のつくり方⑴＞─┐
(1) 下線部を適当な疑問詞にかえる。
(2) その疑問詞を文頭に出す。
(3) 残った部分を疑問文にかえる。
ただし，「私」は「あなた」に，「あなた」は「私」にかえる。
⇒＜疑問詞＋疑問文 〜？＞の形ができる。

▶**59**

(1) ①**Who, is**
　　②**Jiro's, girlfriend**

(2) ①**What, his**
　　②**He, doctor**

(3) ①**What, name**
　　②**His, name**

解説 それぞれ，「だれ」「何」と，疑問詞を使っ

た疑問文なので，＜疑問詞＋be動詞＋主語〜？＞の形にする。②はそれぞれ，①の答えとなる文。

▶**60**
(1) **What, is**　　(2) **Who, is**
(3) **What, is**　　(4) **He, is**

解説 (1)名前を答えているので，What is 〜？の形にする。　(2)「ケンの姉［妹］」と答えているので，Who is 〜？の形にする。(3)職業を答えているので，What is 〜？の形にする。　(4)that old manが主語なので，He is 〜．で答える。

▶**61**
(1) あなたの名前は何ですか。
　──私の名前はユキコです。
(2) あの男の子の名前は何ですか。
　──彼の名前はビルです。
(3) 彼女はだれ［どなた］ですか。
　──彼女はホワイト夫人［先生／さん］です。
(4) こちらの男性はだれ［どなた］ですか。
　──彼は私のおじです。
(5) あちらの女性は何をする人ですか［あちらの女性の職業は何ですか］。
　──彼女は有名なピアニストです。

解説 (1)(2)What is 〜？「〜は何ですか」(3)(4)Who is 〜？「〜はだれですか」(5)What is 〜？の「〜」に（人）が来ると職業をたずねる言い方になる。

▶**62**
(1) **Who's[Who is] this baseball player?**
　── **He's[He is] Ichiro.**
(2) **Who's[Who is] that pretty girl?**
　── **She's[She is] Ayako.**
(3) **What's[What is] your mother?**
　── **She's[She is] an artist[a painter].**

解説 (1)答えの文には主語がないが，this baseball playerでたずねられているので，主語の「彼は」を補って「彼はイチローです」と答える。　(2)(1)と同様に答えの文には主語がないが，that pretty girlとたずねられているので，主語の「彼女は」を補って「彼女はアヤコです」と答える。　(3)職業をたずねるので，What's[What is]＋（人）？の形にする。

10 be動詞＋形容詞

▶**63**
(1) **Your father is not [isn't] busy.**
あなたのお父さんは忙しくありません［忙しくない］。
(2) **This cat is not [isn't] young.**
このネコは若くありません［若くない］。
(3) **Japan is not [isn't] small.**
日本は小さくありません［小さくない］。
(4) **His sister is not [isn't] pretty.** 彼の姉［妹］はかわいくありません［かわいくない］。
(5) **This picture is not [isn't] beautiful.** この絵は美しくありません［美しくない］。
(6) **My brother is not [isn't] tall.**

私の兄［弟］は背が高くありません［背が高くない］。

解説　be動詞（am, are, is）の文を否定文にするときはbe動詞の後ろにnotをつける。

＜be動詞の後ろに来る語句＞

be動詞の後ろは次の語句が考えられる。
(1)　＜be動詞＋数えられない名詞＞
(2)　＜be動詞＋a［an］（＋形容詞）＋数えられる名詞＞
(3)　＜be動詞＋「～の」（＋形容詞）＋名詞＞
(4)　＜be動詞＋形容詞＞
(5)　＜be動詞＋場所を表す語句＞
※形容詞には，(2)(3)のように名詞の前において名詞を直接修飾する用法（限定用法）と，(4)のようにbe動詞の直後において主語を説明する用法（叙述用法）の2種類がある。
※(5)のbe動詞の用法については*p.78*参照。

▶**64**

(1) **Is this pianist famous?**
こちらのピアニストは有名ですか。
―― **Yes, he［she］is.**

(2) **Are you free?**
あなたはひまですか。
―― **No, I am［I'm］not.**

(3) **Is his mother kind?**
彼のお母さんは親切［優しい］ですか。
―― **Yes, she is.**

(4) **Is that mountain very high?**
あの山はとても高いですか。
―― **No, it is not［isn't］.**

(5) **Is this car expensive?**
この車は高価ですか。
―― **Yes, it is.**

解説　be動詞（am, are, is）の文を疑問文にするときはbe動詞を文頭に出す。(1)this pianistでは性別がわからないので，答えるときにはhe, sheのいずれでもよい。

▶**65**

(1) **is, new, car**
(2) **watch, nice**
(3) **an, old, tree**
(4) **very, useful, book**
(5) **man, rich**

解説　this, thatには「これ／あれ」のほかに「この／あの」という意味があり，その場合は後ろに名詞を伴ってひとかたまりになる。その際にはa, anをつけないことにも注意。(1)「この車は新しいです」⇒「これは新しい車です」と考える。　(2)「これはすばらしい腕時計です」⇒「この腕時計はすばらしいです」と考える。　(3)「あの木は古いです」⇒「あれは古い木です」と考える。oldの前のanを忘れずに。　(4)「この本はとても有用です」⇒「これはとても有用な本です」と考える。veryは形容詞や副詞の前において「とても～」という意味を表す。　(5)「あちらは金持ちの男性ではありません」⇒「あちらの男性は金持ちではありません」と考える。

▶**66**

(1) **very, kind**　(2) **Is, busy**
(3) **very, tall**　(4) **is, famous**
(5) **Is, new**　(6) **is, rich**
(7) **Her, pretty［cute］**

▶**67**

(1) **That baseball player is great.**
(2) **This violin is very expensive.**

(3) **This room is very hot.**

(4) **Is your house big?**

(5) **Her brother is not tall.**

解説 (1)「あの野球選手」that baseball
playerが主語。 (4)Your house is big.
をまずつくり，それを疑問文にする。

▶**68**

(1) **This singer is popular in Japan.**

(2) **That tower isn't[is not] very high.**

(3) **Is this apple sweet?**

解説 (1)「日本で」はin Japanで表し，文頭か
文尾に置く。 (2)「あまり～ない」はnot
very ～で表す。 (3)This apple is sweet.
をまずつくり，それを疑問文にする。

┌─ **＜veryの使い方と意味＞** ─┐

veryは「とても」を表すが，not very
～は「あまり～ない」の意味になる。

This is a big dog.「これは大きい犬です」

This is a **very** big dog.
「これはとても大きい犬です」

This is **not** a **very** big dog.
「これはあまり大きな犬ではありません」

This dog is big.
「この犬は大きいです」

This dog is **very** big.
「この犬はとても大きいです」

This dog is **not very** big.
「この犬はあまり大きくありません」

└──────────────┘

┌─────┐
│ 第**2**回 │ **実力テスト**
└─────┘

1

(1) ア (2) ウ (3) ア

(4) イ (5) ウ

解説 (1)[iː] ア[i] イ[iː] ウ[iː] (2)[ai]
ア[ai] イ[ai] ウ[i] (3)[ei] ア[ɑː] イ[ei]
ウ[ei] ⇒「ポテト」「ネーム」はカタカナ英語
なので気をつけよう。 (4)[əːr] ア[əːr] イ
[ɑːr] ウ[əːr] ⇒大きく口を開けて[ɑːr]と発
音するか，あいまいに[əːr]と発音するかは
よく狙われるので，注意して発音を覚える
ようにしよう。

(5)[juː] ア[juː] イ[juː] ウ[ʌ]⇒[juː]は
「ユー」とのばす音で，[ʌ]は強い「ア」の発
音。

2

(1) イ (2) ウ (3) ア

(4) イ (5) ア (6) イ

(7) ア (8) イ (9) ア

(10) イ

解説 (2)Ja-panは第2音節が強く発音される
が，Jap-a-neseは第3音節が強く発音され
る。 (10)「ギター」はカタカナ英語だと平た
んに発音するか，第1音節を強く発音する
が，英語では第2音節が強く発音される。
似たものにvi-o-lin「バイオリン」があり，
第3音節が強く発音される。

3

(1) ア (2) ウ (3) イ

(4) キ (5) オ

解説 whatやwho(疑問詞)で始まる疑問
文はYes / Noで答えられないことに注意
する。また，疑問文の応答では，「私」⇔「あ
なた」を入れかえることも気をつけよう。
(1)you「あなたは」とたずねられているの
で，I「私は」で答える。 (2)that boy「あち
らの少年は」とたずねられているので，he
「彼は」で答える。 (3)I「私は」とたずねら

れているので，you「あなたは」で答える。
(4)「あの背の高い男性は何をする人ですか」
とたずねられているので，職業を答える。
(5)「あなたのお兄さんの名前は」とたずねら
れているので，「彼の名前は」で答える。

4

(1) **Who, He's**
(2) **What, He's**
(3) **Who's**

解説 (1)「私の英語の先生です」と答えている
ので，「だれ」whoを用いる。また，is that
manとたずねているので，He isで答え始
めるが，空所が1つしかないので，短縮形
のHe'sを用いる。　(2)ただ「英語の先生で
す」と答えているので，職業をたずねている
と考え，「あちらの男性は何をする人です
か」，つまり，whatを用いる。　(3)「彼女
は私の姉[妹]であるケイトです」と答えて
いるので，「彼女はだれですか」とたずねれ
ばよい。本来ならWho is she? だが，空
所が1つしかないので，短縮形のWho'sを
用いること。

5

(1) **I'm[I am] not good at swimming.**
(2) **Are you a good swimmer?**
(3) **Is that woman an English teacher?**
(4) **Is your mother an English teacher?　—— Yes, she is.**
(5) **Are you from Australia?**
(6) **Who's[Who is] that man?**
(7) **What's[What is] she?**
(8) **Andy is his friend.**

(9) **She's[She is] his mother's friend.**
(10) **Is he her student?**

解説 (1)主語Iにはbe動詞はamを用いる。
否定文だからnotをつけるのを忘れずに。
am notの短縮形amn'tはないので気をつ
けよう。　(2)主語youにはbe動詞はareを
用いる。疑問文だからbe動詞を文頭に出す。
(3)主語that womanにはbe動詞はisを用
いる。　(4)be動詞の文を疑問文にするには，
be動詞を文頭に出す。また，your mother
に対して答えるのだから，sheを用いて答
えること。　(5)「はい，そうです。私はオー
ストラリア出身です」だから，「あなたはオー
ストラリア出身ですか」とたずねればよい。
(6)下線部を疑問詞whoにかえ⇒文頭に出
し⇒残った部分を疑問形にする。　(7)職業
をたずねることになるので，下線部を疑問
詞whatにかえること。　(8)my「私の」を
「彼の」hisにかえればよい。　(9)Mrs.
Whiteは女性で，主語「〜は」だからshe，
Bob'sは男性で，「〜の」だからhisにかえ
る。　(10)Tomは男性で，主語「〜は」だか
らhe，Bob's mother's「ボブのお母さん
の」は女性で，「〜の」だからherにかえる。

6

(1) **a, new**　　　　(2) **an, old**
(3) **a, very, old**
(4) **from, Canada**　(5) **She, is**

解説 thisには「これ」という意味のほかに，
「この」という意味があり，thatには「あれ」
という意味のほかに，「あの」という意味が
ある。「この」「あの」という意味の場合は，
その後ろに名詞を伴うことにも着目しよう。
(1)「この家は新しい」⇒「これは新しい家で
す」と考える。new house「新しい家」は数

えられる名詞なので，その前にaをつけることを忘れないようにしよう。 (2)「この辞書は古いです」⇒「これは古い辞書です」と考える。old dictionary「古い辞書」は数えられる名詞なので，その前にanをつけることを忘れないようにしよう。 (3)「この建物はとても古いです」⇒「これはとても古い建物です」と考える。(2)の場合とは異なり，veryの前だからanではなく，aをつけることに注意する。 (4)「彼はカナダ人の少年です」⇒「彼はカナダ出身です」と考える。He is a Canadian. でもよいが，国籍をいう場合は形容詞を用いて，He is Canadian. とするほうがふつう。 (5)「彼女の名前はジュディーです」⇒「彼女はジュディーです」と考える。

7

(1) **his, good**　　(2) **Is, your**
(3) **My, an**　　(4) **That, isn't**
(5) **good, player**

解説 (1)「彼の仲よし」⇒「彼の良い友だち」と考える。 (2)「あなたの友だち」your friendが主語だから，be動詞はisを用いる。また，疑問文であることに注意する。 (4)否定文であることに注意する。 (5)「テニスが上手です」⇒「良いテニス選手です」と考える。また，この文は，Ken is good at tennis. に書きかえることもできる。

8

(1) **He is an American student.**
(2) **Are you happy now?**
(3) **This is an interesting movie.**
(4) **I am thirteen years old.**
(5) **The picture on the wall is**

beautiful.

解説 (1)American student「アメリカ人の学生」は数えられる名詞だから，その前にanをつける。 (2)「幸せな」はhappyで，be動詞の文になる。 (3)interesting movie「おもしろい映画」は数えられる名詞だから，その前にanをつける。 (4)年齢の言い方は＜主語＋be動詞＋〜 years old.＞となる。 (5)「壁にかかって」on the wallは，「絵」pictureを修飾している形容詞句。形容詞が1語で名詞を修飾する場合は，その名詞の前に置き，2単語以上のかたまり（句）で名詞を修飾する場合は，その名詞の後ろにおく。

9

(1) スズキ氏［さん，先生］は良い歌手ではありません［歌がうまくありません］。
(2) こちらの男性はユミのお父さんですか。——はい，そうです。
(3) あなたのおじさんは野球のファンですか。——いいえ，ちがいます。
(4) あちらの少女の名前は何ですか。——彼女の名前はミドリです。
(5) あちらの若い男性は何をする人ですか。——彼は警察官です。

解説 (1)singer「歌手」 (2)this manが主語。 (3)your uncleが主語。 (4)that girl's nameが主語で名前をたずねている。 (5)that young manが主語で，職業をたずねている。

10

(1) **Is that tall boy her friend?**
　—— Yes, he is.

(2) **Is your friend Tom from Canada?**
— **No, he isn't[is not].**

(3) **Jane's brother isn't[is not] a college[university] student.**

(4) **This cat is pretty[cute].**

(5) **Who's[Who is] that woman?**
— **She's[She is] Bob's mother's friend.**

解説 疑問文や否定文の英作文や並べかえは，いきなりやると難しいので，手間がかかるが慣れるまでは，まず肯定文にして英作・並べかえをし，それを疑問文や否定文にするとよい。

11

(1) **C**　　(2) **D**　　(3) **E**
(4) **F**　　(5) **B**

解説 位置関係を表す語句に注意して読み，地図中にそれぞれの建物の名前を書き込みながら解いていこう。

全訳 公園は駅の前にあります。ジンの街の中でいちばん大きい建物は市役所です。3つの建物が市役所の後ろにあります。3つのうちでいちばん小さい建物は花屋です。銀行は花屋と郵便局の間にあります。図書館は市役所の通りをはさんで向かい側にあります。(1)郵便局は（　　　　）です。　(2)市役所は（　　　　）です。　(3)公園は（　　　　）です。(4)図書館は（　　　　）です。　(5)銀行は（　　　　）です。

---

11 I [You] play 〜 .

▶**69**

(1) **have**

私はコンピューターを持っています。

(2) **play**　あなたはギターをひきます。

(3) **like**
私は私の犬がとても好き[大好き]です。

(4) **know**　私はその医者を知っています。

(5) **read**　あなたはこの手紙を読みます。

(6) **use**　私はこの辞書を使います。

(7) **go**　あなたは学校に行きます。

(8) **swim**　あなたはプールで泳ぎます。

(9) **speak**　あなたは英語を上手に話します。

(10) **need**　私は新しいペンが必要です。

解説 一般動詞には多くの単語があるので，一つ一つ確実に覚えていくこと。また，1つの英単語で2つ以上の日本語の意味を持っているものがあるので，新しい単語が出てきたら必ず辞書でチェックしておくように心がけよう。　(1)have にはほかに「〜を飼っている」「〜を食べる[飲む]」「〜がいる[ある]」などの意味がある。　(2)play にはほかに「（スポーツ）をする」「遊ぶ」などの意味がある。　(3)like 〜 very much ＝ love で，「とても好きだ，大好きだ，愛している」という意味になる。　(7)go to がひとかたまりなのではなく，＜go＋to 〜＞と考えること。　(8)to 〜 や in 〜 で場所を表す語句になる。**to** や **in** を「前置詞」と呼ぶ。　(9)「（人）と話す／（人）に話しかける」と言う場合には speak to 〜 とする。この場合，speak to でひとかたまりの動詞と考える。

＜一般動詞＞

「〜です」という意味を表す am, are, is を be 動詞と呼ぶのに対して，その他のさまざまな動作や状態を表す語を一般動詞と呼ぶ。一般動詞は be 動詞と一緒に使わないことに注意する。

▶*70*
(1) **like, song**
(2) **want, new**
(3) **live, in**
(4) **know, your**
(5) **play, piano**
(6) **go, to**
(7) **have, dog**
(8) **study, every**

解説 (1)「～が好きです」like～　(2)「～がほしい」want～　(3)「～に住んでいる」＜live＋in～＞　(4)「～を知っている」know～　(5)「(楽器)を演奏する」＜play the＋楽器名＞⇒楽器名には the がつくことに注意。(6)「～に行く」＜go＋to～＞　(7)「～を飼う」have～　(8)「～を勉強する」study～

▶*71*
(1) **I have a brother.**
(2) **I read a newspaper every day.**
(3) **You play tennis very well.**
(4) **I know the story.**
(5) **You want a new car.**
(6) **I clean my room.**
(7) **I write a letter.**
(8) **You watch television every day.**

解説 (1)have には「～がいる」という意味がある。(2)(8)「毎日」など、時を表す語句はふつうは文尾におく。(3)「とても上手にテニスをする」と考え、「とても上手に」は very well で表す。(4)the には「その」という意味がある。(6)「自分の部屋」⇒「私の部屋」と考えればよい。

▶*72*
(1) 私は毎日野球をします。
(2) あなた(たち)は京都に住んでいます。
(3) 私は公園に行きます。
(4) 私はいすをつくります。
(5) あなた(たち)は毎日英語を勉強します。

▶*73*
(1) **I want a new notebook.**
(2) **I like this song very much. / I love this song.**
(3) **You live in a big[large] house.**

解説 (2)「～がとても好きです」は like～ very much または love で表す。(3)「建物が大きい」と言う場合は、big と large のいずれでもよい。

12 I [You] don't play ～.

▶*74*
(1) **I don't want a new bag.**
私は新しいかばんがほしくありません。
(2) **I don't use this dictionary.**
私はこの辞書を使いません。
(3) **You don't play soccer very well.**
あなたはあまり上手にサッカーをしません。
(4) **You don't study English every day.**
あなたは毎日英語を勉強しません。
(5) **I don't live in Hokkaido.**
私は北海道に住んでいません。
(6) **I don't know that policeman.**
私はあちらの警察官を知りません。

(7) **You don't go to London.**
あなたはロンドンに行きません。

(8) **I don't read this magazine.**
私はこの雑誌を読みません。

(9) **You don't have a dog.**
あなたは犬を飼っていません。

(10) **You don't need a new bicycle.**
あなたは新しい自転車が必要ではありません。

解説 be動詞 (is, am, are) の文を否定文にするにはbe動詞の後ろにnotをおけばよいが，一般動詞には直接notをつけることができない。⇒＜主語＋do not[don't]＋一般動詞 〜．＞の形にする。なお，解答のdon'tはdo not でもよい。 (3)not very 〜は「あまり〜ない」と訳す。 (7)to 〜は「〜へ／に」という方向を表す。 (9)haveにはいろいろな意味があるが，「持っている，飼っている／〜がいる，ある／飲む，食べる」は覚えておこう。

▶**75**
(1) **do, not, make**
(2) **don't, live**
(3) **don't, baseball, well**
(4) **do, read**
(5) **don't, know**
(6) **don't, walk**
(7) **do, not, need**
(8) **want, don't, want**

解説 空所の数によって，do notとするか，don'tと短縮形にするかをよく考えること。(6)You don't[do not] go to school on foot. に書きかえられる。 (8)ここのbutは「〜が／しかし」という意味で，and「〜と／そして」，or「〜か／または」と同じく，文と文をつなぐ接続詞の仲間である。

▶**76**
(1) **I don't swim in this pool.**
(2) **You do not have a hamster.**
(3) **I don't speak English.**
(4) **I do not know that boy.**
(5) **You don't live in Japan.**
(6) **I don't play basketball.**
(7) **You don't need a new car.**
(8) **I don't watch this program.**

解説 (1)「プールで泳ぐ」は「プールの中で泳ぐ」だから，swim in the poolとする。(2)「飼う」はhaveで表す。 (5)「日本に住んでいる」は「日本の中に住んでいる」だからlive in Japanとする。

▶**77**
(1) 私には仲の良い友だち[親友]がいません。
(2) あなた（たち）はこの辞書を使いません。
(3) 私はバイオリンをひきません。
(4) あなたは黒いネコを飼っていません。
(5) 私は私の数学の先生が好きではありません。

解説 一般動詞の否定文は「〜しません」と訳す。(2)(3)「使えません」，「ひけません」などのように「〜できません」という意味を含めて訳さないようにすること。また，(5)を「嫌いです」と訳さない。⇒dislike「嫌いです」，hate「憎みます」のように，それぞれの意味を表す単語がある。

▶**78**
(1) **I don't[do not] like this flower.**
(2) **I don't[do not] go to high school.**
(3) **I don't[do not] live in a**

new house.

解説 (1)まず，肯定文の「私はこの花が好きです」I like this flower. をつくり，それを否定文にするとミスが少ない。 (2)肯定文は I go to high school. (3)肯定文は I live in a new house.

13 Do you play ～ ?

▶**79**

(1) **Do you know Mr. Brown?**
あなたはブラウン氏 [さん／先生] を知っていますか。

(2) **Do you play the guitar?**
あなたはギターをひきますか。

(3) **Do you study English hard?**
あなたは英語を一生懸命に [熱心に] 勉強しますか。

(4) **Do you eat vegetables?**
あなたは野菜を食べますか。

(5) **Do you use this dictionary?**
あなたはこの辞書を使いますか。

(6) **Do you need an umbrella?**
あなたはかさが必要ですか。

(7) **Do you like pop music?**
あなたはポピュラー音楽が好きですか。

(8) **Do you run in the park?**
あなたは公園で走りますか。

解説 be動詞 (is, am, are) の文を疑問文にするときには，be動詞をそのまま文頭に出せばよかったが，一般動詞を直接文頭に出すことはできない。⇒＜ **Do** ＋主語＋一般動詞～ **?** ＞の形にする。

▶**80**

(1) **ア**   (2) **エ**   (3) **イ**

(4) **ア**   (5) **イ**

解説 一般動詞の疑問文に対して Yes/No で答えるには，Yes, ～ do./No, ～ don't [do not]. とする。you「あなたは」でたずねられたら I「私は」，I「私は」でたずねられたら you「あなたは」で答える点にも注意しよう。

▶**81**

(1) **Do, do**   (2) **Are, am**

(3) **Do, don't**   (4) **Are, I'm, not**

(5) **Do, I, don't, play**

解説 文頭に be動詞 (Am, Are, Is) を用いて疑問文にするか，Do を用いて疑問文にするかは，主語の後ろに一般動詞があるかないかで見分ける。 (2)(4)は主語 you の後ろに一般動詞がないので，be動詞の疑問文と考えられる。

▶**82**

(1) **Do, watch, I**

(2) **Do, speak, Yes**

(3) **Do, like, don't**

(4) **Do, know, do**

解説 日本文に一般動詞(1)「見ます」，(2)「話します」，(3)「好きです」，(4)「知っています」が用いられているので，一般動詞の疑問文になる。

▶**83**

(1) **Do you have a red hat?**

(2) **Do you play in this room?**

(3) **Do you go to the station (often)?**

(4) **Do you read a newspaper every day?**

(5) **Do you want a new bicycle?**

解説 日本文に一般動詞(1)「持っています」，

(2)「遊びます」, (3)「行きます」, (4)「読みます」, (5)「ほしいです」が用いられているので, 一般動詞の疑問文になる。⇒＜**Do**＋主語＋一般動詞～？＞の形にすればよい。

14 A or B の疑問文

▶**84**

(1) **Do you play tennis or golf?**

(2) **Are you a doctor or a pilot?**

(3) **Do you want a hat or a cap?**

(4) **Is he American or Japanese?**

解説 ＜疑問形＋A or B ？＞を選択疑問文と言い, be動詞の疑問文や一般動詞の疑問文を選択疑問文にすることができる。つくり方は, ふつうの疑問文の後ろに or B をつければよい。ただし, A と B は対等の関係 (同じ形) でなければならない。選択疑問文はYes/No では答えられず, ＜主語＋動詞～.＞の形で答える。

▶**85**

(1) イ　　(2) ア　　(3) ア

(4) エ

解説 or を使った選択疑問文は Yes/No で答えられない。(1)Do you play ～？だから I play ～. で答える。　(2)Is that girl ～？だから She is ～. で答える。　(3)Is this ～？だから It is ～. で答える。　(4)Do you go ～？だから I go ～. で答える。

▶**86**

(1) **Is, or, It**　　(2) **Do, or, like**

(3) **Is, or, It**　　(4) **Are, or, am**

解説 (1)be動詞の疑問文で, this が主語なので文頭は Is とし, It is ～. で答える。

(2)like があるので文頭は Do を使い, I like

～. で答える。　(3)be動詞の疑問文で, that が主語なので文頭は Is とし, It is ～. で答える。　(4)be動詞の疑問文で, you が主語なので文頭は Are とし, I am ～. で答える。

▶**87**

(1) **Do, tea, like**

(2) **Is, an, It**

(3) **Is, guitar, is**

(4) **Are, or, I, am**

解説 (1)一般動詞 like があるので, 文頭はDo にし, 「紅茶」tea は数えられない名詞なので a をつけない。　(2)一般動詞が使われていないので be動詞の疑問文で, this が主語なので, 文頭は Is とし, It is ～. で答える。(3)be動詞の疑問文で, that が主語なので, 文頭は Is とし, It is ～. で答える。　(4)be動詞の疑問文で, you が主語なので, 文頭は Are とし, I am ～. で答える。

▶**88**

(1) **Is your house new or old?**

(2) **Is that a plane or a bird?**

(3) **Do you use a pencil or a ballpoint pen?**

解説 (1)まず肯定文 Your house is new. をつくり, ⇒疑問文 Is your house new? にして, ⇒文尾に or old をつける。　(2)That is a plane.⇒Is that a plane? にして, or a bird を文尾につける。a plane/a bird と形が同じになることにも注意しよう。(3)You use a pencil.⇒Do you use a pencil? にして, or a ballpoint pen を文尾につける。

15 the；oneの用法

▶*89*

(1)	**the**	(2)	**×**	(3)	**the**
(4)	**one**	(5)	**a, an**	(6)	**×**
(7)	**a, one**	(8)	**The**	(9)	**the**
(10)	**an**				

解説 (1)＜play the＋楽器名＞「楽器を演奏する」 (2)＜play＋スポーツ名＞「（スポーツ）をする」⇒楽器名にはtheをつけるが，スポーツ名にはつけない。 (3)in the sea「海で」 (4)本来ならばa new dressだが，名詞の繰り返しを避けるためにa new oneとする。「新しいドレス」は不定の1着だからoneを使う。 (5)「バナナ」「リンゴ」は話に初めて出てきた数えられる名詞の単数形だからaをつける。 (6)sisterは数えられる名詞だが，「～の」を表す語がつくとa／anはつけない。 (7)「黒いネコ」は話に初めて出てきた数えられる単数形の名詞だからaをつける。また，「白いネコ」は本来ならばa white catだが，名詞の繰り返しを避けるためにoneを使う。 (8)「月」は常識的に1つしかないものだからtheをつける。⇒天体名にはtheをつける。 (9)racketは前の文に出た名詞だからtheをつける。 (10)a monkeyだが，oldがついているために母音から始まるのでanを使う。

＜不定冠詞a/anと定冠詞theの用法＞
◇不定冠詞a/anの用法
(1) 話に初めて出てきた，数えられる名詞の単数形につける。
(2) 具体的な「1つの」という意味。
(3) 任意の，どれでもよい「1つ」など
◇定冠詞theの用法
(1) すでに前で出た名詞につける。
(2) 周囲の状況から特定することが可能な名詞につける。
(3) （常識的に）1つしかないものを表す名詞につける。
(4) 楽器名の前につける。
(5) 慣用的な用法：in *the* morning など

＜oneとitのちがい＞
すでに出た名詞の繰り返しを避けるために代名詞を用いなければならないが，不特定のものを指す場合，つまり＜a [an]＋単数名詞＞の代わりにone（「不定代名詞」という）を用い，特定のものを指す場合，つまり，＜the＋単数名詞＞の代わりにitを用いる。 また，oneにはa new one, the oneのように修飾語句をつけることができる。ただし，×a oneにはできない。

▶*90*

(1) **I play golf.**
(2) **The earth is round.**
(3) **I walk in the morning.**
(4) **You play the piano very well.**
(5) **I have a big dog. This is the dog.**

解説 (1)スポーツの名前は通例，無冠詞。 (2)earth「地球」は天体なのでtheをつける。 (3)in the morningは慣用的な用法。 (4)楽器名の前にはtheをつける。 (5)2度目に出てきたdogなのでtheにする。

トップコーチ
● 無冠詞：a／an／theをつけない
(1) 施設・建物が本来の目的を表す場合
　例えば，school「学校」を1つの建物として考えるのではなく，勉強などが行われる「場」としてとらえる場合，つ

まり，あるものの「働き」や「役割」に
焦点を当てると無冠詞になる。
　［例］go to school「通学する」
(2) 交通・通信の手段を表す場合
　［例］by train「電車で」，
　by telephone「電話で」　など
(3) 呼びかけ / 役職が補語になる場合 / 食
　事・スポーツ・ゲームの名前　など
　［例］Father! / He's captain.「彼 が
　キャプテンだ」/ eat lunch / play
　tennis / play cards
(4) 2つの名詞が対になっている場合
　［例］day and night「昼も夜も」，day
　by day「日ごとに」
(5) 慣用的な用法
　［例］at noon「正午に」，in fact「実際」

▶**91**
(1) **the, morning**
(2) **new, one**
(3) **The, sky**
(4) **swim, the**
(5) **don't, the**
(6) **don't, the**

解説 (1)「早起き」⇒「朝，早く起きる」と考え
る。　(2)「新しい自転車」a new bicycleだ
が，名詞の繰り返しを避けるためにoneを
使う。　(3)「空」は1つしかなく，誤解の余
地がないものを指しているのでtheを用い
る。　(4)(5)は慣用的な用法。　(6)楽器名の
前にはtheをつける。

▶**92**
(1) **Do you go to the movies
    every month?**
(2) **The singer is famous all
    over the world.**
(3) **Is Bob in the room?**

(4) **I want a big one.**
(5) **This is the picture.**
(6) **Do you play the ukulele?**
(7) **The moon is full tonight.**
(8) **Do you run in the park?**

解説 (1)movieにsがついているが，これを
「複数のs」といい，2以上を表す場合に名
詞につける。くわしくは*p.34*を参照のこと。
go to the moviesは「映画に行く」という
意味を表す決まった言い方。　(2)worldは
1つしかないのでtheをつける。all over
the worldは決まった言い方なので，覚え
ておこう。　(3)ここのroomは周囲の状況
から特定できるので，the roomになる。
(4)＜too＋形容詞＞で「～すぎる」という意
味を表す。　(7)「今夜，月は満ちています」
と考える。「満月」**a full moon**，「半月」**a
half moon**とするが，これは月が見せる
いろいろな側面の「1つ」なので不定冠詞**a**
を使う。

▶**93**
(1) 私はこのカメラが好きではありません。
　私は新しいもの［カメラ］がほしいです。
(2) 私は朝，歩いて［徒歩で］学校へ行きま
　す。
(3) 私はあなた（たち）の数学の先生を知り
　ません。彼がその数学の先生ですか。

解説 (1)oneはcameraの代わりをしている。
(2)in the morning「朝に，午前中に」。次
の言い方も覚えておこう。「午後に」in the
afternoon，「夕方に」in the evening，「夜
に」at night　(3)話に初めて出てきた「1つ
の具体的なもの・こと・人」にはa/anをつ
けるのに対し，話し手にも聞き手にもわか
る「特定のもの・こと・人」にはthe「その」
をつける。

第**3**回	**実力テスト**

1

(1) エ　　(2) ウ　　(3) ア　　(4) ウ

解説 (1)[ɑːr] ア[əːr] イ[əːr] ウ[ɔː] エ[ɑːr]
⇒[ɑːr]か[əːr]かはよく狙われるので注意
して発音を覚えるようにしよう。
(2)[θ] ア[ð] イ[ð] ウ[θ] エ[ð] ⇒thの発音
は，にごる音[ð]か，にごらない音[θ]かで
判断する。　(3)[k] ア[k] イ[tʃ] ウ[tʃ] エ
[tʃ] ⇒chの発音は，[k]と発音するか，[tʃ]
と発音するかのいずれか。　(4)[i] ア[ʌ] イ
[u] ウ[i] エ[ai]

2

(1) **drink**　(2) **know**　(3) **watch**
(4) **do**　(5) **read**　(6) **play**
(7) **listen**　(8) **study**　(9) **have**
(10) **begin**

解説 一般動詞の意味と文の流れを確認しな
がら選ぶこと。(1)「私は毎朝牛乳を（飲みま
す）」(2)「あなたは彼のお母さんを（知って
います）か」(3)「あなたは夕食後テレビを
（見ます）」(4)「私は夕食前に宿題を（しま
す）」do *one's* homework「宿題をする」
(5)「あなたは午前中に新聞を（読みます）」
(6)「私は毎日ドラムを（演奏します）」⇒
＜play the＋楽器名＞「（楽器）をひく」
(7)「あなたは車の中でラジオを（聞きます）
か」⇒listen to 〜「〜を聞く」(8)「あなた
は学校で社会を（勉強します）か」(9)「あな
たはかばんの中に何を（持っています）か」
⇒「あなたのかばんの中に何が入っています
か」と訳すほうがよい。(10)「あなたは何時
に授業を（始めます）か」⇒begin「始める」

3

(1) ウ　　(2) オ　　(3) ア
(4) イ　　(5) カ

解説 まず，Yes / Noで答えられる疑問文か
どうかを考えること。(1)「あなたのお父さ
んは何をする人ですか」⇒職業をたずねてい
る。(2)「あなたはどの季節が好きですか」
(3)「あなたは中国語を話しますか，それとも
フランス語を話しますか」(4)「あれは新し
い本ですか，それとも古い本ですか」⇒答え
の文のoneはbookの代わりをする代名詞。
(5)「あなたは新しいペンがほしいですか」
⇒I want it. で答えると，itは特定のもの
（the pen）を指すので不適当。新しいペン
ならどれでもよい（不特定）わけだから，
one（＝ a pen）で答えること。

4

(1) **I walk to school every**
　morning.
(2) **Do you live in a big town?**
(3) **Is that man your father or**
　your uncle?
(4) **I do not drink coffee in the**
　morning.
(5) **What animal do you like?**

解説 まず，be動詞の文か，一般動詞の文か
を考えよう。be動詞と一般動詞を一緒に用
いないようにする。(1)「私は毎朝，学校に
歩いて行きます」⇒一般動詞の文で，「〜に
歩いて行く」はwalk to 〜。amは削除す
る。(2)「あなたは大きな町に住んでいます
か」⇒一般動詞の疑問文だから文頭はDoに
する。「〜に住む」はlive in 〜。(3)「あの
男性はあなたのお父さんですか，それとも
あなたのおじさんですか」⇒be動詞の文。
(4)「私は朝，コーヒーを飲みません」⇒一般

動詞の否定文だからdo notを用いる。「朝に, 午前中に」はin the morning。　(5)「あなたは何の動物［どんな動物］が好きですか」⇒一般動詞の疑問文。「何の動物」だからwhat animalでひとかたまりになる。

5

(1) **Do you like music?**

(2) **Do you have a new bike?**

(3) **What do you eat for breakfast?**

(4) **What do you do after school?**

(5) **What do you do after dinner?**

解説　(1)Yes, I do. で答えているので, 一般動詞の疑問文でたずねる。　(2)Is your bike new? としたいところだが, それだとNo, it isn't. で答えることになる。**No, I don't.** で答えるためには, 一般動詞の疑問文でなければならないので, 「あなたは新しい自転車を持っていますか」とたずねればよい。　(3)下線部を疑問詞whatにかえ⇒文頭に出し⇒残った部分を疑問文の語順にする。ただし, 疑問文の応答では, 「私」⇔「あなた」にかえなければならない。**bread and butter**「バターを塗ったパン」《単数扱い》　(4)下線部に動詞が含まれる場合は, それを一般動詞のdo「〜する」にかえてから, 上記の手順を踏むこと。　(5)(4)と同様に考える。

6

(1) **sing, very, well**

(2) **Do, come, from**

(3) **don't, have, hair**

(4) **your, student**

(5) **What, class, like**

解説　(1)「あなたはとても良い歌手です」⇒「あなたはとても上手に歌います」と考える。(2)「あなたは韓国出身ですか」⇒「あなたは韓国から来ていますか」と考える。　(3)「私の髪は長くありません」⇒「私は長い髪を持っていません」と考える。　(4)「あなたはアンディーを教えます」⇒「アンディーはあなたの生徒です」と考える。　(5)「あなたのお気に入りの授業は何ですか」⇒「あなたはどの［何の］授業が好きですか」と考える。

7

(1) **walk, to**　　(2) **speak, well**

(3) **What, do**　　(4) **What, do, in**

解説　(1)「歩いて〜に行く」は**walk to 〜**, または, **go to 〜 on foot**を用いる。**on foot**「徒歩で」　(2)「上手に, よく」well　(3)eatが使われているので, 一般動詞の疑問文にする。　(4)「手に」は「手の中に」と考え, inを用いる。

8

(1) **I don't like this cap.　I want a new one.**

(2) **I have an old stamp.　This is the stamp.**

(3) **The moon is very bright tonight.**

(4) **I swim in the sea every summer.**

解説　(1)「新しい帽子」ならどれでもよい (不特定)のだから**a new one**とする。(2)「その切手」と特定するのだから, the「そ

の」を用いる。　(3)天体を言うときにはthe をつける。ほかにも the sun「太陽」，the earth「地球」を覚えておこう。　(4)「海で」 **in the sea** 海の中で泳ぐのだからinを用 い，「海」はthe seaとする。

9

(1) あなたはとても上手に日本語を話します。

(2) あなたは大きな犬を飼っていますか。 ——いいえ，飼っていません。私は小さい犬を飼っています。

(3) あなたは(あなたの)新しい先生が好きですか，クミ。——はい，好きです。

(4) あなたは手助けが必要ですか[手伝いましょうか]。

(5) ケンと彼の兄[弟]はタナカ氏[さん，先生]に手紙を書きません。

解説 (2)oneはdogを指す代名詞。　(4)その まま訳すと「あなたは手が必要ですか」となる が，handには「手助け(＝help)，援助」と いう意味がある。　(5)＜write to＋(人)＞ 「(人)に手紙を書く」

10

(1) **I go to school by train every day.**

(2) **You and I don't[do not] play tennis after school.**

(3) **I study at home on Sunday(s).**

(4) **What do Nancy and her brother do in the living room before dinner[supper]?**

(5) **What color do you like?**

—— **I like green.**

解説 (1)「電車で通学する」⇒「学校に電車で 行く」と考える。　(2)「あなたと私は」you and Iが主語。「放課後」はafter schoolで 表す。　(3)「家で」**at home**　(4)「ナンシー とお兄さんは」Nancy and her brotherが 主語。「居間で」は**in the living room**で 表す。また，「夕食」はdinnerでもsupper でもよい。本来，**dinner**は「正餐」，つま りその日のうちでいちばん正式な(豪華な) 食事のこと。　(5)「どんな色」はwhat colorで表す。

11

(1) ①ぼくはオーストラリア(のこと)をよく知りません。

(2) ②あなたは手に何を持っているのですか。

(3) ウ

(4) **What is it?**

(5) イ

解説 (1) ① not ～ well「よく～ない」と訳 す。② in *one's* hand「手(の中)に」　(2)文 の流れからYes / Noを考え，be動詞の文 か一般動詞の文かに注意すること。　(3)「そ れ」はふつうitで表す。　(4)そのまま訳すと 「それは良さそうに聞こえる」(sound「聞 こえる」)となるが，転じて「良さそうだね」 や「いいね」といった意味になる。

全訳

ナンシー：こんにちは，お会いできてうれし いです。私の名前はナンシーです。私はオー ストラリア出身です。

ジン：こちらこそ，お会いできてうれしいです。 ぼくはジンです。ぼくはオーストラリア(の こと)をよく知りません。あなたの国につい てぼくに教えてくれますか。

ナンシー：はい。それはとても大きな国で，多くの種類の野生動物がそこにいます。例えば，コアラ，カンガルーなどです。

ジン：あぁ，すばらしいですね。ところで，あなたは手に何を持っているのですか。

ナンシー：あら。これですか。これはクリケットのバットです。あなたは「クリケット」を知っていますか。

ジン：いいえ，知りません。それは何ですか。

ナンシー：それはオーストラリアでとても人気のあるスポーツです。それは野球に似ています。あなたは野球をしますか，ジン。

ジン：はい，します。ぼくは野球チームの一員です。

ナンシー：それはいいですね。このバットでボールを打つのです。それはとてもおもしろいですよ。

ジン：おもしろそうですね。今日の午後，そのやり方をぼくに教えてくれませんか。

ナンシー：もちろん。

16 | I have two dogs.

▶**94**

(1) **cups**　　　(2) ×

(3) **men**　　　(4) **ladies**

(5) **cities**　　(6) **women**

(7) **classes**　(8) **children**

(9) **teeth**　　(10) **books**

(11) ×　　　　(12) **deer**

(13) **countries**　(14) **leaves**

(15) **fish**　　(16) **sheep**

解説 (2)(11)ふつうは複数形にしない。ただし，three Toms「3人のトム」やtwo Koreas「2つの朝鮮」のように言うことはある。

＜複数形のつくり方＞

(1) ふつうはそのまま s をつける。

(2) -s, -sh, -ch, -x で終わる語には es をつける。

(3) ＜子音字＋y＞で終わる語は，y を i にかえて es をつける。
⇒key「カギ」などのように＜母音字＋y＞で終わる語はそのまま s をつける。

(4) -f, -fe で終わる語は，f, fe を v にかえて es をつける。
⇒roof「屋根」は例外で，roofs になる。

このように，s, es をつけて複数形にするものを「規則変化」をする名詞と呼ぶ。

(5) s, es をつけるのではなく，その語自体が変化する「不規則変化」をする名詞もある。
　[例]　man「男」⇒men
　　　　woman「女」⇒women
　　　　tooth「歯」⇒teeth
　　　　foot「足」⇒feet
　　　　child「子ども」⇒children
　　　　mouse「ネズミ」⇒mice など

(6) 単数形と複数形が同じもの（単複同形）もある。
　[例]　fish「魚」，sheep「ヒツジ」，deer「シカ」　など

(7) 常に複数形で用いるもの
　[例]　glasses「メガネ」，shoes「くつ」，trousers, pants「ズボン」

▶**95**

(1) **A**　(2) **C**　(3) **B**

(4) **B**　(5) **A**　(6) **C**

(7) **A**　(8) **C**　(9) **B**

(10) **B**

解説 [s][z][ʃ][tʃ][dʒ]で終わる語の後の s, es は[iz]。[s][ʃ][tʃ]以外の無声音で終わる後の s, es は[s]。[z][dʒ]以外の有声音で終

わる語の後の s, es は [z]。※有声音は発音するときに声帯がふるえる音を言う。発音するときにのどに手をあててみて振動を感じるのが有声音，感じないのが無声音である。

▶**96**

(1) **brothers**　　(2) **knives**

(3) **dictionaries**　　(4) **songs**

(5) **toothbrushes**

解説 (1)〜(4)数えられる名詞で，その前に two という数詞，some, any といった複数を表す語がついているので複数形にする。ただし，some; any は数えられない名詞とともに使うこともできるので，注意しておこう。[例]I want some coffee.　(5)tooth「歯」の複数形は teeth だが，「歯ブラシ」は toothbrush であり，teethbrush とは言わない。toothbrush は -sh で終わる単語なので -es をつけて複数形にする。

▶**97**

(1) **an**　　(2) **any**

(3) **any**　　(4) **some**

(5) **a**　　(6) **any**

解説 (1)orange が単数で母音で始まる語だから an をつける。　(2)cats が複数で疑問文だから any を使う。　(3)flowers が複数で否定文だから any を使う。　(4)songs が複数で肯定文だから some を使う。(5)sweater は単数で，new は子音で始まる語だから a をつける。　(6)cookies が複数で否定文だから any を使う。

　＜単数形と複数形＞

(1) 数えられる名詞が1つ［人］（＝単数）ある場合，名詞の前に a[an] をつける。

　　[例]I have *a* new racket.

(2) 数えられる名詞が2つ［人］以上（＝複

数）ある場合，その名詞を複数形にする。このとき，a / an はつけない。

　　[例]I have two new rackets.

　＜ some と any ＞

some と any はともに「いくつかの，何人かの，いくらかの」という意味を表し，some は肯定文で，any は疑問文・否定文で使う。

[例]You have **some** books.

「あなたは何冊かの本を持っている」

Do you have **any** books?

「あなたは何冊かの本を持っていますか」

—— Yes, I do.「はい，持っています」

—— No, I don't.

「いいえ，（1冊も）持っていません」

You don't have **any** books.

「あなたは1冊も本を持っていません」

※not 〜 any は「1つ［人］も〜ない」と訳す。

▶**98**

(1) **three, bicycles[bikes]**

(2) **many, cousins**

(3) ①**Do, any, dogs**

　　②**three, dogs**

(4) **two, sons**

(5) **don't, any**

(6) **two, Japanese**

(7) **any, questions**

(8) **three, umbrellas**

(9) ①**Do, knives**

　　②**don't, knives**

(10) **sunglasses**

解説 (1)「3台の自転車」と考え，three bicycles[bikes] とする。　(3)①「何匹かの犬」と考え，疑問文だから any dogs とする。②「3匹の犬」と考え，three dogs とする。

(5)「1時間もない」と考え，not ～ any classesとする。 (6)Japaneseは単複同形。 (7)「何本かの花」と考え，some flowersとする。 (8)「3本のかさ」と考え，three umbrellasとする。 (9)②「1本のナイフも～ない」だからnot ～ any knivesとする。 (10)glasses「メガネ」と同様，複数形で用いる。数えるときはa pair of ～，two pairs of ～とする。

▶ **99**

(1) **Do you have any good friends?**

(2) **I have some erasers in my pencil box.**

(3) **Do you have any children?**

(4) **I have three aunts.**

(5) **I don't have any money today.**

(6) **I watch movies on TV.**

(7) **You have five dogs.**

(8) **I need seven oranges for lunch.**

(9) **I use two computers.**

(10) **Do you know any English songs?**

(11) **Do you need any dictionaries?**

(12) **I make many cakes every Saturday.**

(13) **Do you write a letter to your mother?**

(14) **You have a lot of comic books.**

解説 (2)「私の筆箱の中に」in my pencil box (3)「あなたは何人かの子どもがいますか」と考える。 (5)「全く持っていない」だ

からnot ～ anyとする。todayは強調するときは文頭に置くことができる。 (6)「テレビで」on TV (8)「昼食用に」⇒「昼食のために」for lunch (12)every Saturdayは文頭におくことができる。 (14)「たくさんの～」はmany ～ のほかに，a lot of ～, lots of ～, (a) plenty of ～, a number of ～などで表せる。

▶ **100**

(1) **Do you have any pencils?**

(2) **I don't[do not] need any boxes.**

(3) **I make some sandwiches for lunch every day.**

(4) **I have six classes today.**

(5) **I have five carp in the pond.**

(6) **I watch two videos every Saturday evening.**

(7) **Do you have an[one] English book?**

解説 (1)疑問文にするのだからsome⇒any にかえるのを忘れずに。 (2)「1つも～ない」はnot ～ anyで表す。また，some, any の後ろは数えられる名詞の複数形または数えられない名詞だから，「1つも～ない」なのにboxesと複数形になることにも注意する。 (3)肯定文にするのだからany⇒some にかえるのを忘れずに。 (4)「6時間の」だからclassを複数形にする。 (5)「5匹の」だからcarpを複数形にするのだが，carpは単複同形であることに注意。 (6)「2本の」だからvideoを複数形にする。 (7)「1冊の」だからbooksを単数形にして，Englishがあるので，その前にanまたはoneをつける。

▶101

(1) 私はたくさんのおもしろい本を持っています。

(2) 私にはアメリカ人の友だちは1人もいません。

(3) あなたはアップルパイは好きですか。

(4) 私はカレー料理用にいくつかのジャガイモが必要です。

解説 (1)manyは「たくさんの」という意味を表し、その後ろには数えられる名詞の複数形が続く。数えられない名詞が「たくさん」という場合は、muchを使う。
[例] I eat **many** apples.
I drink **much** coffee.

▶102

(1) **I don't have any daughters.**

(2) **I have many[a lot of / lots of など] English books.**

(3) **Do you need any roses?**

(4) **Do you have any American friends?**

(5) **I visit my parents once a month.**

(6) **He is one of my good friends.**

解説 (3)(4)「何本かの」「何人かの」は疑問文・否定文ではanyを使う。 (5)once a monthのaは「〜につき」という意味。 (6)「〜のうちの1つ[1人]」は<one of＋名詞の複数形>で表す。

17 We [You, They] are 〜 .

▶103

(1) **They** 彼らは医者です。

(2) **We** 私たちはテニス選手です。

(3) **He** 彼はジョージです。

(4) **he** 彼はパイロットですか。

(5) **They** それらは年老いています。

(6) **They** 彼らはとても親切です。

(7) **She** 彼女は良いダンサー［ダンスが上手］です。

(8) **They** それらはおもしろい。

(9) **You** あなたたちはサッカーのファンです。

(10) **it** それは白いですか。

解説 まず、単数か複数かを考え、1人称(私)、2人称(あなた)、3人称(彼・彼女・それ)を考える。(1)「あなたの両親は」⇒「彼らは」(2)「アキと私は」⇒「私たちは」 (3)「あの少年は」⇒「彼は」 (4)「あなたの父は」⇒「彼は」 (5)「私の犬(複数)は」⇒「それらは」 (6)「ケンの兄[弟](複数)は」⇒「彼らは」 (7)「あなたの母は」⇒「彼女は」 (8)「あなたの本(複数)は」⇒「それらは」 (9)「あなた(たち)と私の姉[妹]は」⇒「あなたたちは」 (10)「あなたのネコ(単数)は」⇒「それは」

<代名詞の複数形>
◇we「私たちは」/ our「私たちの」
◇you「あなたたちは」/ your「あなたたちの」
◇they「彼らは，彼女たちは，それらは」/ their「彼らの，彼女たちの，それらの」
※「〜は[が]」の意味を表す代名詞を主格，「〜の」の意味を表す代名詞を所有格と呼ぶ。
※主語が複数形の場合，be動詞はareを使う。

▶104

(1) **their**　　(2) **Our**

(3) **Her, your**　(4) **their**　(5) **Your**

(6) **our**　　(7) **his**　　(8) **Its**

(9) **Their**　　(10) **our**

解説 それぞれ，後ろに名詞があるので所有格「～の」にする。

▶**105**

(1) **am**　(2) **are**　(3) **are**

(4) **are**　(5) **is**　(6) **are**

(7) **are**　(8) **are**　(9) **are**

(10) **are**　(11) **is**

解説 主語がIのとき⇒be動詞はam，主語がyouまたは複数のとき⇒be動詞はare，主語がI, you, 複数以外のとき⇒be動詞はisを用いる。(1)主語はI。　(2)主語はTom and Mike（複数）＝They。　(3)主語はThey（複数）。　(4)主語はYou（複数）。⇒playersとなっているので，複数のyouと考える。　(5)主語はThis orange＝It。(6)主語はWe（複数）。　(7)主語はKiyomi and I（複数）＝We。(8)主語はHis sisters（複数）＝They。(9)主語はThese。theseはthisの複数形なので，be動詞はareを用いる。(10)主語はYour cat and dog（複数）＝They。　(11)主語はKate（単数）＝She。

▶**106**

(1) **Those are not[aren't] my cars.**

あれらは私の車ではありません。

(2) **My brothers are not[aren't] tall.**

私の兄[弟]たちは背が高くありません。

(3) **We are not[aren't] Japanese.**

私たちは日本人ではありません。

(4) **They are not[aren't] my friends.** 彼らは[彼女たちは]私の友だちではありません。

(5) **My father and brother are not[aren't] baseball fans.** 私の父と兄[弟]は野球ファンではありません。

解説 すべてareが動詞（be動詞の文）なので，否定文にするにはareの後ろにnotを置けばよい。

▶**107**

(1) **Are you good soccer players?** あなたたちは良いサッカー選手[サッカーが上手]ですか。

—— **Yes, we are.**

(2) **Are his parents very busy?** 彼の両親はとても忙しいですか。

—— **Yes, they are.**

(3) **Are these books difficult for you?** これらの本はあなたにとって難しいですか。

—— **No, they are not[aren't].**

(4) **Are you and Bob good pianists?** あなたとボブは良いピアニスト[ピアノが上手]ですか。

—— **No, we are not[aren't].**

(5) **Are these apples sweet?** これらのリンゴは甘いですか。

—— **Yes, they are.**

解説 すべてareが動詞（be動詞の文）なので，疑問文にするにはareを文頭に出せばよい。答えるときは，＜I, you, he, she, it, we, you（複数）, they＞のいずれを主語にして答えるかをよく考えよう。(1)playersと複数形になっているので，ここのyouは複数形。答えるときはweを主語にする。　(2)his parentsが主語なので，theyで答える。　(3)these booksが主語なので，theyで答える。　(4)you and Bobが主語なので，weで答える。　(5)these applesが主語なので，theyで答える。

▶**108**

(1) エ　　(2)　ア　　(3)　ア　　(4)　イ

(5)　ウ　　(6)　イ　　(7)　エ　　(8)　ア

(9)　エ　　(10)　ウ

解説　(1)teachers と複数形になっているの
で，この文の主語you は複数のyou と考え
る。⇒we で答える。　(2)Miki and Keiko
が主語なので，they で答える。　(3)your
dogs が主語なので，they で答える。
(4)these girls が主語なので，they で答え
る。　(5)Who（疑問詞）の文なので，Yes /
No で答えない。the ladies が主語なので，
They are 〜．で答える。　(6)What（疑問
詞）の文なので，Yes / No で答えない。
those men が主語なので，They are 〜．
で答える。　(7)or を用いた選択疑問文なの
で，Yes / No で答えない。you が主語なの
で，I am 〜．またはWe are 〜．で答える。
※ここの疑問文だけではyou が単数か複数
かを判断する材料がない。選択肢にI がない
ので，結果的に複数のyou ということがわ
かる。　(8)those が主語なので，they で答
える。　(9)your parents が主語なので，
they で答える。　(10)or を用いた選択疑問文
なので，Yes / No で答えない。these が主
語なので，They are 〜．で答える。

┌─────────────────────┐
│　　**＜these と those＞**　　　│

◇these（this の複数形）

　代「これらは」　形「これらの」

◇those（that の複数形）

　代「あれらは」　形「あれらの」

※代名詞のthis, that でたずねられたらit
で答えるが，**these, those** でたずねられ
たらit の複数形**they** で答える。
└─────────────────────┘

▶**109**

(1) **They are Australian boys.**

(2) **Are you and your sister
good nurses?**

　　―― Yes, we are.

(3) **We are actresses.**

(4) **These are grapefruits.**

(5) **Those are my hats.**

(6) **Are we good pianists?**

　　―― Yes, you are.

(7) **She is a French girl.**

(8) **This is his knife.**

(9) **That is a beautiful flower.**

解説　(1)主語He を複数形にするとThey で，
主語が複数だからbe動詞はare を用いる。
be動詞はその左と右の語をイコールで結ぶ
働きがあるので，an Australian boy も複
数形にしなければならない。　(2)You and
your sister が主語だから，答えるときは
we を用いる。　(3)主語I を複数形にすると
we で，主語が複数だから，be動詞はare
を用い，be動詞の文だからan actress も複
数形にしなければならない。　　　(4)a
grapefruit を複数形にするとgrapefruits
で，be動詞の文だから主語も複数形にし，
be動詞自体もare にしなければならない。
(5)(4)と同様に考える。　(6)主語we でたずね
られたら，複数のyou で答える。　(7)girls
を単数形にするとa girl で，be動詞の文だ
から主語も単数形にしなければならない。
They の単数形はHe，She，It の３つが
あるが，girl だからShe を用いること。
(8)his knives を単数形にするとhis knife
で，be動詞の文だから主語も単数形にしな
ければならない。(9)(8)と同様に考える。

▶**110**

(1) **This is our new car.**

(2) **Are** they **speakers of Japanese?**

(3) **Mika and I** are **good friends.**

(4) **Ken and Tadashi** are **high school students.**

(5) **My cousins are college students.**

(6) Are **his brother and sister in Tokyo?**

(7) **What** are **her parents? / What is her** parent**?**

(8) **What** are **your dreams?**

(9) **My grandfather and grandmother** are **very old.**

(10) **Are you** policemen**?**
—— **Yes, we are.**

解説 (1)we「私たちは」は主語の位置で用いる。「私たちの新しい車」だからour new carにする。 (2)「彼ら[彼女たち]は日本語の話し手ですか」となるので, their「彼らの」ではなく, theyにしなければならない。(3)Mika and Iが主語だから, be動詞はareを用いる。 (4)Ken and Tadashiが主語だから, be動詞はareを用いる。(5)be動詞は左と右をイコールで結ぶ働きをするので, My cousins（複数）に対してcollege students（複数）とする。 (6)his brother and sisterが主語だから, be動詞はareを用いる。 (7)her parentsが主語だからbe動詞はareを用いる。逆にisをそのまま使うのであれば, 主語をher parent（単数）にすればよい。 (8)「あなたの夢は何ですか」となるので, you「あなたは」ではなく, yourにしなければならない。(9)My grandfather and grandmotherが主語だから, be動詞はareを用いる。(10)weで答えているので, 疑問文のyouは

複数のyouということがわかる。主語you が複数で, be動詞の文なので, policeman も複数形にしなければならない。もし, 単数のyouならば, Are you a policeman? —— Yes, I am. となるが, ここでは不適。

▶*111*
(1) **are, classmates**
(2) **My, are**   (3) **These, are**
(4) **are, brothers**
(5) **these, your**
(6) **Are, parents**
(7) **Those, are**
(8) **are, students** (9) **Is, your**
(10) **Is, their**   (11) **men, aren't**
(12) **Are, they** (13) **are, countries**
(14) **His, are**   (15) **My, are**

解説 主格・所有格, 単数形・複数形をよく考えること。(1)Yuri and Iが主語だからbe動詞はareを用い, classmatesと複数形にする。 (2)「私の」だからmyを用いる。(3)「これらの＋名詞」＜these＋複数名詞＞(4)「兄弟」brothers (5)肯定文：These are your CDs. から考える。 (6)肯定文：Your parents are in Japan.から考える。(7)「あれらの＋名詞」＜those＋複数名詞＞(8)Ken and Bobが主語だから, be動詞はareを用い, studentsと複数形にする。(9)肯定文：This is your house.から考える。yourには「あなたの」「あなたたちの」の両方の意味がある。 (10)「学校」schoolが主語の中心なのでtheir schoolは単数と考える。 (11)肯定文：The men are office workers. ⇒否定文：The men are not office workers. 空所の数からare notを短縮形にする。 (12)肯定文：They are from Australia. から考える。 (13)India and Kenyaが主語だから, countriesと複数形にする。 (14)richは形容詞なので複数形に

あ

はならない。

▶**112**
(1) Ken and John are not pilots.
(2) We are not free now.
(3) What are these ladies?
(4) They are very popular singers.
(5) These are my favorite books.
(6) Is their grandfather from France?

解説 主語・動詞を明確にし，主格・所有格の使い分け，単数・複数の使い分けに注意する。疑問文・否定文はまず肯定文をつくってから考えよう。

▶**113**
(1) ミキと私はクラスメイト［同級生］です。私たちは仲の良い友だちです。
(2) トムとビルはとても背が高い。彼らはバレーボール選手です。
(3) 高橋さん［氏，先生］は私たちの音楽の先生です。
(4) あの古い建物は彼らの［彼女たちの］学校です。
(5) 私の兄［弟］と私は中学生です。

解説 (1)～ and I＝we「私たちは」
(2)～ and ...＝they「彼らは，彼女たちは，それらは」 (3)our「私たちの」 (4)their「彼らの，彼女たちの，それらの」

▶**114**
(1) Are you junior high school students?
(2) What are their names? Their names are Daisuke and Taro.
(3) Our parents aren't[are not] (at) home now.
(4) Are those butterflies or birds?
(5) We aren't[are not] good tennis players. / We don't[do not] play tennis well.

解説 (1)肯定文：You are junior high school students. から考える。 (2)their「彼らの」だからnameも複数形にしなければならない。答えの日本文には主語がないが，補って考えること。 (3)「～にいる［ある］」もbe動詞で表せる。⇒＜be動詞＋場所を表す語句＞「家にいる」はbe homeまたはbe at homeで表す。 be homeのhomeは副詞で，「家に」の意味。be at homeのhomeは名詞で，「家」の意味。at homeで「家に，在宅して」の意味になる。 (4)「あれらは」thoseだから「チョウ」も「鳥」も複数形にしなければならない。 (5)「私たちは上手なテニス選手ではありません」と考える。「私たちは上手にテニスをしません」と考えてもよい。

18 | We play ～ . ; How many ～ ?

▶**115**
(1) We don't[do not] swim in the sea.
(2) They do not[don't] have any beautiful dresses.
(3) Do you and your mother take a walk every morning? —— Yes, we do.
(4) Do your brother and his friend practice soccer every

day?
　―― **No, they do not [don't].**
(5) **How many rabbits do his brothers have?**
(6) **How many classes do they have on Monday?**

解説 (1)(2)一般動詞の否定文なので＜主語＋don't[do not]＋一般動詞〜．＞の形にする。　(3)(4)一般動詞の疑問文なので＜Do＋主語＋一般動詞〜？＞の形にする。　(5)(6)数をたずねているので＜How many＋複数名詞＋疑問文〜？＞の形にする。

▶**116**
(1) **have[eat]**
(2) **play, soccer**　(3) **go, to**
(4) **don't, have**
(5) **How, many**
(6) **How, songs**

解説 (1)「月に1度」once a month,「食べる」have[eat]　(2)「サッカーをする」play soccer,「放課後」after school　(3)「〜へ行く」go to 〜　(4)「〜を持っていない」don't have 〜　(5)「何個」と数をたずねているので＜How many＋複数名詞〜？＞の形にする。　(6)「何曲」と数をたずねているので＜How many＋複数名詞〜？＞の形にする。

▶**117**
(1) **We have some American friends.**
(2) **How many English words do you know?**
(3) **How many magazines do they buy** (a month)**?**
(4) **They do not like monkeys.**
(5) **Do you practice the piano** (on Friday afternoon)**?**
(6) **Lucy and Ken study Japanese at school** (every day)**.**
(7) **We don't help our mother** (on Monday)**.**

解説 (1)「何人かの」だから＜some＋複数名詞＞にする。　(2)(3)数をたずねているので＜How many＋複数名詞〜？＞の形にする。(4)(7)否定文は＜主語＋don't[do not]＋一般動詞 〜．＞の形になる。　(5)疑問文なので，doを文頭におく。　(6)主語はLucy and Ken。

▶**118**
(1) あなた(たち)のアメリカ人の友だちは日本語を話しますか。―はい, 話します。
(2) 彼ら[彼女たち]は何匹の犬を飼っていますか。――3匹です。
(3) 彼ら[彼女たち]は全くテレビを見ません。
(4) 私たちは毎年ここで花を育てます。
(5) あなた(たち)はボールペンが何本必要なのですか。――10本です。

解説 (1)your American friendsが主語だから，theyで答えている。　(2)(5)＜How many＋複数名詞＋疑問文〜？＞で「いくつの[何人の]〜」を表し，＜主語＋動詞＋数詞．＞で答える。　(3)don'tがあるので否定文。

▶**119**
(1) **They go to the movies on Sunday.**
(2) ①**How many classmates do you have?**
　②**I have forty (classmates).**

解説 (1)「映画に行く」go to the movies,「〜

曜日に」にはonを用いる。 (2)①「何人の」だから数をたずねている。②＜How many＋複数名詞＋疑問文～？＞に答えるときにはYes / Noは使わない。

第4回 実力テスト

1

(1) **buses** (2) **libraries**
(3) **boys** (4) **wolves**
(5) **babies** (6) **dishes**
(7) **teeth** (8) **knives**
(9) **sheep** (10) **wives**
(11) **feet** (12) **women**
(13) **roofs** (14) **fish**

解説 (1)(6)-s, -sh, -ch, -o, -xで終わる単語には-esをつける。 (2)(5)＜子音字＋y＞で終わる単語はyをiにかえて-esをつける。(4)(8)(10)-f, -feで終わる単語はf, feをvにかえて-esをつける。ただし、(13)roofは例外→roofs。 (7)(11)(12)不規則変化。(9)(14)単複同形。

2

(1) × (2) × (3) ×
(4) ○ (5) ○ (6) ○
(7) × (8) × (9) ○
(10) ○

解説 (1)[au] / [ou] (2)[z] / [iz]
(3)[ai] / [i] (4)[i:] / [i:] (5)[iz] / [iz]
(6)[s] / [s] (7)[ə:r] / [ɑ:r]
(8)[z] / [iz] (9)[u] / [u] (10)[iər] / [iər]

3

(1) オ (2) カ (3) ウ
(4) ク (5) ケ

解説 Yes / Noで答えられるかどうかをまず考え、疑問文の主語から、答えの文の主語に何を用いるかを考えよう。 (1)studentsと複数形になっているので、youは複数形「あなたたち」ということがわかる。よって、答えるときにはweを用いる。 (2)職業をたずねる文で、those womenだからtheyを用いて答える。 (3)Tom and I「トムと私は」が主語だから、複数のyouで答える。(4)do you haveに対してI have ～と数を答える。 (5)orを使った選択疑問文だからYes / Noでは答えられない。

4

(1) **Are, we, are**
(2) **Do, they, don't**
(3) **are, is, is**
(4) **am**

解説 (1)主語はyou and Kenで、主語の後ろに一般動詞がないのでbe動詞の文。⇒「あなたとケンは両方とも農夫ですか」**both**「(2つ[2人]のうち)両方とも」 (2)主語はTaro and Kenで、主語の後ろに一般動詞studyがあるので、文頭はDoを用いる。(3)「あちらの2人の男性はだれですか」「1人は弁護士で、もう1人は医者です」⇒**One is ～, the other is ....**「一方は～、他方は…」 (4)busy「忙しい」は動詞ではなく、形容詞なので、be動詞の文にする。

5

(1) **We are not[We aren't / We're not] from Australia.**
(2) **Do you have any pets?**

—— **No, I[we] don't.**

⑶ **She's[She is] an American girl.**

⑷ **That's[That is] an old house.**

⑸ **Are these children Mr. White's daughters?**

⑹ **Are you good friends?**
　—— **Yes, we are.**

⑺ **How many brothers do you have?**

⑻ **Andy is our friend.**

解説 ⑴Iの複数形はweで，主語が複数だからbe動詞をareにかえる。　⑵疑問文・否定文にするときはsome→anyにかえることを忘れずに！　⑶theyはhe, she, itの複数形なので，単数にするときにはどれを用いるかをよく考えること。ここではAmerican girlsだから，sheを用いる。また，主語が単数だからbe動詞をisにかえ，その後ろもan American girlと単数形にすることを忘れずに。　⑷⑶と同様に考える。　⑸主語はthis childだから，these childrenにかえ，daughtersと複数形にすることを忘れないようにする。　⑹you and Tom＝複数のyou「あなたたち」⇒答えるときはwe「私たちは」で答える。　⑺数をたずねる文は＜How many＋複数名詞～？＞にする。　⑻「私たちの」だからourにする。

す」⇒「私たちは大学生です」と考える。主語が複数だからstudentsと複数形にすることを忘れずに！　⑵「東京は大きな都市です。大阪も大きな都市です」⇒「東京と大阪は大きな都市です」と考える。　⑶「あれらは古い建物です」⇒「あれらの建物は古い（です）」と考える。　⑷「私の両親は英語を教えています」⇒「私の両親は英語の先生です」と考える。my parentsと複数形になっているので，be動詞にはareを用い，その後ろもteachersと複数形にすること。　⑸「彼らは上手なテニス選手ですか」⇒「彼らは上手にテニスをしますか」と考える。肯定文にすると考えやすい。

7

⑴ **these, their, lilies, they**

⑵ **Those, women, aren't**

⑶ **Do, have, any**

⑷ **boys, don't, to, the**

解説 ⑴「これらは」だから，「ユリ」lilyは複数形liliesにしなければならない。また，主語theseでたずねられているので，theyを用いて答える。　⑵「あちらの女の人たち」those womenが主語。　⑶「何冊かの」はsomeまたはanyを用いる。**How many books**「何冊の本」と混同しないこと。　⑷「少年たち」だからboysとする。

6

⑴ **We, are, students**

⑵ **are, large, cities**

⑶ **buildings, are, old**

⑷ **are, English, teachers**

⑸ **Do, play, well**

解説 ⑴「あなたは大学生です。私も大学生で

8

⑴ **I have five cats. Their tails are long.**〔its が不要〕

⑵ **How many cars do your parents have?**〔any が不要〕

⑶ **We have many cars.**〔our が不要〕

⑷ **Do you like these songs**

very much? 〔are が不要〕

(5) **Who are those children?**
They are my sister's sons. 〔do が不要〕

解説 (1)「それらのしっぽ」は their tails だから, its が不要。　(2)「何台かの (=いくつかの)」は, 肯定文では some, 疑問文・否定文では any を用いる。any が不要。　(3)「何台も (=たくさんの)」なので many を用いる。our が不要。　(4)「～が大好きです」はlike ～ very much で表す。つまり, 一般動詞の文なので, are が不要。　(5)いずれの文も be 動詞の文だから, do が不要。

9

(1) 私たちは土曜日には授業が (全く) ありません。

(2) あなたたちは会社員ですか。
──はい, そうです。私たちは銀行で働いています。

(3) 私はオーストラリアの動物の写真を何枚か持っています。/ 私は何枚かのオーストラリアの動物の写真を持っています。

(4) 彼ら [彼女たち] は放課後, 何冊かの本を [本を何冊か] 読みますか。

(5) あなた (たち) は [あなた (たち) の] 部屋に何冊の本を持っていますか。/ あなた (たち) の部屋には何冊の本がありますか。

解説 (1)＜no＋複数形＞で「1つも～ない」という意味を表す。class は「授業」。(2)office workers であるし, we で答えているので, ここの you は複数形と考える。もし単数なら, Are you an office worker? となる。また, work for ～ は「～で働く」という意味。　(3)A of B は「B の A」という

意味を表す。in Australia はここでは animals を修飾して,「オーストラリアの」という意味になる。　(4) 疑問文の any は「いくつかの, いくらかの」という意味。

10

(1) **What do Yumi and Kumi study in America?**
── **They study English.**

(2) **I don't[do not] have any cars. / I have no cars.**

(3) **I don't[do not] live in Osaka now.　I live in Kyoto.**

(4) **You don't[do not] speak English very well.**

(5) **How many dishes do you need for the party?**

解説 (1)do Yumi and Kumi study とたずねられているから be 動詞では答えられないので,「英語です」は「彼女たちは英語を勉強します」と考える。　(2)「1つも～ない」は＜not any＋複数形＞＝＜no＋複数形＞で表す。　(3)「住んでいる」は一般動詞の文なので, 否定文は don't を用いる。　(4)「あまり～ない」は not very ～ で表す。　(5)⇒「あなた (たち) はそのパーティーのために何枚のお皿が必要ですか」と考える。

11

(1) ウ　　(2) **on**　　(3) ウ

(4) 1) **No, they don't.**
　　2) **They enjoy TV programs.**

解説 (1)ジンのお父さん (つまり, Mr. Taguchi) はサッカーが好きで, ジンと弟のケイもサッカーが好きなのだから, 公園

でサッカーをするのはこの3人だと考えられる。 (2)ふつう,「午後に」ならin the afternoonとinを用いるが, Saturdayなどのように限定する語句がつくと特定の日時になるので, onを用いる。 (3)まず, Itは単数の「物」を指すのだからイとオは不適。「小さくて美しい」のはオウムである。 (4)Yes / Noで答えられるかどうかをまず考えよう。

全訳 こんにちは, みなさん。ぼくの名前はタグチジンです。ぼくは父, 母, アユ, そしてケイと一緒にあけぼの町に住んでいます。アユはぼくの姉で, ケイはぼくの弟です。

ぼくの父は技術者です。彼の趣味はサッカーです。ケイとぼくもサッカーが好きです。ぼくたちは土曜日の午後に公園でサッカーをします。しかし, ぼくの母とアユはそれ[サッカー]をしません。

ぼくの母とアユは鳥が好きです。彼女たちはオウムを飼っています。そのオウムの名前はピーちゃんです。それは小さくて美しいです。

毎週日曜日の夕方に, ぼくの家族はおしゃべりをし, そしてテレビ番組を楽しみます。ぼくはぼくの家族が大好きです。

19 He [She] plays ～ .

▶ *120*

(1) **has**　　(2) **goes**　　(3) **want**

(4) **like**　　(5) **flies**　　(6) **studies**

(7) **plays**　　(8) **Do, live**

(9) **Does, read**

(10) **doesn't, swim**

解説 主語がI, you以外で単数(=3人称単数という)の場合, 現在の文では一般動詞にs[es]をつける。これを「3単現のs」と呼ぶ。また, 3単現の英文を疑問文・否定文にする

ときはdoの代わりにdoesを用い, 一般動詞にはs[es]をつけない。

※「複数のs」が名詞につくのに対し,「3単現のs」は一般動詞につく。

> **＜3単現のsのつけ方＞**
>
> (1) ふつうはそのままsをつける。
> (2) -s, -sh, -ch, -o, -xで終わる単語にはesをつける。
> (3) ＜子音字＋y＞で終わる単語はyをiにかえてesをつける。
> (4) 《不規則変化》have→has

▶ *121*

(1) **He doesn't[does not] have a rabbit.**

(2) **My dog doesn't[does not] run fast.**

(3) **Bill doesn't[does not] speak Japanese well.**

(4) **Jane doesn't[does not] play the piano very well.**

(5) **She doesn't[does not] take a walk in the morning.**

(6) **Taro doesn't[does not] need a new glove.**

(7) **Keiko doesn't[does not] know this American girl.**

(8) **Kumi doesn't[does not] like orange juice.**

解説 一般動詞の文を否定文にするときには＜主語＋don't[doesn't]＋一般動詞の原形～ . ＞の形にする。主語が3人称単数(=I, you以外で単数)で現在の文のときにはdoesn't[does not]を用いる。また, don't[do not], doesn't[does not]を用いたときには必ず一般動詞を「原形」(元の形=動詞の語尾に何もつけない形)にする。

(1)～(8) doesn't は does not でもよい。

▶ **122**

(1) **Does your brother go to school by bus?**
　　── **Yes, he does.**

(2) **Does Kate have a beautiful French doll?**
　　── **No, she doesn't[does not].**

(3) **Does his brother live in Hokkaido?**
　　── **Yes, he does.**

(4) **Does Jim play soccer very well?**
　　── **No, he doesn't[does not].**

(5) **Does she help her mother?**
　　── **Yes, she does.**

(6) **Does his father wash his car?**
　　── **No, he doesn't[does not].**

解説　一般動詞の文を疑問文にするには＜Do[Does]＋主語＋一般動詞の原形～？＞の形にする。主語が3人称単数（＝I, you以外で単数）で現在の文のときにはDoesを使う。また，do, doesを使ったときには必ず一般動詞を「原形」にする。また，doesを使ったふつうの疑問文に対して答えるときには，Yes, he[she / it] does. / No, he[she / it] doesn't[does not]. のようにhe, she, itを主語にする。

＜be動詞の疑問文と一般動詞の疑問文＞
・be動詞の疑問文の形
＜Is[Am, Are]＋主語～？＞
・一般動詞の疑問文の形
＜Do[Does]＋主語＋一般動詞～？＞

▶ **123**

(1) **sings, well**　(2) **teaches**
(3) **walks, to**　(4) **rises**
(5) **rains**

解説　(1)(2)(4)＜主語＋be動詞（＋a[an]）＋形容詞＋（する人）を表す名詞＞⇔＜主語＋一般動詞＋副詞＞を用いる。ただし，一般動詞の文は3単現のsがつくかつかないかに注意する。　(1)「上手な歌手」⇒「上手に歌う」と考える。「良い，上手な」は形容詞good,「良く，上手に」は副詞wellを用いる。(3)go to ～ on foot = walk to ～「～に歩いていく」⇒ほかにも，go to ～ by plane = fly to ～「～に飛行機で行く」, go to ～ by car = drive to ～「～に車で行く」がある。　(5)「私たちは砂漠でほとんど雨を持っていない／rainは「雨」という名詞」⇒「砂漠ではほとんど雨が降らない／rainは「雨が降る」という動詞」と考える。

＜（する人）を表す名詞＞
(1) ふつうはそのまま er をつける
　　teach→teacher, play→player
(2) 発音しない「e」で終わる単語には e をとって er をつける
　　use→user
(3) 「子音字＋y」で終わる単語には y を i にかえて er をつける
　　carry→carrier
(4) 「1母音字＋1子音字」で終わる単語には子音字を重ねて er をつける
　　swim→swimmer, run→runner
(5) その他
　　study→student
　　play the piano→pianist

▶ **124**

(1) **イ**　(2) **ア**　(3) **エ**

解説　(1)「いいえ。それは大阪に行きます」と

Itで答えているので，疑問文の主語はものになる。　(2)「ボブはあなたの犬を散歩に連れて行きますか」に対し，「彼は自分の犬を散歩に連れて行きます」と答えているので，Noで答える。また，Bobが主語なのでheを用いる。　(3)orを使った選択疑問文なのでYes / Noでは答えられない。⇒＜主語＋動詞 ～＞で答える。

▶ *125*

(1) My friend goes to the movies every weekend.

(2) He runs very fast.

(3) The boys love this song.

(4) Kate lives in a big house.

(5) She doesn't have any classes today.

(6) Does Jim study math in his room?

(7) Your father drives a car.

(8) This bus goes to the zoo.

解説 (1)(2)(4)(7)(8)主語が3人称単数になるから，一般動詞に3単現のsをつける。(3)は主語が複数になるから，一般動詞には3単現のsはつけない。　(5)主語が3人称単数になるから，don't→doesn'tにかえる。このとき，一般動詞は原形のまま。　(6)主語が3人称単数になるから，Do→Doesにかえる。このときも一般動詞は原形のまま。主語がJimになったのだから，your roomをhis roomに変えるのを忘れずに。

▶ *126*

(1) eats[has], breakfast

(2) wants, new

(3) doesn't, like

(4) Do, fly

(5) has

(6) Does, have

(7) doesn't, play

(8) mother, cooks

(9) cries

(10) studies

解説 主語と動詞を見きわめて，一般動詞の文であれば3単現のsがつくかつかないかを考える。　(4)肯定文：Ducks fly. から考える。(6)肯定文：Nancy has some brothers. から考える。　(7)肯定文：He plays the guitar. から考える。⇒疑問文・否定文はまず肯定文をつくってから考えよう。

▶ *127*

(1) My brother plays baseball very well.〔playが不要〕

(2) My uncle has many sheep. 〔haveが不要〕

(3) He doesn't read this magazine.〔don'tが不要〕

(4) Does she often go to the movies?〔goesが不要〕

(5) Jim doesn't ride a horse. 〔ridesが不要〕

(6) Lucy sometimes takes some pictures in the park. 〔takeが不要〕

(7) The old man takes a walk every day.〔takeが不要〕

(8) Does he live in London? 〔doが不要〕

(9) Keiko swims in the sea every (summer).〔swimが不要〕

(10) Does your sister study music at college? 〔studiesが不要〕

解説 主語と動詞を見きわめて，＜主語＋動詞（目的語）＋「場所」を表す語句＋「時」を表す語句＞の順序にする。疑問文の場合には文頭にdo, doesがくる。　(4)(6)oftenとsometimesは「頻度」を表す副詞で，一般動詞の前におく。

▶ **128**

(1) David doesn't[does not] speak Japanese.

(2) Keiko knows the Australian boy.

(3) Does your father have a yellow car?

(4) He does his homework in his room.

(5) That monkey lives in the forest[wood(s)].

(6) My sister has some birds.

(7) Does your house have many[a lot of, lots ofなど] rooms?

解説 (1)肯定文：David speaks Japanese. から考える。　(3)肯定文：Your father has a yellow car. から考える。yellowは[j]の発音で始まる語なのでanにはしない。(4)ここのdoes [do] は一般動詞で「～する」という意味。疑問文・否定文のときに用いるdo[does] とはちがうことに注意する。また，この文を疑問文にするとDoes he do his homework in his room? に，否定文にするとHe doesn't do his homework in his room. になる。　(5)「森の中に」と考え，in the forest [wood(s)] とする。　(7)「あなたの家はたくさんの部屋を持っていますか」と考える。

20 副詞

▶ **129**

(1) She often watches this TV program on Tuesday.

(2) I am usually very busy.

(3) They always practice the piano very hard.

(4) These dolls are very pretty.

(5) My mother likes this cake very much.

(6) I read a newspaper every day.

解説 (1)on Tuesdayは「時」を表す語句なので文末におく。　(2)(3)(4)veryは形容詞や副詞を修飾し，その語の前におく。(5)very muchはlikeを修飾するので文末におく。　(6)every dayは「時」を表す語句なので文末におく。

```
＜「頻度」を表す副詞＞
```
　always「いつも」，usually「たいてい，ふつう」，sometimes「ときどき」，often「しばしば，よく」を「頻度を表す副詞」といい，be動詞の後，一般動詞の前に置く。また，これらを用いても，主語が3人称単数なら一般動詞には3単現のsがつく。

▶ **130**

(1) always, very, hungry

(2) very, popular

(3) very, well

(4) every, day

(5) a, little

(6) usually, go, every, Saturday [usually, go, on, Saturdays]

(7) very, hard

(8) snows, heavily

解説 (3)「よく」はwellで表す。 (5)「～すぎる」too ～ (6)一般動詞goの文なので，usuallyはgoの前に入れる。また，「毎週～曜日」はevery ～＝on ～ sで表す。
(7)**not very ～**「あまり～ない」 (8)「雪が降る」はIt snowsと表し，「激しく」は副詞のheavilyを用いる。形容詞に**ly**がつくと副詞になるものがある。また，この文はThey sometimes have heavy snow there in winter. に書きかえられることも押さえておこう。

▸**131**

(1) **He is a very famous writer.**
(2) **I often wash the dishes after dinner.**
(3) **Do you play baseball every Sunday?**
(4) **I don't know the novel very well.**
(5) **She keeps a diary every day.**
(6) **My brother always runs very fast.**
(7) **Miki is very fond of chocolate.**

解説 形容詞や副詞の位置に注意する。
(2)「夕食後」after dinnerは「時」を表す語句なので文尾におく。 (7)**be fond of ～** ＝ **like ～**「～が好きである」 ※likeを強調するときにはvery muchを文末におくが，be fond ofを強調するときにはveryをfondの前におくことに注意する。

▸**132**

(1) 彼女はときどき図書館で英語を勉強します。

(2) 私は私の犬がとても好き［大好き］です。
(3) 私の兄［弟］はとても上手にギターをひきます［演奏します］。
(4) あなたは毎週日曜日に映画に行きますか。
(5) これらの花はとても美しい。
(6) このオレンジは少しすっぱい。

解説 (1)in the library「図書館で」は「場所」を表す語句なので，文末におく。 (2)like ～ very much ＝ love ～「とても～が好きである［～が大好きである］」 (6)a little「少し」が形容詞を修飾する場合は，その形容詞の前におくが，動詞を修飾する場合は文末におく。

▸**133**

(1) **This book is very difficult for children.**
(2) **I usually get up at six in the morning.**
(3) **Do you always practice the piano in this room?**

解説 (1)「子どもたちには」⇒「子どもたちにとっては」と考える。 (2)usuallyは一般動詞getの前におく。「時」や「場所」を表す語句が2つ以上あるときには，「小」→「大」の順に並べるので，ここでは，at six → in the morningの語順になる。 (3)疑問文・否定文でも「頻度」を表す副詞の位置は原則通りなので，alwaysは一般動詞の前におく。

21 mine, yours; Whose ～ ?

▸**134**

(1) **my, Kate's**　　(2) **your, mine**
(3) **his, his brother's**

(4) Emily's, Mine

(5) their, ours　　(6) Our, His

(7) my, yours

(8) Kumiko's, her sister's

(9) Bob's, yours

(10) ladies', men's

解説 後ろに名詞を伴っているか否かで所有格か所有代名詞かを見分ける。それぞれの文の意味もよく考えておこう。(10)ladiesは語尾がsなので，アポストロフィ（'）だけをつける。

┌───<所有代名詞「～のもの」>───┐

<my＋名詞>⇒mine「私のもの」

<your＋名詞>⇒yours「あなたのもの，あなたたちのもの」

<his＋名詞>⇒his「彼のもの」

<her＋名詞>⇒hers「彼女のもの」

<our＋名詞>⇒ours「私たちのもの」

<their＋名詞>⇒theirs「彼ら［彼女たち］のもの」

※my, yourなど，「～の」を表す代名詞を「所有格」と呼ぶのに対し，mine, yoursなど，「～のもの」を表す代名詞を「所有代名詞」と呼ぶ。

※所有格は後ろに名詞を伴うのに対し，所有代名詞は後ろに名詞を伴わない。⇒hisは所有格も所有代名詞も同形だが，後ろに名詞があるかないかで見分ける。

※「それのもの／それらのもの」を表す語はない。

▶*135*

(1) Whose bicycle is this?

　　(a) ── It is your bicycle.

　　(b) ── It is yours.

(2) Whose car is that?

　　(a) ── It is his car.

　　(b) ── It is his.

(3) Whose apron is this?

　　(a) ── It is my mother's apron.

　　(b) ── It is my mother's.

(4) Whose paper is that?

　　(a) ── It is my friend's paper.

　　(b) ── It is my friend's.

(5) Whose albums are these?

　　(a) ── They are her albums.

　　(b) ── They are hers.

(6) Whose rabbits are those?

　　(a) ── They are Ken's rabbits.

　　(b) ── They are Ken's.

(7) Whose house is this?

　　(a) ── It is their house.

　　(b) ── It is theirs.

解説 whoseは<whose＋名詞>の形で「だれの～」，whose1語で「だれのもの」という意味を表す。

▶*136*

(1) イ　　(2) イ　　(3) イ

(4) ウ　　(5) ウ

解説 (1)「あなたたちの学校」かと聞かれてYesで答えているので，「私たちのもの」と答えればよい。　(2)空所の後ろに名詞がないので所有格は使えない。　(3)「それは私のものです」と答えているので，「これはだれの自転車ですか」とたずねればよい。

(4)「それはタカシのものです」と答えているので，「これはだれのものですか」とたずねればよい。　(5)my friend ≒ a friend of mine　※my friendにはaはつけられ

ないので, イは不適当。また, ＜one of ＋複数名詞＞なので, エはone of my friends「私の友だちのうちの1人」であれば正解になる。

▶*137*

(1) **his**　　(2) **yours**

(3) **hers**　(4) **belongs**

解説 (1)「これらは彼の教科書です」⇒「これらの教科書は彼のものです」　(2)「これはあなたの帽子ではありません」⇒「この帽子はあなたのものではありません」　(3)「あれは彼女の鉛筆ですか」⇒「あの鉛筆は彼女のものですか」　(4)「このコンピューターは私たちのものです」⇒「このコンピューターは私たちに属する」と考え, belong to ～「～に属する, ～のものである」を用いる。

▶*138*

(1) **Is this CD player his or hers?**

(2) **This camera of mine is very expensive.**

(3) **Osaka is Ken's hometown.**

(4) **Is this watch Mr. Tanaka's?**

(5) **His dog is big.　Mine is small.**

解説 (1)アポストロフィ('s)は名詞につくもので, 代名詞herにつけることはない。「彼女のもの」はhersである。(2)＜所有格＋指示代名詞(this / that / these / those)＞にはできないので, ＜指示代名詞＋名詞＋of＋所有代名詞＞の形にする。(3)「ケンの故郷」にする。(4)この文のままだと「この腕時計はタナカ氏ですか」となるのでおかしい。⇒「この腕時計はタナカ氏のものですか」とす

る。(5)his dogとmy dogが対比されているのだからmineにする。

▶*139*

(1) **are, mine**

(2) **is, Taro's**

(3) **Emi, Yuki's**

(4) **isn't, hers**

(5) **is, my, parents'**

(6) **are, my, grandfather's**

(7) ①**Whose, dress**
　　②**her, sister's**

(8) ①**Whose, are**
　　②**Ken's**

(9) ①**Whose, mother**
　　②**Ichiro's, mother**

(10) ①**your, computer**
　　②**my, sister's**

解説 主語の人称と数, 動詞がbe動詞か一般動詞かをまず考えてから解くようにしよう。ここの問題はすべて, 「～です, ～ですか, ～ではありません」だからbe動詞(am, are, is)の文。(3)共有を表しているので, 最後の名詞(この場合はYuki)に's をつけて, Yuki'sとする。(5)parentsはsで終わっているので, アポストロフィ(')だけをつける。(7)①「だれのドレス」だからwhose dressにする。(8)①「だれのもの」だからwhose。these comic booksが主語だからbe動詞areを用いる。(9)①「だれのお母さん」だからwhose motherにする。

▶*140*

(1) **That ukulele is not mine.**

(2) **That white house is my uncle's.**

(3) **Is this racket his?**
　 —— **(No.)　It is his brother's.**

(4) **These ties are John's.**

(5) **Whose car do you use?**

── **I use my father's.**

解説 (3)「それは彼のお兄さんのものです」と主語を補って考える。 (4)「これらのネクタイは」が主語だからThese tiesから始める。 (5)「だれの車」だからWhose carにする。

▶**141**

(1) (a) これはビルの車です。

(b) この車はビルのものです。

(2) (a) これはあなたのラケットですか。

(b) このラケットはあなたのものですか。

(3) (a) あれは彼の時計です。

(b) あの時計は彼のものです。

(4) あなたの家は大きい。私のは小さい。

(5) (a) 私はこれらの男の子たちの部屋をそうじします。

(a) この部屋はこれらの男の子たちのものです。

解説 (1)～'sには「～の」のほかに、「～のもの」という意味がある。「～の」という意味になる場合は、その後ろに名詞がくるが、「～のもの」という意味になる場合は名詞がこない。また、～'sは～ isの短縮形でもある。 (1)(2)(3)(a)と(b)は書きかえになっている。⇒＜This[That]＋is＋所有格＋名詞＞⇔＜This[That]＋名詞＋is＋所有代名詞＞ (4)ここのMineはMy houseの代わりをしている。

▶**142**

(1) **Whose cup is this? [Whose is this cup?]**

── **It's[It is] mine.**

(2) **Is that dictionary yours?**

── **Yes, it is.**

(3) **These two cameras are Ken's.**

解説 (3)「これらの2つのカメラ」は日本語の語順どおりにthese two camerasとする。two these camerasとは言わない。

22 代名詞の目的格

▶**143**

(1) **us** (2) **us** (3) **him**

(4) **me** (5) **them** (6) **her**

解説 「～を[に]」を表すものを「目的格」といい、me「私を[に]」, you「あなたを[に]」, him「彼を[に]」, her「彼女を[に]」, it「それを[に]」, us「私たちを[に]」, you「あなたたちを[に]」, them「彼ら[彼女たち、それら]を[に]」がある。※代名詞の目的格は、(1)一般動詞の直後、(2)前置詞(**to, for, of, from, with, on, at, by**など)の後ろで用いる。ただし、(1)(2)の場合であっても、その後ろに名詞がある場合には所有格を用いる。 (1)(2)(6)前置詞の後ろだから目的格にする。 (3)(4)(5)一般動詞の後ろだから目的格にする。※いずれもその後ろに名詞がないことにも着目しよう。

▶**144**

(1) **us** (2) **him** (3) **her**

(4) **it** (5) **it** (6) **them**

(7) **her** (8) **me**

解説 (1)(2)(4)(7)は一般動詞の後ろで、名詞がついていないから目的格にする。 (3)(6)(8)は前置詞の後ろで、名詞がついていないから目的格にする。 (5)主語なので主

格にする。　(1)「私の姉[妹]と私」だから「私たち」にする。　(2)「ジョン」は男性の名だから「彼」にする。　(3)「ミキ」は女性の名だから「彼女」にする。　(4)「そのバイオリン」はものだから「それ」にする。　(5)「この車」はものだから「それ」にする。　(6)parents が複数形だから「彼ら」にする。　(7)「私の母」は女性だから「彼女」にする。

▶ *145*

(1) **helps, us**

(2) **know, me**

(3) **from, her**

(4) **to, him**

解説　(4)「(人)の言うことを聞く」listen to + (人)

▶ *146*

(1) **He often sings an English song for her.**

(2) **I don't like them very much.**

(3) **Does Jimmy know them very well?**

(4) **Mary sometimes visits her.**

(5) **Emily and Yumi are very kind to me.**

(6) **I take a walk with her every morning.**

(7) **They always take care of him.**

(8) **Mary sometimes calls him after dinner.**

解説　(1)「彼女に」⇒「彼女のために」と考える。　(2)「あまり〜ない」はnot 〜 veryで表す。　(3)「よく知っている」know 〜 very well　(4)「彼女のところへ行く」⇒

「彼女を訪れる」と考える。　(5)「〜に親切にする」be kind to 〜　(6)「〜と一緒に」with 〜　(7)alwaysは一般動詞の前にくることにも注意する。take care ofは熟語として覚えておこう。　(8)「〜に電話をする」call 〜

▶ *147*

(1) アリスはときどき私たちのためにピアノをひいてくれます。

(2) あなた(たち)はしばしば彼女と一緒にその公園へ行くのですか。

(3) 彼女はいつも私を助けて[手伝って]くれます。

(4) 私たちは彼ら[彼女たち]を知っています。彼ら[彼女たち]も私たちを知っています。

解説　(1)(2)前置詞の後ろに目的格の代名詞が来ている。　(3)(4)動詞の後ろに目的格の代名詞が来ている。

▶ *148*

(1) **Mike likes her, but she doesn't[does not] like him.**

(2) **My brother sometimes buys chocolate for me.**

解説　(1)「〜だが, …」と言うときには, 2つの文をbutで結ぶ。　(2)「私のために買う」と考える。主語が3人称で現在の文なので, buyにsをつける。

第5回	**実力テスト**

1

(1) **washes**　　(2) **cries**

(3) **them**　　(4) **ours**

(5) **theirs**

解説 (1)＜原形—3人称単数現在形＞の関係。-s, -sh, -ch, -o, -xで終わる単語には-esをつける。　(2)＜原形—3人称単数現在形＞の関係。＜子音字＋y＞で終わる単語は，yをiにかえて-esをつける。　(3)＜主格「〜は［が］」—目的格「〜を［に］」＞の関係。　(4)(5)＜主格「〜は［が］」—所有代名詞「〜のもの」＞の関係。

2

(1)	**C**	(2)	**A**	(3)	**B**
(4)	**B**	(5)	**B**	(6)	**C**
(7)	**A**	(8)	**C**	(9)	**B**
(10)	**C**				

解説 複数の-(e)s，3単現の-(e)sの読み方
[s], [z], [ʃ], [tʃ], [dʒ] のあとは [iz]。
[s], [ʃ], [tʃ] 以外の無声音のあとは [s]。
[z], [dʒ] 以外の有声音のあとは [z]。

3

(1)	カ	(2)	ウ	(3)	エ
(4)	ア	(5)	キ			

解説 まず，主語の後ろに一般動詞があるかないかで，be動詞の文か，一般動詞の文かを見分ける。⇒(2)(3)(4)はそれぞれbe動詞の文なので，ア，イ，ウ，エのいずれかを用い，(1)(5)はそれぞれ一般動詞の文なので，オ，カ，キ，クのいずれかを用いる。⇒最後に主語が単数か複数か，肯定文・疑問文・否定文かで判断する。

4

(1) **loves, his, him**

(2) **hers**

(3) **Does, your, his, her**

(4) **sings, us**

> **＜代名詞の格の公式＞**
> ① 動詞の前では「主格」を用いる。ただし，名詞がついていれば「所有格」を用いる。
> ② 動詞の後ろでは「目的格」を用いる。ただし，名詞がついていれば「所有格」を用いる。
> ③ 前置詞の後ろでは「目的格」を用いる。ただし，名詞がついていれば「所有格」を用いる。
> ④ ＜所有格＋名詞＞＝所有代名詞

5

(1) **She teaches math.**

(2) **Does your sister run in the room?　—— No, she doesn't [does not].**

(3) **They don't [do not] use any balls.**

(4) **That book is mine.**

(5) **Whose textbooks are these?**

解説 (1)主語が3人称単数になったら，一般動詞には3単現の-sをつける。　(2)主語が3人称単数だから，疑問文にするときにはDoesを文頭で用い，一般動詞は原形にする。　(3)「いくつかの」を表すsomeは，疑問文・否定文にするときにはanyにかえること。　(4)「あれは私の本です」⇒「あの本は私のものです」と考え，mineを用いる。(5)下線部を疑問詞whoseにかえ⇒文頭に出し⇒残った部分を疑問文の語順にかえる。ただし，「だれの」を表すwhoseはそのあとに名詞を伴ってひとかたまりで用いるので，Whose textbooksとして文頭に置くこと。

6

(1) **car, his**

(2) **books, yours**

(3) **drives, carefully**

(4) **teaches, us**

(5) **rains, We, have**

解説 (1)「これは彼の車です」⇒「この車は彼のものです」と考える。 (2)「あれらはあなたの本ですか」⇒「あれらの本はあなたのものですか」と考える。肯定文 (**Those are your books.**) にして考えるとよい。
(3)「私の兄はとても注意深い (**careful**) 運転手です」(be動詞の文)⇒「私の兄はとても注意深く (**carefully**) 運転します」(一般動詞の文)と考える。 (4)「カトウ先生は私たちの音楽の先生です」(be動詞の文)⇒「カトウ先生は私たちに音楽を教える」(一般動詞の文)と考える。 (5)「日本では6月にたくさん (a lot (副詞句)) 雨が降り (rain 動)ます」主語は天候を表す it を用いる。⇒「私たちは6月にたくさんの (a lot of (形容詞句)) 雨 (rain 名) を持っています」と考える。

7

(1) **doesn't, swim, in**

(2) **Does, speak, he, doesn't**

(3) **Whose, are, those**

(4) **Does, have, any**

(5) **Do, they, him**

解説 (1)「プールで」in the pool だから，短縮形の doesn't を用いなければ空所が足りなくなる。 (2)「話す」speak の疑問文。主語が Mr. Smith で3人称単数だから，does を用いること。 (3)「だれの車」だから Whose cars とし，「あれら」だから複数の those を用いる。 (4)「何枚かの」は some, any で表す。「何枚も」なら many。 (5)「彼

が」に惑わされて he としないこと。動詞の後ろだから目的格を用いる。

8

(1) **Whose dictionary is it [that]?**

(2) **My aunt teaches English to us.**

(3) **Is this bike yours or your brother's?**

(4) **How many pencils does your friend want?**

(5) **Jane is a friend of mine.**

解説 (1)「それは」だから it または that が不足している。「だれの辞書」だから Whose dictionary とする。 (2)「私たちに」us が不足。 (3) or の前後は同じ形にする。つまり，「あなたのもの」yours と「あなたのお兄さんのもの」your brother's にする。「あなたの」で your とすると，your bike のように名詞を伴わねばならないし，与えられた語句で「あなたのお兄さん」が表せなくなる。 (4)「あなたの友だちは何本の鉛筆 (How many pencils) をほしがっていますか」と考える。 (5)「友だちの1人」a friend of mine ＝ one of my friends ≒ my friend

9

(1) キョウコはしばしば [よく] 彼ら [彼女たち] (のため) にピアノをひきます。

(2) あれらの教科書はだれのものですか。──それらはケイコの (もの) です。

(3) 私はいつもこのコンピューターを使います。私の父もときどきそれを使います。

(4) 彼女はあまり卓球が好きではありませ

ん。

(5) ケンは何人の兄［弟］がいますか。
——彼にはたった１人しかいません。

解説 (1)often「しばしば，よく」 (2)ここの
Whoseはその後ろに名詞を伴っていない
ので，「だれのもの」という意味。Keiko's
もその後ろに名詞を伴っていないので，「ケ
イコのもの」となる。Theyはthose
textbooksを指しているので「それらは」と
いう意味になる。 (3)always「いつも」，
sometimes「ときどき」 (4)**not 〜 very**
は「あまり〜ない」と訳す。 (5)only「たっ
た〜だけ」

10

(1) **Tom speaks Chinese well.**
(2) **Does your father usually listen to music before breakfast?**
(3) **Does Hokkaido have many [a lot of / lots of] beautiful lakes?**
(4) **His mother sometimes sends e-mail to him.**
(5) **What does Nancy's brother do after dinner[supper]?**
 —— **He always watches TV in his room.**

解説 頻度の副詞（always, usually,
often, sometimesなど）の位置に注意
し，これらを用いても３単現のsがなくなら
ないことにも気をつけよう。 (1)「話します」
だからspeakを用いる。 (2)「音楽を聞く」
listen to music（theをつけない） (3)「北
海道はたくさんの美しい湖を持っています
か」と考えればよい。 (4)「（手紙・メールを）

送る」send (5)「何をしますか」だから一般
動詞のdoを用いる。

11

(1) ①**I want a big one.**
 ③(The size is OK, but) **I don't like white.**
(2) ②ウ ④イ
(3) 黒と赤

解説 (1) ①ここのoneはbikeを指している。
(2) ②anyを用いていることからも判断でき
る。④ **I'll take it.**「それをいただきます」
(3)「全訳」参照。

全訳
店員：いらっしゃいませ。
ジン：はい。新しい自転車がほしいんです。
店員：わかりました。この黒いのはいかがで
　　　すか。
ジン：色は好きなんですが，少し小さいです。
　　　大きいのがほしいんです。
店員：大きい黒の自転車はございません。ほ
　　　かの色でもよろしいですか。
ジン：はい。ほかのを見せてください。
店員：それでは，この自転車は大きいです。
ジン：サイズは良いのですが，白は好きでは
　　　ないんです。
店員：赤いものもございます。これはいかが
　　　ですか。
ジン：ああ，いいですね。それをいただきます。

23 命令文；Let's 〜 .

▶**149**
(1) **Open the door.**
ドアを開けなさい。
(2) **Be kind to old people.**
お年寄りに親切にしなさい。

(3) **Wash your car.**
あなたの車を洗いなさい。

(4) **Practice the piano every day.**
毎日ピアノを練習しなさい。

(5) **Read this book.**
この本を読みなさい。

(6) **Please close the window.**
窓を閉めてください。

(7) **Please help your mother.**
あなたのお母さんを手伝ってください。

(8) **Please be quiet.**
静かにしてください。

(9) **Please play with my son.**
私の息子と（一緒に）遊んでください。

(10) **Please write your name here.**
ここにあなたの名前を書いてください。

解説 命令文にするには，主語Youを省略して，動詞の原形で文を始めればよい。(6)〜(10)は文頭にPleaseをおく代わりに，文末に, pleaseをおいてもよい。 (2)be動詞（am, are, is）の原形はbeである。
(8)Be quiet.「静かにしなさい」＝Don't be noisy.「騒いではいけません」

＜命令文＞
主語Youを省略して，動詞の原形で始める文を「命令文」と呼ぶ。命令文には以下の4種類がある。
(1) ふつうの命令文：「〜しなさい」
　動詞の原形 〜.
(2) ていねいな命令文：「〜してください」
　Please＋動詞の原形 ...
　動詞の原形 ..., **please**.
(3) 勧誘の命令文：「〜しましょう」
　Let's＋動詞の原形 ...

(4)否定の命令文：「〜してはいけません」
　Don't＋動詞の原形 ...
(注) 平叙文と命令文のちがい
　①Tom opens the door.
　②Tom, open the door.
　　①「トムはドアを開けます」
　　⇒**Tom**は主語だからopenに3単現のsがついている。
　　②「トム，ドアを開けなさい」
　　⇒カンマがついているので，**Tom**は「呼びかけ」で，主語がないので命令文である。ここのopenは原形。
　　⇒Open the door, Tom. としても同じ意味。

▶ **150**
(1) **Sit down.** 座りなさい。
(2) **Play the piano for her.**
彼女のためにピアノをひきなさい。
(3) **Take this dog for a walk.**
この犬を散歩に連れて行きなさい。
(4) **Kate, cook breakfast every morning.**
ケイト，朝食を毎朝つくりなさい。
(5) **Miki, be kind to everyone.**
ミキ，みんなに親切にしなさい。
(6) **Yumi, make some cookies.**
ユミ，クッキーをつくりなさい。
(7) **Taro, come to my party.**
タロー，私のパーティーに来なさい。

解説 主語がYouであれば省略して，動詞の原形で文を始めればよいが，主語がYou[We]以外の場合は「呼びかけ」として文頭（または文末）に置き，動詞はやはり原形にする。⇒前の＜(注)平叙文と命令文のちが

い＞を参照。

▸**151**

(1) **Don't eat this apple.**
このリンゴを食べてはいけません。

(2) **Don't swim in this pool.**
このプールで泳いではいけません。

(3) **Don't be noisy in the library.**
図書館で騒がしくしてはいけません。

(4) **Don't be rude to my friends, Keiko.[Keiko, don't be rude to my friends.]**
ケイコ，私の友人に失礼にしてはいけません。

(5) **Don't go to bed early, David.[David, don't go to bed early.]**
デービッド，早く寝てはいけません。

(6) **Let's write to Mr. Kato.**
カトウ先生[氏，さん]に手紙を書きましょう。

(7) **Let's study English before dinner.**
夕食前に英語を勉強しましょう。

(8) **Let's buy some roses at that store.**
あの店でバラを何本か買いましょう。

(9) **Let's sing an English song.**
英語の歌をうたいましょう。

(10) **Let's read his novel.**
彼の小説を読みましょう。

解説 (1)〜(5)は＜Don't＋命令文＞，(6)〜(10)は＜Let's＋命令文＞にする。 (1)命令文なので文頭にDon'tをおけばよい。 (2)(3)主語Youを省略して動詞の原形で文を始め，その文頭にDon'tをおけばよい。

(4)(5)主語がYou以外だから，カンマをつけて「呼びかけ」として文末または文頭に残すこと。 (6)(7)命令文なので文頭にLet'sをおけばよい。 (8)〜(10)主語Weを省略して，動詞の原形で文を始め，その文頭にLet'sをおけばよい。

＜～しないでください＞
ていねいな否定の命令文にするには，文末に", please"をつけて，＜Don't＋命令文, please.＞とするか，文頭にPleaseをつけて，＜Please don't＋命令文.＞とすればよい。
Don't mind. = Never mind.
「気にするな」のように，Don'tの代わりにNever「決して～ない」を用いることもある。ちなみに，ミスした相手に「ドンマイ」と言うが，これはDon't mind. のことである。

トップコーチ

•Let's ～ . の否定文
「～するのはやめよう」「～するのはよそう」というLet's ～ . の否定文は，ふつうは，
＜Let's not＋動詞の原形 ...＞の形で表す。
[例] Let's not go to the park.
「その公園に行くのはよそう」

▸**152**

(1) イ (2) イ (3) ウ
(4) ア

解説 (1)「足元に気をつけなさい」ア「私はそれを試着します」イ「わかりました」ウ「良い靴です」エ「ごめんなさい」 (2)「放課後テニスをしましょう」ア「はい，します」イ「いいえ，よしましょう」ウ「はい，しましょう」

エ「いいえ，しません」⇒Let's play video games.「テレビゲームをしましょう」が続いているから否定形で答える。　(3)「良いクリスマスを」に対し，Same to you. で「あなたもね」という意味になる。⇒慣用句として覚えておこう。　(4)「今日一緒に昼食を食べましょう」ア「もちろん」イ「はい，します」ウ「いいえ，しません」エ「わかりました。日曜日はいかがですか」

＜Let's〜.の答え方＞
Let's〜. に対しては，基本的にYes, let's.「はい，しましょう」またはNo, let's not.「いいえ，よしましょう」で答えるが，(4)のようにO.K. / Sure. / All right. of course./I'm sorry, but …などの表現でも答えられる。

▶**153**
(1) エ　(2) ア

解説 (1)「駅への道を教えてください」ア「私は元気です」イ「どういたしまして」ウ「ありがとう」エ「すみません。私はここは初めてです」　(2)「早く起きなさい。今，10時ですよ」ア「えっ，本当？」イ「いいえ，ちがいます」ウ「またね」エ「はい，そうです」
※It's ten o'clock. についてはp.64「時刻の表し方」参照。

▶**154**
(1) don't, use
(2) Wash, hands
(3) Please, look
(4) Be, careful
(5) Please, turn

解説 (1)「〜しないでください」だから＜Please don't＋命令文＞の形にする。
(2)「手を洗う」はwash one's hands。手は2本だからhandsと複数形にする。　(3)「〜

を見る」look at〜　(4)be動詞の原形はbe。

▶**155**
(1) Let's play baseball (this afternoon).
(2) Please take a picture of my family.
(3) (Please) lend me this dictionary of yours.
(4) Please come to my birthday party.
(5) Get up and wash your face.
(6) Let's take a rest here.
(7) Don't climb the mountain.

解説 (2)「AのB」の表し方には"A's B"と"B of A"の2種類がある。Bに修飾語がついている場合には，"B of A"が好まれる。
(3)「AにBを貸す」はlend A Bまたは, lend B to Aで表す。「私の友だち」my friend ≒ a friend of mine を思い出そう　。(4)「誕生パーティー」birthday party
(5)andは「〜，そして…」という意味で，文と文を結ぶことができる。ここではGet up. という命令文とWash your face. という命令文をつないでいる。

▶**156**
(1) Please close the door.[Close the door, please.]
(2) Don't play baseball here.
(3) Let's play volleyball this afternoon.
(4) Take the Marunouchi Line, change trains at Yotsuya and get off at Shinjyuku.

解説 (1)頼むのだから＜Please＋命令文＞に

する。 (2)禁止するのだから＜Don't＋命令文＞にする。 (3)誘うのだから＜Let's＋命令文＞にする。 (4)「～に乗る」take ～，「～で電車を乗りかえる」change trains at ～，「～で降りる」get off at ～で，それぞれを命令文にしてつなぐ。「AとB」なら＜A (,) and B＞だが，「AとBとC」のように並べる場合，＜A , B (,) and C＞※A・B・Cが文の場合(,)が必要，語の場合は不要。

▶**157**
(1) ビル，良い子にしていなさい。
(2) 毎朝早く起きてください。
(3) 放課後野球の練習をしましょう。
(4) この部屋でピアノをひいてはいけません。
(5) みなさん，私の話[私の言うこと]を聞いてください。

解説 (1)ふつうの命令文：「～しなさい」で，Bill is a good boy.「ビルは良い子です」から考える。 (2)＜Please＋命令文.＞⇒ていねいな命令文：「～してください」(3)＜Let's＋命令文.＞⇒勧誘の命令文：「～しましょう」 (4)＜Don't＋命令文.＞⇒否定の命令文：「～してはいけません」(5)Everyone, はカンマがついているので「呼びかけ」で，主語ではない。また，文尾に, pleaseがついているので，ていねいな命令文。

▶**158**
(1) **Don't be afraid, Jane. / Jane, don't be afraid.**
(2) **Please clean this classroom. / Clean this classroom, please.**
(3) **Don't eat too much.**
(4) **Do your homework before dinner.**
(5) ①**Let's run to the park.** ②**Yes, let's.**

解説 (1)「ジェーンは怖がっています」Jane is afraid. から考える。 (3)eat too muchで「食べすぎる」という意味になる。 (4)このdoは「～をする」という意味の一般動詞のdo。

24 can

▶**159**
(1) **I can sing English songs.** 私は英語の歌をうたうことができます[うたえます]。
(2) **He can drive a car.** 彼は車を運転することができます[運転できます]。
(3) **My sister can write a letter in English.** 私の姉[妹]は英語で手紙を書くことができます[書けます]。
(4) **Ken can run very fast.** ケンはとても速く走ることができます[走れます]。
(5) **The baby can walk well.** その赤ちゃんは上手に歩くことができます[歩けます]。
(6) **Kate can play the violin.** ケイトはバイオリンをひくことができます[ひけます]。
(7) **They can understand these French words.** 彼らはこれらのフランス語の単語を理解することができます[理解できます]。

(8) **My mother can cook some Chinese dishes.**

私の母はいくつかの中華料理をつくることができます [つくれます]。

解説 canは動詞の前につけて「〜することができる」「〜してもよい」という意味をつけ加える。canの後ろの動詞は必ず原形にし、＜can＋動詞の原形＞でひとかたまりになる。このように動詞にいろいろな意味や働きをつけ加えるものを「助動詞」と言う。(1)〜(8)すべて、canを動詞の直前におき、動詞を原形にすればよい。

▶**160**
(1) **She cannot[can't] ski.**
(2) **Ted cannot[can't] swim fast.**
(3) **The boy cannot[can't] play catch.**
(4) **My sister cannot[can't] dance well.**
(5) **I cannot[can't] carry the heavy baggage.**
(6) **He cannot[can't] ride a bicycle.**
(7) **They cannot[can't] write a letter in English.**
(8) **The duck cannot[can't] fly.**

解説 助動詞canを使った文を否定文にするには、canの後ろにnotをつければよい。短縮形は**cannot**または**can't**で表す。

▶**161**
(1) **Can Yumi make cookies well? —— Yes, she can.**
(2) **Can that dog swim well? —— No, it can't[cannot].**
(3) **Can I play baseball here?**

—— **Yes, you can.**
(4) **Can the penguin fly? —— No, it can't[cannot].**
(5) **Can we use this dictionary? —— Yes, you can.**
(6) **Can Mike eat natto? —— No, he can't[cannot].**
(7) **Can they answer these questions? —— Yes, they can.**
(8) **Can your brother teach Chinese? —— No, he can't[cannot].**

解説 助動詞canを使った文を疑問文にするには、canを文頭に出せばよい。また、答えるときは、Yes, 〜 can. / No, 〜 can't[cannot]. とcanを使って答えること。

▶**162**
(1) ア　(2) エ　(3) イ
(4) ア　(5) イ

解説 (1)Can I 〜 ? に対し、Yes, I can. では答えられない。Go ahead. には「お先へ（どうぞ）」「さっさと〜」「さあ、どうぞ」などの意味がある。　(2)「駅への道を教えてくれませんか」に対し、Of course. やCertainly. でも答えられるが、I don't live in this town.「私はこの町に住んでいません」と続けているので、案内できないという表現：Please ask someone else.「だれかほかの人にたずねてください」を選ぶ。tellは「〜に」「…を」と2つの目的語をとることができる動詞。⇒2年で学習する。　(3)Can I speak to 〜 ?「〜をお願いします」という「電話表現」。これに対しては、Speaking.「私です」を選ぶ。　(4)Whoの後ろにcan arrangeが続いているので、Whoが主語ということがわかり、「だれがこれらの花を美

しくいけられますか」という意味になる。
(5)「トシオは何語を話せますか」

┌─────────────────────────┐
│ **＜Can I[we] ～？とCan you ～？＞**
└─────────────────────────┘
◇**Can I[we] ～？**「（私［私たち］は）～
してもいいですか」：相手に許可を求め
る言い方。
肯定の答え方：All right. / O.K. /
Sure. / Certainly. / Of course
(, you can).「もちろん，いいですよ」
など。
否定の答え方：No, you can't.「いいえ，
いけません」など。
◇**Can you ～？**「～してくれますか」：
相手に依頼する言い方。
肯定の答え方：All right. / O.K. /
Sure. / Of course. / Certainly. など。
否定の答え方：(I'm) Sorry, / I[we]
can't. など。

▶**163**
(1) **Can**　　(2) **What**
(3) **Who**　　(4) **What**

解説 (1)canで答えている。　(2)「ピアノがひ
けます」と答えているので，「彼らは何をひ
けますか」とする。　(3)「タカシができます」
と答えているので，「だれがその問題を解け
ますか」とする。　(4)「果物が買えます」と
答えているので，「この店では何が買えます
か」とする。

▶**164**
(1) **can, play**　　(2) **Can, ask**
(3) **cannot[can't], walk**
(4) **can, see**　　(5) **Can, get**
(6) ①**What, can**　②**She, can**
(7) ①**Can, play**　②**He, can**
(8) **Can, use**　　(9) **Can, help**
(10) **Can, play**

解説 (2)「～してもいいですか」だからCan I
～？とする。　(4)「見えます」⇒「見ること
ができます」(6)①「何を」だから文頭は
Whatを用い，そのあとは疑問文にする。
② ①の主語Maryに対して，Sheを使って
答える。　(7)orを使った選択疑問文。
② ①に対して答えるのだから主語Mikeに
対して，Heを使って答える。　(8)「借りる」
はborrowだが，その場で使うものや持ち
帰りができないもの（例えばトイレやコン
ピューター，電話など）を借りる場合には
useを使う。　(9)相手に依頼する文だから，
Can you ～？の形にする。　(10)相手に許可
を求める文だから，Can we ～？の形にす
る。

┌─ **トップコーチ** ──────────────┐
│ ●疑問文で用いる**some**
│ 　疑問文ではふつうは**any**を用いるが，
│ 肯定の答えを期待したり，依頼などを表
│ すときには**some**を用いる。
│ ［例］**Can I ask some questions?**
│ 　「質問をしてもいいですか」
│ 　（肯定の答えを期待）
│ 　**Can you bring some coffee?**
│ 　「コーヒーを持ってきてくれませんか」
│ 　（依頼）
└────────────────────────┘

▶**165**
(1) **Susan can eat *sashimi*.**
(2) **The monkey can draw a
picture.**
(3) **My cat cannot catch a
mouse.**
(4) **Can you help me?**
(5) **Can we see swans there?**
(6) **Alice can't solve this
problem.**

解説 肯定文「〜できる」：＜主語＋can＋動詞の原形...＞／疑問文「〜できますか」：＜Can＋主語＋動詞の原形...?＞／否定文「〜できません」：＜主語＋cannot[can't]＋動詞の原形...＞の形に当てはめる。

▶**166**

(1) ミキは中国語を上手に話すことができる[話せる]。

(2) あなた(たち)のお母さんは馬に乗れ[乗ることができ]ますか。

(3) この部屋で遊んでもいいですよ。

(4) 私と一緒にそこへ行ってもらえませんか。／ あなた(たち)は私と一緒にそこに行けますか。

(5) その子どもたちのために私たちは何ができますか[何をすることができますか]。

(6) だれがそこでジミーに会え[会うことができ]ますか。

解説 (3)canには「〜できる」という意味のほかに「〜してもよい」という許可の意味がある。状況に応じて訳し分けよう。 (4)**Can you 〜?** は「〜できますか」という意味だが、「〜してくれませんか」と相手に依頼する表現にもなる。 (5)ここのdoは「〜をする」という意味の一般動詞。 (6)Whoの後ろに動詞が直接続いているので、ここのWhoは「だれが」という主語になっている。

▶**167**

(1) **Can you come to the party today?**

(2) **Can I use your dictionary?**

(3) **His father can cook well.**

(4) **Jack cannot[can't] swim very fast.**

(5) **You can sleep in my bed.**

(6) **Can you show the picture(s)**

[photo(s)] to me? / Can you show me the picture(s)[photo(s)]?

解説 (3)「料理がうまい」⇒「上手に料理をすることができる」と考える。 (4)「あまり…ない」はnot 〜 very ...で表す。 (5)「眠ってもかまわない」⇒「眠ってもよい」と考える。 (6)「〜してくれませんか」はCan you 〜？を使って表す。

25 | 時刻の表し方

▶**168**

(1) **It is five thirty.**

(2) **It is eleven twenty-five.**

(3) **It is six fifteen.**

(4) **It is eight eleven.**

(5) **It is nine fifty-five.**

(6) **It is four twenty.**

(7) **It is twelve forty-five.**

(8) **It is five (o'clock).**

解説 「〜時…分」と現在の時刻を表すときには "It is 〜 ..."と言う。〜 o'clockはof the clockの短縮形で、「〜時」と言うときに用いるが、省くこともある。「〜時…分」と言うときには用いない。(1)〜(8)It isはふつうIt'sと短縮してもよいが、ここでは[例]にならって短縮形を用いない。

┌─────────────────┐
トップコーチ
●時刻の表し方

「1時5分」はふつう、**It's one five.** と言うが、「〜時」から少し過ぎている場合は、**past[after]** 〜「〜を過ぎて」を使って、**It's five (minutes) after[past] one.** 「1時を過ぎて5分です」⇒「1時5分過ぎです」とも表せる（**minute**は「分」という意味）。
└─────────────────┘

「9時50分」はふつう，**It's nine fifty.** と言うが，「〜時」から少し前の場合は，**It's ten (minutes) before[to] ten.** 「10時まであと10分です」⇒「あと10分で10時です」とも表せる。※《米》では **after, before**，《英》では **past, to** を用いる。

▶**169**

(1) **after**　　(2) **about**

(3) **in**　　(4) **before**

(5) **from, to**

解説 about 〜「〜ごろ，約 〜」，after 〜「〜の後（で）」，before 〜「〜の前（に）」，from 〜「〜から」，in 〜「〜（の中）に［で］」，to 〜「〜まで」 (2)ここでは「6時ごろ」という意味でabout sixとするが，at about sixと言うこともある。「6時に」という意味で一般動詞の文で用いる場合はat sixとする。　 (5)from A to B「AからBまで」

▶**170**

(1) **I go home at five.**

(2) **It starts at eight ten.**

(3) **He goes to work at seven.**

(4) **She takes a bath at ten.**

解説 ＜What time do[does] + 主語 + 一般動詞の原形 〜？＞に対して答えるには，＜主語 + 一般動詞 〜 at + 時刻.＞で答える。現在の時刻を表すときには＜It is + 時刻.＞ではatは使わないが，一般動詞の文の場合は＜at + 時刻＞とすることに注意する。答えの文の主語には，疑問文の主語に合わせて代名詞の主格(I, you, he, she, it, we, they)を用いる。また，主語が3人称単数のときの動詞の形にも気をつける。

▶**171**

(1) **What time is it now?**

(2) **What time do you come home?**

(3) **What time does Emi close the store?**

(4) **What time does this movie start?**

解説 下線部をWhat timeにかえる⇒文頭に出す⇒残った部分を疑問文にかえる。この出題形式の場合，(2)のように，「私」⇔「あなた」にかえるので気をつけよう。

(1)時刻をたずねたり，時刻を言うときに用いるitには「それ」という意味はなく，形だけの主語である。

▶**172**

(1) **in, the, afternoon**

(2) **ten, before[to]**

(3) **after[past]**

(4) **every**

(5) **the, morning**

解説 (1)「午後」はin the afternoonで表す。(2)「11時まで（あと）10分」と考える。(3)「5時を過ぎて10分」 (4)「〜毎に／〜おきに」は＜every + 数詞句＞で表す。

▶**173**

(1) ①**What time does Bill have breakfast?**

②**He has it around seven.**

(2) ①**What time does Ken take his dog for a walk?**

②**He takes it for a walk at five in the morning.**

(3) **He always jogs in the evening.**

(4) ①**What time does the bus start?**

②It usually starts at ten.
(5) ①What time do you watch the TV program?
②I watch it at three in the afternoon.

解説 (1)②ここのitはbreakfastのこと。
(2)②ここのitはhis dogのこと。 (5)②ここのitはthe TV programのこと。

26 序数・曜日・月・季節の表し方

▸*174*

(1)	first	(2)	second
(3)	third	(4)	fifth
(5)	eighth	(6)	ninth
(7)	twelfth	(8)	twentieth
(9)	forty-first	(10)	sixty-fourth

解説 one, two, three, four, five…を「基数」と呼ぶのに対し，first, second, third, fourth, fifth…を「序数」と呼び，「～番目（の）」という意味を表す。

＜序数のつくり方＞

one⇒first，two⇒second，three⇒thirdは特別なものとして覚える。
four以降はthをつければよいが，次の点に注意する。
(1) -veで終わる基数はveをfにかえてthをつける。
（例）five⇒fifth
(2) -tで終わる基数はtを取ってthをつける。
（例）eight⇒eighth
(3) -eで終わる基数はeを取ってthをつける。
（例）nine⇒ninth

(4) -yで終わる基数はyをieにかえてthをつける。
（例）twenty⇒twentieth

▸*175*

(1)	Tuesday	(2)	Wednesday
(3)	Thursday	(4)	January
(5)	February	(6)	April
(7)	July	(8)	August
(9)	September	(10)	October
(11)	November	(12)	December

＜曜日名＞

日曜日	Sunday
月曜日	Monday
火曜日	Tuesday
水曜日	Wednesday
木曜日	Thursday
金曜日	Friday
土曜日	Saturday

＜月名＞

1月	January	2月	February
3月	March	4月	April
5月	May	6月	June
7月	July	8月	August
9月	September		
10月	October		
11月	November		
12月	December		

▸*176*

(1)	second	(2)	ninth
(3)	third	(4)	first
(5)	fifth	(6)	twelfth

解説 意味的にすべて序数にすればよい。

▶**177**

(1) **What day (of the week) is (it) today? / What's[What is] today?**

(2) **What's[What is] the date today?**

(3) **What time is it?**

(4) **What time do you have dinner?**

(5) **What day (of the week) does your mother go to church?**

解説 (1)曜日をたずねる。 (2)日付をたずねる。 (3)時刻をたずねる。 (4)時刻をたずねるので，下線部をWhat timeにして文頭に出し，残った部分を疑問文にする。答えの文の主語がIなので，主語をyouにかえる。 (5)曜日をたずねるので，下線部をWhat dayにして文頭に出し，残った部分を疑問文にする。答えの文ではmyなので，yourにかえる。

＜「時間」「距離」「天候」などを表すit＞
「時間」「距離」「天候」「明暗」「寒暖」などを表すとき主語にitを用いるが，このitは「それ」とは訳さない。
[例] It is seven o'clock. 「7時です」
It is five kilometers from here to the station.
「ここから駅まで5キロです」
It is rainy[fine, sunny] today.
「今日は雨[晴れ]です」
It is dark outside. 「外は暗い」
It is very cold here in winter.
「当地は[ここは]冬はとても寒い」

▶**178**

(1) **August** (2) **February**
(3) **Thursday** (4) **Wednesday**
(5) **Saturday**

解説 (1)「1年の8番目の月は～です」 (2)「～は1月の後に来ます」 (3)「～は水曜日の後に来ます」 (4)「火曜日の後には何曜日が来ますか」 (5)「日曜日の前の日は～です」

▶**179**

(1) **on** (2) **in** (3) **on**
(4) **in** (5) **to**

解説 (1)曜日を表すときにはonを用いる。 (2)季節を表すときにはinを用いる。 (3)日付を表すときにはonを用いる。 (4)月を表すときにはinを用いる。 (5)from A to B「AからBまで」

トップコーチ
●季節名と**the**
(1) ふつうは**the**をつけない。
I like **spring**. 「私は春が好きだ」
(2) 特定の季節を表すとき：アメリカでもイギリスでも季節名の前に**the**をつける。
in the winter of 2000 「2000年の冬に」
(3) last, this, nextとともに用いるとき：**the**をつけず，前置詞も用いない。
last summer 「去年の夏に」

▶**180**

(1) ①**When, is** ②**May**
(2) **Spring, winter**
(3) **in, August**
(4) **Forty, thirtieth**

解説 (1)①「いつ～」とたずねるときには

＜When＋疑問文？＞の形にする。② 答えるときには前の疑問文に対応して，＜主語＋動詞〜＞の形にする。ただし，主語には代名詞の主格を用いる。

(4)日付には序数を用いる。joinedはjoin「加わる」の過去形（31章で学ぶ）。

27 年齢・身長などの言い方

▶ **181**

(1) **old**　　(2) **deep**

(3) **much**　(4) **many**

解説 (1)six months oldと年齢を答えているので，How oldでたずねる。　(2)100 meters deepと深さを答えているのでHow deepでたずねる。　(3)30,000 yenと値段を答えているのでHow muchでたずねる。　(4)threeと数を答えているのでHow manyでたずねる。

┌─＜年齢・身長などのたずね方・答え方＞─┐

◇たずね方：＜**How old**[**tall / high / much / long**など]＋疑問文？＞

※たずねる内容に応じて，old, tall, high, much, longなどを使い分ける。

◇答え方：＜主語＋動詞＋数詞＋単位を表す語＋**old**[**tall / high / much / long**など]．＞

[例] 年齢：**How old** is your grandmother?

── She's **ninety years old**.

「あなたのおばあさんは何歳ですか。

──90歳です」

[例] 身長・高さ：**How tall** is she?

── She's **120 centimeters tall**.

「彼女の背の高さはどのくらいですか。── 120センチです」

[例] 値段：**How much** is this shirt?

── It's **20 dollars**.

「このシャツはいくらですか。

──20ドルです」

[例] 長さ：**How long** is the pole?

── It is **five feet long**.

「その棒はどれくらいの長さですか。

──5フィートです」

[例] 期間：**How long** do your cousins stay here?

── They stay here **for a week**.

「あなた（たち）のいとこはどのくらいの間ここに滞在しますか。

──1週間です」

▶ **182**

(1) **She's[She is] one hundred and fifty centimeters tall.**

(2) **He's[He is] ninety years old.**

(3) **He needs two thousand yen.**

(4) **She sleeps (for) seven hours.**

(5) **They have four (dogs).**

解説 (1)疑問文がis your sisterだからShe's[She is] 〜 tall. で答える。　(2)疑問文がis his grandfatherだからHe's[He is] 〜 old.で答える。　(3)疑問文がdoes Taro needだからHe needs 〜 . で答える。thousandは複数形にしない。　(4)疑問文がdoes she sleepだからShe sleeps 〜 . で答える。「〜の間」はfor 〜で表すが，省略可能。　(5)疑問文がdo they haveだからThey have 〜 . で答える。数をたずねられているので数だけを答えてもよい。

┌─ **トップコーチ** ─

●数の単位

◇日本語：4桁区切りで単位が変わる。

◇英　語：3桁区切りで単位が変わる。

1	一	one	
10	十	ten	
100	百	one hundred	
1,000	千	one	thousand
10,000	一万	ten	thousand
100,000	十万	one hundred	thousand
1,000,000	百万	one	million
10,000,000	千万	ten	million
100,000,000	一億	one hundred	million
1,000,000,000	十億	one	billion

▶**183**

(1) **years, old**
(2) ①**How, long**
　　②**five, hours**
(3) ①**How, high**
　　②**It, meters**

解説 (1)「あの家は今30歳です」と考える。
(2) ②itはthe pianoを指している。
(3) ①山の高さをたずねているのでHow tall～?ではなく，How high～?を用いる。

▶**184**

(1) ①**How much is this hat?**
　　②**It is 100 dollars.**
(2) ①**How long is this bridge?**
　　②**It is about 10 meters long.**
(3) ①**How tall is that volleyball player?**
　　②**He is about two meters tall.**

解説 (1)「この帽子」だからthis hatとする。
(2) ①How longは「期間」のほかに「長さ」をたずねるときにも用いられる。
(3) ①「あのバレーボール選手」だからthat volleyball playerとする。

▶**185**

(1) あなたは何歳ですか。
　　——私は15歳です。
(2) 彼の身長はどれくらいですか。
　　——彼は170cmです。
(3) この人形はいくらですか。
　　——それは5,000円です。
(4) この犬はどのくらい高く跳び上がることができますか。
　　——それは約1メートル跳び上がることができます。

解説 それぞれ，(1)「年齢」，(2)「身長」，(3)「値段」，(4)「高さ」についての対話。

▶**186**

(1) ①**How long is this river?**
　　②**It's[It is] about[around] one hundred kilometers long.**
(2) **That fence is two meters high.**
(3) **How far is it from your house to the park?**

解説 (2)フェンスの高さを表すときにはhighを用いる。　(3)「どのくらい」はここでは距離をたずねていると考えられるのでHow far～?を用いる。

28 Wh-, Howで始まる疑問文

▶**187**

(1) ア　(2) イ　(3) イ
(4) ウ　(5) エ　(6) ア
(7) エ　(8) イ　(9) ウ
(10) エ　(11) イ　(12) イ
(13) ア

解説 (1)「イタリアの首都は何ですか」

(2)「あなた（たち）はそれをどう思いますか」だからHowを使いたいところだが，Whatを用いる。　(3)「だれが英語を教えていますか」だからWhoが主語になっている。主語になるwhoは3人称単数扱いするので，現在の文なら3単現のsがつく。　(4)空所の後ろにchildrenと複数形が続いているので＜How many＋複数形～？＞と考える。「その女性は何人の子どもがいますか」　(5)by bus「バスで」と答えているので，「交通手段」をたずねるHowを選べばよい。　(6)in Paris「パリに」と答えているので，「場所」をたずねるWhereを選ぶ。　(7)「1月31日」と日付を答えているので，「時」をたずねるWhenを選ぶ。　(8)後ろに名詞(car)があり，my brother's「兄[弟]」のものです」と答えているので，「だれの」の意味のWhoseを選ぶ。　(9)this one「このバス」と答えているので，「ジムはどちらのバスに乗りますか」と考えてWhichを選ぶ。　(10)「あなた（たち）はどのように休日を過ごしますか」　(11)「ポケットの中にどのくらいのお金を持っていますか」moneyは数えられない名詞なので，量をたずねる＜How much＋不可算名詞？＞を用いる。また，金額をたずねる場合はHow much ～？「いくら」だけで用いる。　(12)Why ～？＝What ～ for?「何のために」⇒「あなた（たち）は何のために図書館に行きますか」(13)How often ～？は「どのぐらいの頻度で～」と「頻度」をたずねる言い方。

＜疑問詞の種類＞

who	「だれは[が]」，「だれを[に]」
which	「どちらは[が]」，「どちらを[に]」
what	「何は[が]」，「何を[に]」
＜whose＋名詞＞	「だれの～」
＜which＋名詞＞	「どちらの～」
＜what＋名詞＞	「何の～」
whose	「だれのもの」
when	「いつ」
where	「どこで[へ，に]」
why	「なぜ」
how	「どのようにして」《方法》
	「どのような」《様態》
＜how（＋形容詞[副詞]）＞	
	「どれくらい（～）」《程度》

▶**188**

(1) ア　　(2) ウ　　(3) ウ
(4) エ　　(5) ウ　　(6) ウ
(7) エ

解説 (1)「ミルクと砂糖を入れてください」と答えているので「コーヒーをどのようにしましょうか」とたずねる文。　(2)「私は大学生です」と答えていることから考える。What do you do?はWhat are you?と同様の表現。　(3)What does your father do? ＝What is your father?「あなたのお父さんの職業は何ですか」だから，ウを選ぶ。
(4)「どうやって三原に行きますか」だから，ふつうはby ～で答えるが，by the carはできないので，I take a bus.「バスに乗ります」を選ぶ。　(5)「あなたは日本のどこの出身ですか」だから，(I am from) ～ .で答える。※疑問詞で始まる疑問文にはYes / Noでは答えられない。　(6)疑問詞の後ろに動詞が直接続いているので，Whoが主語。一般動詞の文だから～ do[does]. で答える。※be動詞の文なら～ is[am, are]. で答え，canを使った文なら～ can. で答える。　(7)「だれが次にゲームをしますか」とたずねているので，ふつうなら～ do [does].と答えるところだが，選択肢にないので，It's my turn.「私の番です」を選ぶ。

▶**189**

(1) **come**　　(2) **How, much**
(3) **teaches**

解説 (1)「あなたはどこの出身ですか」⇒「あなたはどこから来ているのですか」と考える。 (2)「この辞書の値段は何ですか」⇒「この辞書はいくらですか」と考える。 (3)「あなた(たち)の英語の先生はだれですか」⇒「だれがあなた(たち)に英語を教えているのですか」と考える。書きかえた文はWhoが主語だから3単現のsに気をつける。

▶ **190**

(1) **What does Kazuo enjoy?**

(2) **How does he go to England?**

(3) **Where does Jimmy live?**

(4) **Who plays tennis every Sunday?**

(5) **Which[What] book do you want?**

＜下線部をたずねる疑問文の作り方(2)＞

[パターン1]

　下線部を適当な疑問詞にかえる⇒文頭に出す⇒残った部分を疑問文にすればよい。ただし、「私」⇔「あなた」に交換すること。

⇒＜疑問詞＋疑問文？＞の形ができる。

答えるときには、疑問文を利用して＜主語＋動詞～＞の形にする。

[パターン2] (下線部が主語のとき)

　下線部を適当な疑問詞にかえる⇒疑問詞がすでに文頭にある⇒残った部分をそのまま疑問詞の後ろに続ければよい。

※ただし、この場合は疑問詞が主語になるので、現在の文のときには、一般動詞なら3単現のsをつけ、be動詞の文ならisを用いる。

⇒＜疑問詞＋動詞～？＞の形ができる。

　答えるときには、～ do[does]. / ～ is [am, are]. / ～ can. の形にする。

▶ **191**

(1) **What**

(2) **Who, makes[cooks]**

(3) **Where, swim**

(4) ①**When, homework**
　　②**homework, dinner[supper]**

(5) **How, can[do], I[we]**

解説 (1)「どこ」だからWhereとしたいところだが、「日本の首都は何ですか」と考える。 (2)「だれがつくりますか」と考える。疑問詞が主語になるとき、次に続く一般動詞に3単現のsを忘れないこと。 (3)「どこで」だからWhereを用いる。 (4)「いつ」だからWhenを用いる。 (5)「どうしたら」は"手段・方法"を表すhowで、これを文頭に置く。後には疑問文が続き、主語のIまたはweの前に助動詞can「～できる」またはdoを入れる。

▶ **192**

(1) ①**Where is the zoo?**
　　②**It is near my house.**

(2) ①**How does Yuki go to the station?**
　　②**She goes there by bicycle.**

(3) (How) **many books do you have?**

(4) **How far is it from here** (to Sagamihara Station)**?**

解説 (2)②She goes to the station by bicycle. と答えるところだが、to the stationは2度目に出てくる場所を表す語句なのでthereにかえている。 (3)数をたずねるには＜How many + 複数名詞 + 疑問文＞を用いる。 (4)距離をたずねるには＜How far + 疑問文＞を用いる。また、距離を言う場合、主語にはitを用いる。「AからBまで(距離)」from A to B ／「AからBまで(時間)」from A till [until] B

▶**193**

(1) この列車はどこ行きですか。
　　──（それは）東京行きです。

(2) あなたはいつ図書館へ行きますか。
　　──私は放課後にそこへ行きます。

(3) ここではどのくらい雪が降りますか。
　　──たくさん降ります。

(4) あなた（たち）のお父さんはどうやって
　　仕事に行きますか。
　　──彼はバスで仕事に行きます。

(5) ニューヨークの天候はどうですか。
　　──とてもいい天気です［快晴です］。

解説　(1)＜Where＋疑問文？＞「どこに［で，
へ］〜 ?」「場所」をたずねる疑問文。
(2)＜When＋疑問文？＞「いつ〜 ?」「時」を
たずねる疑問文。⇒「時刻」をたずねる場合
は＜What time＋疑問文？＞にする。
(3)「程度」のhow「どれくらい〜」
(4)「方法」のhow「どのようにして〜」
(5)「様態」のhow「どのような」

▶**194**

(1) **Who cleans this room?**
　　── **Kumi does.**

(2) **Where do you take pictures?**
　　── **I take them in the park.**

(3) **Which girl is Mike's sister?**

(4) **Where is the teachers'**
　　room?
　　── **It is next to the library.**

解説　(1)Whoが主語。　(2)答えるときにはI
take pictures in the park. としたいとこ
ろだが，picturesは2度目に出てくる名詞
なので代名詞にかえる。　(3)Which girl
が主語。　(4)be動詞は「〜にある［いる］」
という意味も表す。

第6回	**実力テスト**

1

(1) ○　　(2) ア　　(3) ア

(4) ○　　(5) エ

解説　(1)すべて［s］。　(2)アのみ［ei］で，ほか
はすべて［æ］。⇒「ラジオ」はカタカナ英語
なので注意。　(3)アのみ［i］で，ほかはすべ
て［ai］。(4)すべて［tʃ］。(5)エのみ［ɑːr］で，
ほかはすべて［əːr］。⇒2種類の「アー」に気
をつけて単語を覚えるようにしよう。

2

(1) ア　　(2) イ　　(3) イ

(4) ア　　(5) ア　　(6) イ

(7) ア　　(8) イ

解説　(1)「イヴニング」ではなく，「イーヴニ
ング」と，のばす発音になることにも注意。
(2)eight-yなら第1音節。　(3)「トマト」は
カタカナ英語で，本来は［トメイトウ］。
(4)「カメラ」はカタカナ英語で，［æ］の発音
になることにも注意。(6)「コンピューター」
はカタカナ英語で，本来は第2音節が強い。
(7)oのつづりを［u］と発音することも覚え
ておこう。

3

(1) イ　　(2) オ　　(3) キ

(4) ク　　(5) カ

解説　まず，Yes / Noで答えられるかどうか
を考え，次に疑問文の主語は何かを考える
こと。(1)your parentsが主語だからthey
で答える。　(2)〜(5)はYes / Noで答えら
れない。(2)時刻をたずねている。　(3)交通
手段をたずねている。　(4)**How much**は
「いくら」と金額をたずねる言い方。　(5)場
所をたずねている。

4

(1) **What time is it by your watch?**

(2) **When do you usually watch TV in the living room?**

(3) **How does Nancy go to school every day?**

(4) **What can Tom and Mike do with us?**

(5) **How deep can your brother dig the hole?**

解説 (1)時刻をたずねるのだから what time とし，残った部分を疑問文にする。この形式の問題では，疑問文にする際に「私」⇔「あなた」を入れかえることを忘れずに！
(2)「いつ」とたずねればよいので when を用いる。 (3)on foot「徒歩で」，つまり，交通手段・方法をたずねればよいので，how を用いる。 (4)下線部が soccer だけなら what だが，動詞にまで下線が引かれているので，play を一般動詞の do「～する」にかえなければならない。 (5)深さをたずねるのだから **how deep** を用いる。dig「掘る」，hole「穴」，deep「深い」

5

(1) **Open the window.**

(2) **Let's go to the zoo with his brother.**

(3) **Don't open the window, please. / Please don't open the window.**

(4) **Don't run in this room.**

(5) **Tom can cook very well.**

解説 (1)命令文にするには，主語 you を省略して，動詞の原形から始めればよい。(2)「～しましょう」は＜Let's＋動詞の原形＞で表す。

(3)「～しないでください」は，＜Don't＋命令文, please＞，または＜Please don't＋命令文＞で表す。 (4)「～してはいけない」は＜Don't＋命令文＞で表す。 (5)「～できる」は助動詞 can を用い，＜can＋動詞の原形＞の形にする。

6

(1) **It's[It is] twelve twenty-five.**

(2) **She cooks it at six (o'clock) in the afternoon.**

(3) **It's[It is] three thousand seven hundred (and) seventy-six meters high.**

(4) **I'm[I am] five feet and four inches tall.**

(5) **Thirty-eight students do.**

(6) **It's[It is] Sunday.**

(7) **It's[It is] Saturday.**

(8) **It's[It is] September.**

(9) **It's[It is] February.**

(10) **It's[It is] May (the) fifth.**

解説 (2)時刻を表すときは at ～ とする。「午後」は in the afternoon を時刻に続ければよい。 (3)「千」の単位は **thousand**，「百」の単位は **hundred** で表し，複数形にはしない。また，How high ～？でたずねられたら，～ high. で答える。 (4)How tall ～？でたずねられたら，～ tall. で答える。
(5)How many students が主語で，一般動詞の文だから，～ do[does]. で答える。
(6)「1週間の最初の日は何曜日ですか」
(7)「1週間の最後の日は何曜日ですか」
(8)「1年の9番目の月は何ですか」
(9)「1年で一番短い月は何ですか」
(10)「子どもの日はいつですか」⇒日付を答える。

7

(1) **far, is, from**

(2) **How, do, to**

(3) **can, play**

解説 (1)距離をたずねるときにはHow farを用い，主語にはitを用いる。「AからBまで」はfrom A to Bで表す。 (2)「どうやって」は方法のhowを用いる。 (3)「〜することができる」は＜can＋動詞の原形＞の形で表す。

8

(1) **What time do you usually get up on Sundays?**

(2) **Ken, look at those mountains. / Look at those mountains, Ken.**

(3) **Please be quiet in the library, everyone. / Everyone, please be quiet in the library.**

解説 (1)曜日を表すにはon 〜にする。(2)「〜を見る」look at 〜 (3)quietは「静かな」という形容詞で，一般動詞ではないから，be動詞の文とする。be動詞の文の命令文は，原形のbeで始める。 (2)(3)のような呼びかけは，コンマを用いて文頭または文末に置く。

9

(1) あの絵はいくらですか。

——(それは) 350ドルです。

(2) あなたの兄 [弟] はどこにいますか。

——彼は庭にいます。

(3) ジャックはフランス語とドイツ語のどちらを話しますか。

——彼はフランス語を話します。

(4) どちらがアンのラケットですか，これですか，それともあれですか。

——このラケットがアンのです。

(5) 私はあなた (たち) のために何をしてあげられるでしょうか [することができますか]。

解説 (1)How muchは「いくら」と金額をたずねる言い方。 (2)このbe動詞は「いる」という意味。 (3)does Jack speakだから「話しますか」と訳すこと。「話せますか」ならcan Jack speakとなる。 (4)この文のoneはすべてracketを指している。 (5)慣用表現として覚えておこう。

10

(1) **Be kind to old people.**

(2) **Let's sing those songs.**

—— Yes, let's.

(3) **What time do you go to bed every night?**

—— I go to bed (at) about ten thirty [half past ten].

(4) **How many English songs can you sing?**

(5) **Can[May] I have some coffee?**

解説 (1)「親切な」はkindという形容詞だから，be動詞の文とする。 (2)「あれらの」はthoseで，songも複数形にすること。(3)「〜ころ，約〜」はabout 〜で表し，「〜時半」は〜 thirty，またはhalf past[after] 〜 とする。 (4)「うたえますか」だからcanを用いた疑問文にする。「うたいますか」ならdo you singになる。 (5)「いくらか」はsome，anyで表す。ふつうは肯定文でsome，疑問文・否定文ではanyを用いるが，

相手の肯定の返事を期待する文や相手に物
をすすめる文では，疑問文であっても
someを用いる。

┌─────────────────────┐
│ **トップコーチ**
│ ●about
│ ※**about**を伴う時刻・期間・距離の表現
│ 　は，副詞的性質を帯びるため，前置詞
│ 　はしばしば省略される。
│ ※通例，**about at ten**や**at ten about**
│ 　とはしない。
│ ※基本的におおよその数量を示すので，
│ 　端数よりも0や5で終わるキリの良い数
│ 　字と一緒に用いられることが多い。
└─────────────────────┘

11

(1) **We have a new teacher from Canada today.**

(2) ②彼女は（彼女の）家族と一緒に東京に住んでいます。

　　③一緒に英語を勉強しましょう。

(3) ウ

(4) ジンがカナダについて何か知っているかということ。(24字)

解説 (1)「～出身」はfrom ～ で表し，先生を修飾しているのでteacherの後ろに置く。
(2) ②with「～と一緒に」③together「一緒に」　(3)ホワイト先生にwhat's your name? とたずねられて，最初は答えられなかったが，オガワ先生がゆっくり繰り返してくれたので，ジンは答えられた。
(4)具体的な質問は，Do you know anything about Canada? である。

全訳 オガワ先生はジンのクラスの英語の先生です。教室で，彼は「やあ，みなさん。私たちは今日，カナダ出身の新しい先生をお迎えします。彼女の名前はホワイトさんです。彼女は英語を教えます。彼女は家族と一緒に東京に住んでいます。彼女は自分

の国が大好きです。しかし，彼女は日本と日本人も大好きです」と言います。

　彼のスピーチの後で，ホワイト先生はほほえんで，生徒たちに「おはようございます，みなさん。一緒に英語を勉強しましょう」と言います。それから，彼女はジンのほうに歩いてきて，「こんにちは，あなたの名前は何ですか」と言います。

　ジンはその質問に答えられません。オガワ先生が彼女の質問をゆっくりと言います。

　ジンは「ぼくの名前はタグチジンです」と言います。

　ホワイト先生もゆっくりと言います。「よろしいです。私は別の質問をしますよ，ジン。あなたはカナダについて何か知っていますか」

　ジンは「いいえ。ぼくはカナダについて全く知りません」と答えます。

　ホワイト先生はほほえんで，「わかりました。ありがとう，ジン」と言います。そして，彼女はカナダの自然について話します。

29 ～がある[いる]；There is ～.

▶**195**

(1) **are**　　(2) **is**　　(3) **are**

(4) **Is**　　(5) **is**　　(6) **are**

(7) **Are**　　(8) **are**　　(9) **Are**

(10) **is**　　(11) **is**

解説 (1)主語がthree pencilsで，複数だからare。　(2)主語がa carで，単数だからis。　(3)主語がmany childrenで，複数だからare。　(4)主語がa penで，単数だからIs。疑問文であることに注意する。　(5)主語がa new restaurantで，単数だからis。　(6)主語がany studentsで，複数だからare　(7)主語がany chairsで，複数だからAre。疑問文であることに注意する。

(8)主語がsome peopleで，複数だから are。　(9)fish[sheep, deerなど]は数えられる名詞(可算名詞)で，単数形と複数形が同じ(単複同形)なので注意する。a lot ofの後ろに単数がくることはない(複数形か不可算名詞を用いる)ので，このfishは複数形と考えられるからAreを用いる。
(10)主語がa ballで，単数だからis。

＜There is[are] 〜. の文＞

◇「場所に〜がいる[ある]」という意味を表すときには，＜There is[are] 〜 ＋場所を表す語句.＞の形を使う。

◇「〜」の部分が主語だから，is, areは「〜」に合わせて使い分ける。

◇There beの文の主語には特定の人・物(固有名詞や代名詞，the 〜など)は使えない。⇒特定の人・物を主語として使う場合は，ふつうの＜S＋V＋場所を表す語句＞の形にする。

[例]「私の母は台所にいます」
　　×There is my mother in the kitchen.
　　○My mother is in the kitchen.

▶**196**

(1) There is not[isn't] a beautiful picture on the wall.

(2) There are not[aren't] ten elephants in the zoo.

(3) There are not[aren't] forty students in my class.

(4) There are not[aren't] any books on the desk.

(5) There is not[isn't] a famous restaurant near here.

(6) There are not[aren't] many rooms in his house.

(7) There is not[isn't] much water in the glass.

(8) There are not[aren't] a lot of temples in Kyoto.

(9) My sister is not[isn't] in the living room.

解説 There is[are] 〜 . の文もbe動詞を使った文なので，否定文にするにはbe動詞の後ろにnotをつければよい。
(1)(5)(7)There is notはThere's notでもよい。　(4)肯定文⇒否定文なので，some⇒anyにする。

▶**197**

(1) Is there a red car in the garage?
　　—— Yes, there is.

(2) Are there many birds in the tree?
　　—— No, there aren't [are not].

(3) Is there a clock on the wall?
　　—— Yes, there is.

(4) Are there any bicycles under the tree?
　　—— No, there aren't [are not].

(5) Is there a cat on the roof?
　　—— Yes, there is.

解説 There is[are] 〜 . の文もbe動詞を使った文なので，疑問文にするときにはbe動詞を文頭に出せばよい。答えるときにはthereを用いて，Yes, there is[are]. / No, there isn't[aren't]. で答える。　(4)疑問文なので，some⇒anyにする。

▶**198**

(1) There, is, in

(2) **There, are, in**

(3) **does, have**

(4) **There**

解説 **... have[has] ～**「…は～を持っている」⇒**There is[are] ～ in ...**「…に～がある」に書きかえられる。いずれも「…に～がある」や「…は～です」と訳すようにしよう。 (3)「この街にいくつの図書館がありますか」⇒「この街はいくつの図書館を持っていますか」と考える。 (4)「あなたの意見は私のものと異なる」⇒「あなたの考えと私のものの間には違いがある」と考え，**There be ～** の構文を用いて書きかえる。**be different from ～**「～と異なる」**between A and B**「AとBの間」

▶ **199**

(1) **There are three lemons in the basket.**

(2) **There is a dog on the street.**

(3) **There is a lot of snow around here.**

(4) **There are many fish in the lake.**

(5) **How many students are there in your[our] school?**

(6) **Where are my[our] cats?**

解説 (1)lemonは複数形にし，be動詞はareを用いる。 (2)dogは単数形にし，be動詞はisを用いる。 (3)snowは数えられない名詞(不可算名詞)だから，be動詞はisにする。 (4)fishは単複同形であることに注意する。 (5)下線部を＜How many＞にかえ⇒後ろにstudentsをつけ⇒文頭に出し⇒残った部分を疑問文の語順にかえる。「…にいくつの～がありますか[いますか]」は＜**How many＋複数名詞＋are there ...?**＞となる。 (6)下線部を疑問詞Where

にかえ⇒文頭に出し⇒残った部分を疑問文の語順にかえる。

▶ **200**

(1) **are, trees**

(2) **Is, under**　　(3) **is, in**

(4) ①**Where, your**　　②**It, in**

(5) ①**Where, father**　　②**He, in**

(6) **aren't, teachers**

(7) **Is, water**　　(8) **has, many**

(9) ①**How, many, members, are**
②**There, are**

(10) **are, cake**

(11) **any, clouds**

解説 (1)treeは可算名詞なのでsome treesとする。 (2)my cat は特定の物なのでThere is ～ の形は使えない。 (4)②your carを主語としてたずねられているので，Itを用いて答える。 (5)②your fatherを主語としてたずねられているので，Heを用いて答える。 (6)anyの後ろだからteachersにする。 (7)waterは不可算名詞なので，be動詞はisにする。 (8)「その図書館はたくさんの本を持っている」と考える。また，この文はThere are many books in the library. に書きかえられる。 (9)①「…に～が何人いますか」，つまり数をたずねる疑問文なので，＜How many＋複数名詞＋are there in...?＞とする。②これに対して答えるときは，＜There is[are]＋数詞.＞で答える。 (10)型で焼いた丸ごと1個のa cakeは可算名詞だが，切り分けたものは不可算なので複数形にしない。ただし，pieceは可算名詞で，複数形(five pieces)なので動詞はareを用いる。 (11)cloud「雲」は可算名詞なので，some, any の後ろでは複数形にする。「1つも～ない」はnot any ～ で表す。

▶*201*

⑴ **There is a university in my town.**

⑵ **Nancy is at the bus stop.**

⑶ ①**Where is your brother?**
②**He is at his friend's house.**

⑷ **Is there a panda in that zoo?**

⑸ **Who is in the teachers' room?**

⑹ **There are many flowers in the park.**

解説 ⑵主語Nancyは特定の人だから There is～. は使えない。　⑶①同様に主語your brotherは特定の人。　②your brotherを主語としてたずねられているので，He is～. で答える。　⑷まず肯定文（There is a panda in that zoo.）をつくると考えやすい。　⑸「だれが」whoが主語。⑹「咲いています」だが，bloomingなどといった語句がないので，「公園にたくさんの花があります」と考える。

▶*202*

⑴ テーブルの上にリンゴが1個あります。

⑵ 動物園にはたくさんの動物がいます。

⑶ 空には星が1つもありません。

⑷ 庭にはいくつかの花がありますか。
——はい，あります。

⑸ このカゴの中に何があり［入ってい］ますか。——その中に3個のオレンジがあり［入ってい］ます。

解説 ⑴主語はan apple。　⑵主語はmany animals。　⑶主語はany starsで，not any～は「1つ［1人］も～ない」と訳す。
⑷主語はany flowersで，any［some］は「いくつかの，いくらかの」と訳す。
⑸主語はWhatだから「何が～」と訳す。

▶*203*

⑴ **There's[There is] a big lake near the station.**

⑵ **What's[What is] in your bag?**

⑶ **There aren't[are not] any people on the street. / There are no people on the street. / There's[There is] nobody[no one] on the street.**

解説 ⑴「～の近くに」はnear～で表す。
⑵「何が」whatが主語だから，＜What is ＋場所を表す語句？＞とする。　⑶「だれも～ない」は＜not any＋複数名詞＞とするか，no people, nobody, no oneを用いる。be動詞の使い分けに気をつけよう。**no people**は複数扱いで，**nobody, no one**は単数扱い。

30 現在進行形

▶*204*

⑴ **going**　　⑵ **swimming**

⑶ **writing**　⑷ **visiting**

⑸ **coming**　⑹ **studying**

⑺ **making**　⑻ **sitting**

⑼ **skiing**　⑽ **running**

⑾ **cutting**　⑿ **beginning**

⒀ **dying**　　⒁ **lying**

解説 ⑵-imは＜1母音字＋1子音字＞なので，子音字mを重ねてing。　⑶⑸⑺「発音しないe」で終わる単語なので，eをとってing。　⑷**visit**の-itのように，アクセントが置かれない＜1母音字＋1子音字＞の

場合は子音字を重ねない。　(8)-itは＜1母音字＋1子音字＞なので，子音字tを重ねてing。　(10)-unは＜1母音字＋1子音字＞なので，子音字nを重ねてing。　(11)-utは＜1母音字＋1子音字＞なので，子音字tを重ねてing。　(12)-inは＜1母音字＋1子音字＞なので，子音字nを重ねてing。　(13)(14)-ieで終わる単語なので，ieをyにかえてing。

▶**205**

(1) **I am playing tennis with him.**
私は彼と（一緒に）テニスをしています。

(2) **My father is washing his car.**
私の父は（彼の，自分の）車を洗っています。

(3) **Mr. and Mrs. White are jogging in the park.** ホワイト夫妻は公園でジョギングをしています。

(4) **They are making cookies.**
彼らはクッキーをつくっています。

(5) **My brother is taking a bath.**
私の兄[弟]は風呂に入っています。

(6) **A beautiful bird is dying in my hands.**
（1羽の）美しい鳥が私の手の中で死にかけています[死にそうです]。

(7) **Are Ken and Emi watching TV?**
ケンとエミはテレビを見ていますか。

(8) **Is your cat sleeping on the sofa?** あなた（たち）のネコはソファの上で眠っていますか。

(9) **My sister and I aren't listening to the radio.** 私の姉[妹]と私はラジオを聞いていません。

(10) **Jimmy isn't writing a letter to his friend.** ジミーは（彼の，自分の）友だちに手紙を書いていません。

解説 主語に応じてam, are, isを使い分け，＜主語＋be＋現在分詞（動詞のing形）＞にする。　(3)Mr. and Mrs. ～「～夫妻」，jogは＜1母音字＋1子音字＞なので現在分詞はjogging　(6)be dyingは「死んでいる」ではなく「死にかけている／瀕死の状態である」ことを表す。「死んでいる」という状態を表すにはbe動詞＋dead（「死んだ（状態）」という意味の形容詞）を用いる。
(7)(8)疑問文なので＜Be＋主語＋現在分詞～？＞にする。Do, Doesを主語に合わせてAm, Are, Isにかえ，一般動詞を現在分詞にかえればよい。　(9)(10)否定文なので＜主語＋be not＋現在分詞＞にする。don't, doesn'tを主語に合わせてam not, aren't, isn'tにかえ，一般動詞を現在分詞にかえればよい。

＜現在進行形＞

◇主語の後ろの動詞を＜am[are, is]＋現在分詞＞の形にしたものを「現在進行形」といい，「～している」と訳す。
※現在分詞とは動詞にingをつけたものである。

◇疑問文はam, are, isを文頭に出し，答えるときにもam, are, isを使う。

◇否定文はam, are, isの後ろにnotをつける。aren't, isn'tと短縮形にしてもよい。×amn'tはない。

⇒be動詞の文の疑問文・否定文のつくり方と同じ！

◇-ing（現在分詞）のつくり方
(1)ふつうは，そのままingをつける。
(2)「発音しないe」で終わる単語には，eをとってingをつける。
(3)＜1母音字＋1子音字＞で終わる単語には，子音字を重ねてingをつける。

(4)「ie」で終わる単語には、ieをyにかえてingをつける。

◇動作を表す動詞(動作動詞)は進行形にできるが、動作ではなく状態を表す動詞(状態動詞)は進行形にできない。

〔例〕have「持っている、飼っている、いる」、live「住んでいる」、want「ほしい」、belong to～「～に所属している」、know「知っている」、like「好き」、need「必要とする」など。

▶**206**

(1) lieing→lying

(2) is→are

(3) is needing→needs

(4) makeing→making

解説 (1)lieは-ieで終わる単語なので、ieをyにかえてingをつける。 (2)主語がOur parentsで、複数だから、areを用いる。(3)need「必要とする」は動作ではない(状態動詞)から、現在進行形にできない。⇒現在形にする。 (4)makeのing形はmaking。主語になるwhoはふつうは「3人称単数扱い」するのでisを用いている。(話し手が複数の人を念頭に置いているときにはareを用いることもある)

▶**207**

(1) ア (2) イ (3) ウ

(4) ア (5) イ (6) エ

(7) ウ (8) ア (9) ウ

解説 (1)sleepingがあるので現在進行形だから、文頭はAm, Are, Isのいずれかになり、主語がyour sisterだから答えはIsになる。(2)talk about～「～について話す」「あなた(たち)は何について話しているのですか」(3)now「今」があるので現在進行形と考えられ、主語がThose boysで、複数なので、ウを選ぶ。 (4)「私のおばには3人の娘がい

ます」「いる」という意味のhave[has]は進行形にできないので現在形を選ぶ。(5)like「好き」も動作ではない(状態動詞である)ので進行形にしない。 (6)ride「乗る」は動作動詞なので進行形にできる。⇒発音しないeで終わる単語なので、eをとってingをつける。 (7)know「知っている」は状態動詞なので進行形にしない。 (8)sit on～「～に座る」は動作動詞なので進行形にできる。 (9)I'm = I amだからlookingしかあり得ない。「私はGLAYのコンサートを楽しみにして待っています」この文のgoingは動名詞と呼ばれ、中2で学習する。

▶**208**

(1) Emily is playing the flute now.

(2) I am[I'm] not reading an interesting book.

(3) A pretty cat is not[isn't] running on the roof.

(4) Is your uncle going to London? —— Yes, he is.

(5) Is Bill skiing very well? —— No, he isn't[is not].

(6) What are you practicing?

(7) Who is dancing in this room?

解説 (1)現在進行形だからplays⇒is playingにする。 (2)問題文が否定文だから現在進行形の否定文にしなければならない。 (3)現在進行形の否定文の形は＜主語＋am [are, is]＋not＋-ing ...＞になる。 (4)問題文が疑問文だから現在進行形の疑問文にしなければならない。 (5)現在進行形の疑問文の形は＜Am[Are, Is]＋主語＋-ing ...?＞になる。 (6)下線部を適当な疑問詞(what)にかえ⇒文頭に出し⇒

残った部分を疑問文にする。ただし，私た
ち⇒あなたたちにかえること！　(7)下線部
は主語なので，適当な疑問詞 (who) にかえ
てから，残りをそのまま続ければよい。

▶**209**

(1) **am, cleaning**　(2) **lives, in**

(3) **Who, is, playing**

(4) **is, dying**　(5) **Does, want**

(6) ①**What, is**　②**She, taking**

(7) **Where, going**

解説　(1)「私はそうじしています」だから現在
進行形の文。　(2)live は「住んでいる」とい
う状態を表すので，現在形でよい。「～に (住
む)」は in ～ を用いる。　(3)「だれがピアノ
をひいていますか」と考え，who を主語に
した現在進行形の文をつくる。疑問詞が主
語になる場合は3人称単数扱いにする。
(4)「枯れかけている」⇒「死にかけている」は
am [are, is] dying を用いる。※「死ん
でいる」は am[are, is] dead で表す。
(5)「ほしがっている」だから現在進行形を使
いたいところだが，want は状態動詞なので
進行形にしない。⇒「ほしいですか」と考える。
(6)①「～をしていますか」は am[are, is] -ing
の疑問文にする。②your sister について答
えるのだから she を用いる。　(7)「～に行く
ところだ，～に向かっている」は am[are,
is] going to ～で表す。この文では「どこへ」
だから to ～は不要。

▶**210**

(1) **My sister is doing her homework.**

(2) **Many stars are shining in the sky.**

(3) **My father is watching a baseball game on TV.**

(4) **What language is he speaking?**

(5) **That plane is leaving the airport.**

(6) **Miki is not drawing a picture now.**

解説　(1)「私の妹は～しています」だから My
sister is -ing ... となる。　(2)「空に」in the
sky　(3)「野球の試合」a baseball game
(4)What language は主語ではないので，
その後ろに疑問文 is he speaking が続く。
(5)「離れつつある」は「出発しているところ
だ」と考える。　(6)現在進行形の否定文。

▶**211**

(1) 私は今昼食をつくっています。

(2) ボブは数学を勉強していません。

(3) その赤ちゃんはベッドで眠っています
か。

(4) あなたは何を聞いているのですか。

解説　(1)am cooking が動詞だから「料理し
ている，つくっている」と訳す。　(2)isn't
studying が動詞だから「勉強していません」
と訳す。　(3)<Is + 主語 + sleeping ...?>
だから「(主語) は眠っていますか」と訳す。
「ベッドで」を意味する前置詞は in または
on で，at は不可。in の場合はふつう無冠詞
で，on の場合はふつう冠詞をつける。[例]
lie **in** bed「(毛布などをかけて) ベッドに横
になる」/ lie **on the** bed「(体に何もかけず
に) ベッドの上に横になる」　(4)<are + 主
語 + listening ...?>だから「(主語) は聞い
ていますか」と訳す。

▶**212**

(1) **I'm[I am] not wearing my glasses today.**

(2) **He's[He is] visiting London**

on business now.
(3) Is it still snowing hard?
(4) Who's[Who is] watching TV
in my room?
—— Ichiro's brother is.

解説 (1)「メガネをかける」wear glasses を
現在進行形にする。 (2)visit はその後に to
などの前置詞を伴わずに場所を表す語句を
続ける。 (3)天候を表すときには主語に it
を用いる。 (4)「だれが」who が主語だから，
その後ろに動詞 is watching を続ける。答
えの文の動詞は疑問文の動詞に合わせる。

31 過去形（規則動詞）

▶ *213*

(1) studied   (2) worked
(3) called   (4) wanted
(5) liked   (6) used
(7) visited   (8) cried
(9) enjoyed   (10) stopped

＜-ed のつけ方＞

　-ed をつけると過去形になる動詞を「規
則動詞」と言う。
(1) ふつうはそのまま ed をつける。
(2)「発音しない e」で終わる単語には，e を
取って ed をつける。
(3)「子音字＋y」で終わる単語には，y を i
にかえて ed をつける。
(4)「1母音字＋1子音字」で終わる単語に
は，子音字を重ねて ed をつける。

▶ *214*

(1) ア   (2) イ   (3) イ
(4) ア   (5) ウ   (6) イ

(7) ウ   (8) イ   (9) ア
(10) イ

＜-ed の発音のしかた＞

　ed の発音は以下の法則があるので覚え
ておこう。
(1) ふつうは[d ド]
(2)[p プ][k ク][ʃ シュ][tʃ チ][f フ][s
ス]で終わる単語の ed は[t ト]。
(3)[d ド][t ト]で終わる単語の ed は[id
イド]⇒実際の読みは[did ディド][tid
ティッド]。
※ carried, studied は[ド]と勘違いしや
すいが，i が[i イ]で，ed が[d ド]。

▶ *215*

(1) watched   (2) cleaned
(3) played   (4) listened
(5) walked

解説 いずれも yesterday, three hours
ago, last Saturday, last night といった
過去を表す語句がついているので，動詞を
過去形にする。

＜過去の文＞

　「～します」を表す現在の文に対して，
「～しました」を表すものを過去の文と言
い，動詞は過去形を用いる。
・現在形：Tom plays tennis every day.
「トムは毎日テニスをします」
・過去形：Tom **played** tennis
yesterday.
「トムは昨日テニスをしました」

＜過去を表す語句＞

　過去を表す語句がつくと，動詞を過去
形にしなければならない。過去を表す語
句の代表的なものは以下の通り。
・yesterday 「昨日」

・then = at that time 「そのとき」
・～ ago 「～前に」
・last ～ 「前の〔先，去，昨〕～」
・this morning 「今朝」
・one day 「ある日」
・the day before yesterday 「おととい」
・the other day 「先日」
・once upon a time 「昔々」
※「数年前」 some years ago
　「何年も前」 many years ago

＜時間の単位＞

秒	second	分	minute
時	hour	日	day
週	week	月	month
年	year	世紀	century

▶**216**

⑴ We didn't[did not] enjoy the party very much.
⑵ Keiko didn't[did not] borrow her friend's umbrella.
⑶ They don't[do not] practice soccer for five hours.
⑷ My baby didn't[did not] cry this morning.
⑸ Mariko doesn't[does not] need a lot of glasses at the party.

＜一般動詞の過去の否定文＞
◇現在の否定文はdon't[do not]，doesn't[does not]を一般動詞の前につけたが，過去の否定文ではdidn't[did not]を一般動詞の前につける。また，didn'tをつけたときには，一般動詞を原形にする。

◇従って，一般動詞の過去の否定文は＜主語＋didn't＋一般動詞の原形～．＞の形になる。

▶**217**

⑴ Did Mr. Brown start his speech at noon？
　—— Yes, he did.
⑵ Did Mariko wash many dishes last night？
　—— No, she didn't[did not].
⑶ Did she look at the pictures carefully？ —— Yes, she did.
⑷ Do they open the window？
　—— No, they don't[do not].
⑸ Did my mother cook breakfast？ —— Yes, she did.
⑹ Does George work at this office？
　—— No, he doesn't[does not].
⑺ Did he talk with you last night？ —— Yes, he did.
⑻ Did his parents dance at the party？
　—— No, they didn't[did not].
⑼ Did her brother want coffee then？ —— Yes, he did.
⑽ Did you play the cello at the concert？
　—— No, I didn't[did not].

＜一般動詞の過去の疑問文＞
◇現在の疑問文はDo, Doesを主語の前につけたが，過去の疑問文はDidを主語の前につける。またDidをつけたときには，一般動詞を原形にする。
◇従って，一般動詞の過去の疑問文は

＜Did＋主語＋一般動詞の原形 〜？＞
の形になる。
◇答えるときは，＜Yes, 主語＋did.＞ま
たは＜No, 主語＋didn't［did not］.＞
になる。

▶218

(1) I practiced the piccolo last Sunday.
(2) My mother cooked beef stew last night.
(3) Did Lucy walk to school yesterday?　―― Yes, she did.
(4) Did your uncle stay at this hotel?
　―― No, he didn't［did not］.
(5) The train starts from this station.
(6) When did they plant the small tree?
(7) Who worked in this hospital?

解説 (1)last Sundayは過去を表す語句なの
で，動詞を過去形にかえる。 (2)過去を表
す語句last nightをつけると過去の文にな
るので，動詞を過去形にかえる。 (3)(4)疑
問文は＜Did＋主語＋動詞の原形〜？＞の
形にする。答えるときには，＜Yes, 主語＋
did.＞ または ＜No, 主語＋didn't［did
not］.＞の形にする。 (5)一般動詞を現在形
にする場合，3単現のsがつくかつかないか
をよく考える。The trainが主語で，3人称
単数だからstartsにする。 (6)last month
を疑問詞whenにかえ⇒文頭に出し⇒残っ
た部分を疑問文の語順にする。 (7)My
sisterを疑問詞whoにかえ⇒whoは主語
だから，残った部分をそのまま続ける。

▶219

(1) needed, water
(2) Did, watch
(3) changed
(4) Who, answered, did
(5) Where, live, lived

解説 (1)「必要でした」だからneededと過去
形を用いる。 (2)一般動詞「見る」watchの
過去の疑問文だから，文頭にDidを用い，
一般動詞は原形にする。(3)「急変しました」
⇒「急に変わりました」と考え，「変わる」の
意味のchangeを過去形にする。 (4)「だれ
が」が主語だから，Whoの後ろには動詞「答
える」の意味のanswerの過去形を続け，答
えるときはdidを用いる。 (5)「どこに」だ
から文頭にWhereを用い，疑問詞が主語
ではないので，その後ろには疑問文＜did
＋主語＋動詞の原形＞を続ける。答えると
きはlivedを用いる。

▶220

(1) My father died many years ago.
(2) Keiko did not play the violin yesterday.
(3) He washed his car three days ago.
(4) Did you listen to music on the radio last night?
(5) My daughter wanted a pretty doll with blue eyes.
(6) Nancy usually cooks dinner, but didn't cook it yesterday.

解説 (1)「ずいぶん前に」は「何年も前に」と考
え，many years agoで表す。 (2)否定文
だからdid notを一般動詞の前に置く。
(4)疑問文だから＜Did＋主語＋動詞の原形
〜？＞の形にする。 (5)「青い目をした」は

「青い目を持った」と考え，with blue eyes
とする。「ほしがる」はwantで表すが，動
作ではないので進行形にはしない。 (6)「ふ
だん」usuallyは一般動詞の前に置く。

▶**221**

(1) 彼はそのとき何枚かの写真[絵]を見ま
した。

(2) 私のおじは2年前にこの市に住んでい
ました。

(3) 私はその夜，ある (1人の) 中国人の少
年と英語で話しました。

(4) 私は昨日，友だちとテニスをしません
でした。

(5) そのバスはそのとき，私たちの学校の
前には止まりませんでした。

(6) ホワイトさんはこの前[先週]の日曜日
は5時に (彼女の) 仕事を終えましたか。
──はい，終えました。

(7) あなたは今朝何時に学校に向けて家を
出ましたか。
── (私は) 7時30分に出ました。

(8) あなたはいつ奈良を訪れたのですか。
──この前 [昨年] の春です。

(9) ディックの兄 [弟] は昨日夕食後に何を
しましたか。
──彼は日本語を勉強しました。

(10) だれが私の荷物を部屋まで運んだので
すか。──わかりません。

解説 (3)a[an]は「ある (1人の)」という意味
も表す。 (6)＜at＋数詞＞「～時に」 (8)本
来はI[We] visited it last spring.と答え
るが，Last spring. のように簡単に答える
こともある。 (9)ここのdoは「～する」と
いう意味の一般動詞。 (10)過去の疑問文に
答えるときに，必ずしも過去の文で答える
とは限らないことに注意。

▶**222**

(1) **The train stopped at
Kyoto Station.**

(2) **Jim cleaned the living room
for his mother yesterday
morning.**

(3) **My brother studied science
in the morning, and played
with me after lunch.**

(4) **What time did he finish the
work?**
── **(He finished) At seven.**

(5) **Who used my bicycle[bike]
this morning?**
── **Yukio did.**

解説 (1)「京都駅」は固有名詞なので，Kyoto
Stationと大文字で始める。 (2)「昨日の～」
はyesterday ～ で表す。ただし，「昨夜」は
last nightとする。 (3)My brother
studied science in the morning. とMy
brother played with me after lunch. を
andでつなぐ。and, but, or などで2つの
文をつなぐ場合，重複する語句は省くので，
後半のMy brotherが消える。 (4)「何時」
だからWhat timeを文頭に用い，その後ろ
に疑問文を続ける。 (5)「だれが」whoが主
語だから，Whoで文を始め，その後ろに
は直接，動詞を続ける。

32 過去形（不規則動詞）

▶**223**

(1) **had**	(2) **knew**
(3) **went**	(4) **came**
(5) **sang**	(6) **stood**
(7) **spoke**	(8) **made**

⑼ **read**　　　⑽ **forgot**

⑾ **bought**　　⑿ **broke**

⒀ **saw**　　　⒁ **ran**

解説 -edをつけて過去形にするのではなく，その語自体を変化させて過去形にする動詞を「不規則動詞」と呼ぶ。不規則変化は一つ一つ覚えるしかないが，多少のパターンがあるので，不規則変化をする動詞の表を使って確実に覚えておこう。　⑼read[rí:d リード]の過去形はread[réd レッド]と読む。つづりは同じだが発音が異なる。

▶**224**

⑴ **ウ**　⑵ **イ**　⑶ **ウ**

⑷ **エ**　⑸ **ア**　⑹ **イ**

解説 ⑴last night「昨夜」があるので過去形を選ぶ。　⑵the day before yesterday「おととい」があるので過去形を選ぶ。⑶arrive at[in] ～ ＝get to ～＝reach ～「～に到着する」⇒この文ではto the townとなっているので，getの過去形gotを選ぶ。in the middle of the night「真夜中に」　⑷動詞の原形のeatと過去を表すlast nightがあるので，過去の疑問文のときに用いるdidを選ぶ。　⑸two weeks ago「2週間前」があるので過去形を選ぶ。⑹last nightがあるので過去形を選ぶ。

▶**225**

⑴ **began**　⑵ **got**

⑶ **saw, stopped**

⑷ **does**　⑸ **flew**　⑹ **bought**

解説 ⑴two weeks agoがあるので過去形にする。　⑵this morningがあるので過去形にする。　⑶walkedと過去形が使われている文なので，全体が過去のことを表す文と考え，ほかの動詞も過去形にして合わせる。文頭のThenは「それから」という

意味になることが多い。　⑷playsに合わせて現在形にする。　⑸last weekがあるので過去形にする。　⑹didで答えているので，過去の文である。

▶**226**

⑴ **エ**　⑵ **ウ**

解説 ⑴主語Whoに対する答えで，疑問文の動詞がgotだから，～ did. で答える。⑵Did I ～ ? でたずねられたときには，Yes, you did. / No, you didn't. で答えるが，選択肢にはない。⇒「間違い電話ですか」「おそらくそうです」と考えて，ウを選ぶ。I hope so. は「私はそう希望します」という意味。

▶**227**

⑴ **Who, spent**　⑵ **had**

⑶ **had**

解説 ⑴Who ～ with?「だれと～」だから，「あなたは昨日だれと一緒に時間を過ごしましたか」⇒「だれがあなたと一緒に時間を過ごしましたか」と考える。　⑵enjoy ＝ have a good time「楽しい時を過ごす」　⑶「ここではたくさん雪が降りました」⇒「私たちはここでたくさんの雪を持った」（直訳）と考える。

▶**228**

⑴ **He didn't[did not] read any comic books.**

⑵ **Did she go to bed early last night?　—— Yes, she did.**

⑶ **Did Nancy get up late this morning?**

—— No, she didn't[did not].

⑷ **When did they make a**

doghouse?

(5) **What did Mr. Takada teach last year?**

解説 (1)readは原形と過去形のつづりが同じなので注意する。この文ではHeが主語だから，もし現在の文ならばreadsとなるはずなのに3単現のsがついていないので，過去形のreadと考えられる。このように考える動詞にはcut「切る」，put「置く」，shut「閉じる」，hit「打つ」などがある。(2)wentはgoの過去形。　(3)gotはgetの過去形。　(4)yesterdayを疑問詞whenにかえ⇒文頭に出し⇒残った部分を疑問文の語順にする。　(5)mathを疑問詞whatにかえ⇒文頭に出し⇒残った部分を疑問文の語順にする。

▶**229**

(1) **came, last**

(2) **ate[had], for**

(3) **did, say**

(4) **Where, go**

(5) **Who**

(6) **made, doll**

(7) **Did, sing**

解説 (1)「来ました」だからcomeの過去形cameを用いる。　(2)「食べました」だからeatの過去形ate，またはhaveの過去形hadを用いる。　(3)the letterが主語なので「その手紙は何と言っていましたか」と考える。　(4)「どこへ」だから文頭にWhereを用い，その後ろに疑問文を続ける。　(5)「だれがドアのそばに立っていましたか」と考え，Whoを主語にする。　(6)「つくりました」だからmakeの過去形madeを用いる。(7)「彼は～をうたいましたか」だからDid he sing～?になる。

▶**230**

(1) **What time did your brother go to bed last night?**

(2) **Mary came to Japan last year.**

(3) **Tom had lunch at that new restaurant.**

(4) **She slept for eight hours last night.**

(5) **I took some pictures of the flower.**

(6) **My mother gave a birthday present to me.**

解説 (1)「何時に」だからWhat timeを文頭に置き，その後ろに疑問文の語順を続ける。(2)「メアリーは～に来ました」だからMary came to～から始める。　(3)「トムは～を食べました」だからTom had～から始める。　(4)「彼女は～眠りました」だからShe slept～から始める。　(5)「私は～をとりました」だからI took～から始める。　(6)「母は～をくれました」だからMy mother gave～から始める。

▶**231**

(1) 私たちは (その) 村まで車で行きました。

(2) だれがあなた (たち) の家にかけこんだのですか。──アキコです [でした]。

(3) 私の父は私に何も言いませんでした。

(4) あなたは最善をつくしませんでした。──つくしました。本当に最善をつくしましたが，失敗しました。

(5) トーマス・ジェファーソンは自分 [彼] の部屋で独立宣言を書きました。

(6) 彼ら [彼女たち] はアメリカ先住民と仲良く [友だちに] なりました。

(7) 彼は何百羽ものニワトリを飼ってい

て，卵と肉を売りました。

(8) 私たちは小さなイタリアンレストラン
で会いました。

(9) 彼はその国の東部に農場を買いまし
た。

(10) その巨人はおそろしい悲鳴をあげて，
床に倒れました。

解説 (1)driveはdrive「運転する」の過去形。
(2)ranはrunの過去形。run into 〜「〜に
かけこむ」 (3) = My father didn't [did
not] say anything to me. (4)I really
did my bestのdidは動詞do「する」の過去
形。 (5)wroteはwrite「書く」の過去形。
(6)madeはmakeの過去形。**make friends
with 〜**「〜と仲良くなる」 (7)hadは
have「飼う」の過去形。soldはsellの過去
形。 (8)metはmeet「会う」の過去形。
(9)boughtはbuy「買う」の過去形。
(10)fellはfall「落ちる」の過去形。**fall to 〜**
「〜に倒れこむ」，with 〜「〜とともに」

▸*232*

(1) We saw many deer in the
forest[woods].

(2) Where did your father buy
the camera?
—— He bought it at that big
store[shop] near the station.

(3) When did you lose your
wallet?
—— (I lost it) Yesterday.

(4) Who broke this window?
—— I did.

(5) My uncle built a big[large]
house.

(6) Ken didn't[did not] know
the woman.

(7) I had[caught] (a) cold three
times this winter.

解説 (1)「森で」は「森の中で」だから，in the
forest[woods] にする。 (2)「どこで」だ
からWhereを文頭に置き，疑問文の＜did
＋主語＋動詞の原形＞を続ける。 (3)「いつ」
だからWhenを文頭に置き，疑問文の
＜did＋主語＋動詞の原形＞を続ける。
(4)「だれが」が主語だから，Whoの後ろに
は過去形の動詞を直接続ける。 (5)「私のお
じは〜を建てた」だから，My uncle built
〜 から始める。 (6)否定文だから，＜主語
＋didn't[did not]＋動詞の原形＞の形に
する。 (7)「風邪をひく」have[catch] (a)
cold。過去の文なので，haveの過去形の
hadかcatchの過去形caughtを用いる。

33 was, were（be動詞の過去形）

▸*233*

(1) **was**　　(2) **was**　　(3) **were**

(4) **were**　　(5) **was**　　(6) **were**

(7) **were**

＜be動詞の過去形＞
be動詞の現在形am, are, isは「〜で
す，いる，ある」という意味を表すが，「〜
でした，いた，あった」を表すためには
be動詞を過去形の**was, were**にする。
am, is⇒was / are⇒wereにすればよ
い。つまり，主語がIならばwas，主語が
you・複数ならばwere，主語がそれ以外
ならばwasを用いる。

▸**234**
(1) It was very fine yesterday.
(2) His brothers were tennis players.
(3) Bill wasn't[was not] late for school this morning.
(4) We weren't[were not] free yesterday.
(5) Was her aunt a nurse?
　── Yes, she was.
(6) Were your cats on your bed?
　── No, they weren't[were not].
(7) Where was he two hours ago?
(8) Who was their English teacher last year?
(9) When was Jimmy absent from school?

解説 (1)yesterdayは過去を表す語句なので，動詞を過去形wasにする。　(2)be動詞は「〜です（でした）」という意味を表す場合はイコールの役割をするので，主語が複数形になったらbe動詞の後ろも複数形にできる語は複数形にする。このとき，a, anは不要になる。　(3)(4)be動詞の文を否定文にするときにはbe動詞の後ろにnotをつける。⇒過去形was, wereでも同様にする。
(5)(6)be動詞の文を疑問文にするときにはbe動詞を主語の前に出す。⇒過去形was, wereでも同様にする。また，答えるときはwas, wereを用いる。　(7)下線部を疑問詞whereにかえて⇒文頭に出し⇒残った部分を疑問文の語順にする。　(8)下線部を疑問詞whoにかえて⇒whoは主語だから，残った部分を直接その後ろに続ける。　(9)下線部を疑問詞whenにかえ⇒文頭に出し⇒残った部分を疑問文にする。

▸**235**
(1) was, for　(2) Were, ago
(3) was, not

解説 (1)be動詞の文で，「遅れました」だから過去形にする。　(2)「〜でしたか」だからbe動詞の過去の疑問文。　(3)「〜にいませんでした」だからbe動詞の過去の否定文。

▸**236**
(1) The stars were very beautiful last night.
(2) Hiroshi was absent from school yesterday.
(3) Was your father a baseball player long ago?
(4) It wasn't very hot yesterday.

解説 (1)「星が〜でした」だからThe stars were 〜 で始める。last nightは文頭でもよい。　(2)「ヒロシは〜でした」だからHiroshi was 〜 で始める。yesterdayは文頭でもよい。　(3)「あなたのお父さんは〜でしたか」だから疑問文。wasを文頭に置く。　(4)天候を表す文だから主語をitにして否定文にする。

▸**237**
(1) トムはそのとき10歳でした。
(2) 教室には生徒は1人もいませんでした。
(3) あなたはこの前[先週]の金曜日はどこにいましたか。
　──私は仕事で大阪にいました。

解説 (2)There weren't any 〜 .「〜は全くいなかった」　(3)on business「仕事で」

▶**238**

(1) How tall were you last year?
—— I was 158[one hundred and fifty-eight] centimeters tall.

(2) I wasn't[was not] (at) home yesterday.

(3) There was a book in the bag.

解説 (1)身長をたずねるときにはhow tallを用いる。 (2)「家にいる」はbe at homeまたはbe homeで表す。yesterdayは文頭でもよい。 (3)「入っていました」⇒「ありました」と考える。

34 過去進行形

▶**239**

(1) イ   (2) ウ   (3) エ   (4) エ
(5) エ   (6) イ   (7) イ   (8) エ

解説 (1)(3)(4)(5)(7)(8)は過去進行形の文。be動詞は主語に合わせてwasかwereにする。 (7)は過去進行形の否定文。 (2)はnowとあるので，現在進行形の文。 (6)はlast nightという過去のことなのでDid。

＜過去進行形＞
◇「〜していた」と過去の一時点でしていたことを表すには＜was[were]＋-ing＞の形を使う。
◇疑問文はwas, wereを文頭に出し，答えるときにもwas, wereを使う。
◇否定文はwas, wereの後ろにnotをつける。

▶**240**

(1) surfing   (2) was walking
(3) went   (4) was listening
(5) were drawing

解説 (1)は( )の前にbe動詞があるから，進行形の文と考える。 (3)last weekという過去のことなので過去形にする。

▶**241**

(1) Who is making breakfast?

(2) Beth wasn't[was not] shopping at the department store.

(3) Were they swimming in the sea then? —— Yes, they were.

(4) What were the girls doing on the stage?

解説 (1)動詞がmakesと3単元のsが付いている現在形なので，現在進行形の文にする。 (2)過去進行形の否定文の形は＜主語＋was[were]＋not＋-ing 〜＞。 (3)過去進行形の疑問文の形は＜Was[Were]＋主語＋-ing 〜？＞。 (4)were dancingとしていたことをたずねるので，疑問詞Whatで始める。

▶**242**

(1) was, taking

(2) were, playing

(3) Was, snowing

(4) was, taking

(5) was, reading

(6) Were, watering

解説 「〜していた」は過去進行形で表す。主語に応じて was か were を使い分ける。 (1)「写真をとる」take a picture (3)疑問文なのでbe動詞を文頭に出す。主語のitは天候を表すit。 (4)「シャワーを浴びる」take a shower。

▶*243*

I didn't understand what she was saying in her speech.

解説 didn't understand「理解できなかった」という過去の時制に合わせて，is sayingも過去時制にする。is sayingという現在時制に合わせてdidn'tをdon'tにしても可。

▶*244*

(1) **Most tourists were speaking foreign languages.**

(2) **I was writing an e-mail to my friend in Canada.**

(3) **Most of the students were studying in the classroom.**

解説 (1)観光客がしゃべっていたのは「それぞれいろいろな外国語」と考えて，foreign languagesと複数形にする。 (3)ある特定の範囲の中での「ほとんど」を表す場合は＜most of the＋名詞＞を使う。

35 前置詞

▶*245*

(1) エ　　(2) ア　　(3) ウ　　(4) エ

(5) エ　　(6) エ　　(7) ア

解説 (1)「～の間で人気がある」はbe popular among ～で，「(3者以上)の間で」にはamongを用いる。 (2)「2番目の信号のところで」だから，「比較的狭い場所」と考え，atを選ぶ。 ※「角で」ならon the cornerとなる。 (3)getは「手に入れる，とってくる」の意味で，＜get＋(物)＋for＋(人)＞とする。getのほかにmake，buyなども＜動詞＋(物)＋for＋(人)＞の

形になる。 (4)「これは私とその少女の間の問題です」だから，「AとBの間」の意味を表すbetween A and Bの形にする。 (5)「朝に，午前中に」はふつうin the morningで表すが，「特定の日時(ここではJune 5がついている)」の場合にはonを用いる。 (6)「正午‘まで’家で待っていてください」となるよう，「～まで(継続)」を表す前置詞until [= till]を選ぶ。「～までに(期限)」を表すbyと区別すること。Please finish your homework by noon.「あなたの宿題を正午‘までに’終わらせてください」 (7)leave A for Bで「Bに向けてAを出発する」。leave, go, comeなどは「往来・発着を表す動詞」と呼ばれていて，ふつうは未来を表す語句を伴って，現在形で確定的な予定などを表すことができる。

▶*246*

(1) **by, bus**　　(2) **from**

(3) **against**　　(4) **for**

解説 (1)「彼女はいつも学校に行くためにバスに乗ります」⇒「彼女はいつもバスで学校に行きます」と考え，「交通手段」を表すby ～の形にする。 (2)foreigner「外国人」＝「ほかの国から[出身]の人」と考え，from ～「～から／～出身」を用いる。 (3)(4)agree with ～＝be for ～「～に賛成する」⇔be against ～「～に反対する」

┌──＜「～で行く」の書きかえ＞──┐
・go to ～ on foot = walk to ～
・go to ～ by plane = fly to ～
・go to ～ by car = drive to ～
・go to ～ by bus
　= take a bus to go to ～
└────────────────┘

▶*247*

(1) **before**　　(2) **at[in]**

(3) **during**　　(4) **over**

解説　(1)「暗くならないうちに」⇒「暗くなる前に」と考えて，beforeを用いる。
(3)「～の間」は「特定の期間」なら during ～，「不特定の期間」なら for ～ を用いる。「夏休み」はある程度特定できるから during にする。ほかにも，**during my stay in London**「私のロンドン滞在中に」が代表的。forの後ろには「時間の長さ」を表す語句がきて，for two days のような形になる。
(4)「上にかかって」⇒「上をおおって，真上に」と考え，overを用いる。above は「～の上方に，～より高く」の意味で用いるので，There is a white cloud above the mountain. は「山の上に白い雲が浮かんでいる」という意味になる。

▶**248**

(1) **She wrote a letter in French.**
(2) **We walked along the river.**
(3) **Thank you very much for your letter.**
(4) **He opened this box without any tools.**

解説　(1)「～語で」は in ～。　(2)「～に沿って」は along ～。　(3)「～を(どうも)ありがとう」Thank you (very much) for ～ .
(4)「道具を全く使わないで」⇒「全く道具なしで」と考えて，without any tools とする。**without**は否定を含んだ表現なので**any**を使うこと。

▶**249**

(1) トムはさよならを言って部屋を出て行きました。
(2) 私はそのときドアのそばにいました。

解説　(1)out of ～「～の外に」で，go out of

～は「～から出て行く」となる。　(2)by「～のそばに」

▶**250**

(1) **We played tennis for two hours yesterday afternoon.**
(2) **Write your name with this ballpoint pen.**

解説　(1)「時間の長さ」を表すときには for を用いるので，「2時間」は for two hours とする。　(2)「道具」を表すときには with を用いる。

第**7**回	**実力テスト**

1

(1) イ，カ，ツ
(2) ク，コ，ス
(3) キ，チ，ト

解説
［A］
(1)[u]　(2)[ou]　(3)[əːr]
［B］
ア[ɑːr] イ[u] ウ[ɑːr] エ[uː] オ[uː]
カ[u] キ[əːr] ク[ou] ケ[ɑːr] コ[ou]
サ[ɑ / ɔ] シ[ʌ] ス[ou] セ[ɑːr] ソ[ɑːr]
タ[ɑ / ɔ] チ[əːr] ツ[u] テ[uː] ト[əːr]

2

(1) イ　　(2) ア　　(3) ア
(4) エ

3

(1) エ　　(2) イ　　(3) カ

(4) **イ**　(5) **ア**

解説 (1)「歩いたのではなくバスで行った」ことが答えの中心なので bus を強く読む。
(2)How many に対する twelve,
(3)Where に対する (at the) bookstore,
(4)doing に対する was watching を強く読む。
(5)「メアリーではなく私が書いた」ことが答えの中心なので I を強く読む。

文の強勢

　文中で話題の中心になっている部分や最も述べたい部分を強めて読むのが基本。文の流れや意味をよく考えること。
① 問答文では，答えの中心になる部分を強く読む。
　特に疑問詞の文に対する応答では，その答えとなる部分を強く読む。
② 問いの文と異なる内容の部分を強く読む。
③ ふつう，強めて読むのは，名詞，動詞，形容詞，副詞で，その他の品詞の語句を強めて読むことはあまりない。

4

(1) **ウ**　(2) **ア**　(3) **エ**
(4) **キ**　(5) **オ**

解説 (1)Yes / No で答えられる疑問文で，Did で聞かれているので，did を用いて答える。　(2)Yes / No で答えられる疑問文で，Are で聞かれているので，be 動詞の現在形 (is, am, are) を用いて答える。
(3)Yes / No で答えられる疑問文で，Were で聞かれているので，be 動詞の過去形 (was, were) を用いて答える。　(4)主語は your brother で，一般動詞の過去の文なので，<He + 一般動詞の過去形 ~.> で答える。　(5)この Who はその後ろに taught

と動詞が直接続いているので，主語になる疑問詞である。よって，~ did. と答える。

5

(1) **Was, she, was**
(2) **Did, we, didn't**
(3) **Were, they, weren't**
(4) **am**

解説 (1)kind は「親切な」という形容詞なので，be 動詞の文である。　(2)主語 you and your brother の後ろに一般動詞 visit があり，last night という過去を表す語句があるので，文頭は Did とする。主語 you and ~ に対して答えるときには we で答えること。　(3)主語 Ken and his brother の後ろに一般動詞の原形がないので，be 動詞の文と考えられる。　(4)listening が続いているので，空所内は be 動詞と考え，now があるから現在形にする。

6

(1) **They didn't[did not] work hard.**
(2) **Did he read the books?**
　―― Yes, he did.
(3) **Takashi was practicing** *kendo* **in the gym at that time.**
(4) **My brother studied Chinese last Sunday.**
(5) **Tom wrote a letter the other day.**

解説 (1)過去の否定文なので didn't[did not] を用い，一般動詞は原形にする。　(2)read は 3 単現の s がついていないことから，過去形と考えられる。　(3)そのときにしていた

ことなので，practicedを過去進行形にする。主語はTakashiなのでbe動詞はwasとなる。　(4)last Sunday「前の日曜日」は過去を表す語句なので，動詞を過去形studiedにかえる。　(5)the other day「先日」は過去を表す語句なので，動詞を過去形wroteにかえる。

7

(1) **rained, We, had**
(2) **had**　(3) **with**

解説　(1)「先月たくさん雨が降った(動詞)」⇒「私たちは先月たくさんの雨(名詞)を持った」の書きかえ。　(2)There be〜. の文は，have, has, hadを用いて書きかえられる。(3)「ケイトは少女です。彼女は長い髪をしています」⇒「ケイトは長い髪をした少女です」と考える。「〜を持った」with 〜

8

(1) **is, doing, in**
(2) **was, in, front, of**
(3) **took, care, of**

解説　(1)「していますか」だから現在進行形を用いる。　(2)「〜にいました」だからbe動詞の文。「〜の前に」in front of 〜(3)「〜の世話をする」take care of 〜 = look after 〜

9

(1) **How many students are there in your class?**
(2) **What time did you get up this morning?**
(3) **Tom was absent from**

school yesterday.

解説　(1)＜How many + 複数名詞 + are [were] there + 場所?＞の形。　(2)「起きる」get upだから，一般動詞の疑問文にする。　(3)「〜を欠席する」be absent from 〜

10

(1) 彼女のおばさんはその犬が怖かったのです[を恐れました]。
(2) 暖かくなっています。
(3) 私の父はその桜の木を切り倒しました。
(4) ジェーンはそのとき友人にEメールを書いていました。

解説　(1)be afraid of 〜「〜を恐れる」(2)get「〜になる」　(3)ここのcutは主語がMy fatherであるのに3単現のsがついていないことから，過去形であると考える。(4)was writing「書いていた」という過去進行形の文。

11

(1) **My brother took me to Canada last December.**
(2) **Is there a post office[Are there any post offices] near this station?**
(3) **How long did you stay in Australia?**
(4) **Whose dictionary is your sister using now?**
(5) **Who was washing the car in front of your house? —— My brother was.**

解説 (1)「(人)を〜へ連れて行く」take(人) to〜 (2)「郵便局」であればどれでもよい場合にはa post officeとする。単に「あるかどうか」をたずねる場合にはany post officesになる。 (3)「滞在したのですか」だからstayの過去の疑問文にする。 (4)「あなたのお姉さんは今，だれの辞書を使っていますか」と考える。「だれの辞書」だからWhose dictionaryとし，その後ろに疑問文を続ける。 (5)「洗っていたのですか」とあるので，過去における一時的な動作を表す過去進行形の文にする。

12

(1) **was very hungry**

(2) 自分の[彼の]口に(その)1切れの肉をくわえて

(3) **its**　　(4) **ウ**　　(5) **イ**

解説 (1)hungryは「空腹の」という意味の形容詞だから，be動詞の文にする。 (2)そのまま訳すと「口の中に1切れの肉を持って」となることから考える。 (3)その後にmouthという名詞がついているので所有格itsにする。 (4)口に肉をくわえたまま，川の中にいる犬に向って吠えたのだから，肉を川の中に「落とした」となる。 (5)自分が見つけた肉だけでなく，川の中にいる犬がくわえている肉までほしくなって，吠えたのだが，結局自分の肉を川に落としてしまい，肉を全く食べられなかったという内容である。

全訳 ある日，1匹の犬が道に沿って歩いていました。その犬はとても空腹でした。それで，彼はいくらかの食べ物を探していました。ちょうどそのとき，彼は路上に1切れの肉があるのを見つけました。彼はとてもうれしくなりました。彼は自分の[彼の]口にその1切れの肉をくわえて，家に帰りました。

家に帰る途中，古い橋がありました。彼はその橋の真ん中で立ち止まって，川の中をのぞき込みました。彼はそこにもう1匹の別の犬を見ました。その犬も口に1切れの肉をくわえていました。彼はその肉がほしくなり，彼はその川の中にいる犬に向かって吠えました。

彼は川の中に肉を落としてしまい，彼は再び空腹になりました。

36 I am going to 〜.

▶**251**

(1)　ア　　(2)　イ　　(3)　ウ

解説 be動詞は主語に応じて選ぶ。

▶**252**

(1) **I am not going to buy some eggs at the supermarket.**

(2) **Is your sister going to give a speech in front of the class tomorrow? — Yes, she is.**

(3) **Where is Akio studying after school?**

(4) **When is Michael going to visit his friends in Canada?**

解説 (1)否定文は＜be動詞＋not＋going to＋動詞の原形＞。 (2)疑問文は＜Be動詞＋主語＋going to＋動詞の原形〜？＞。 (3)in the libraryは場所を表しているので，Whereで始める。 (4)this summerは時期を表しているので，Whenで始める。

▶**253**

(1) **am, going, to**

(2) **is, going, to, play**

(3) **is, going, to, cut**

⑷ **are, you, going**

解説 be going to の後は動詞の原形がくる。⑷疑問詞の後は疑問文の語順になる。

▶**254**

⑴ **I am going to take a break** (now).

⑵ **Are you going to attend the meeting** (this Friday)**?**

⑶ **Karen is going to ask her teacher** (for help)**.**

⑷ **We are going to play tennis** (this weekend).

⑸ **How many books are you going to borrow?**

解説 ⑴「ひと休みする」take a break ⑶「～に…を頼む」ask ～ for ... ⑸＜How many ＋ 名詞 ＋ 疑問文？＞の形にする。

▶**255**

⑴ (I'm) **going to go to Harajuku with my friends** (next Sunday).

⑵ (Miki) **is going to study English hard** (this year).

⑶ (Linda) **is going to leave for** (France at 3 o'clock tomorrow).

解説 ⑴この場合は現在進行形 I'm going to Harajuku でも表せる。 ⑶「～に向けて出発する」leave for ～

▶**256**

⑴ **Are you going to use it for something special?**

⑵ **I am going to move to another town next month.**

⑶ **My mother is going to plant some vegetables in the garden.**

⑷ **They are going to open a restaurant in the center of the city.**

⑸ **What are you going to do this winter?**

解説 ⑴目的語 it「それ」を補う。「何か特別なもの」something special。形容詞が something の後ろにくることに注意。⑵「～へ引っ越す」move to ～ ⑷「～の中心に」in the center of ～

37 I will ～ .

▶**257**

⑴ イ　⑵ イ　⑶ ア　⑷ ウ
⑸ イ

解説 ⑴＜will ＋ 動詞の原形＞ ⑶give a speech「スピーチをする」 ⑷「雨が降る」のは未来のことだが，before など時を表す副詞節の中では動詞は現在形になる。⑸疑問詞の後は疑問文の語順になる。

▶**258**

⑴ **will, take**

⑵ **is, going, to, build**

⑶ **am, going, to**

⑷ **won't, go**

⑸ **Will, buy**

解説 am[is, are] going to ～ ＝ will ～ ⑷否定文なので will not ＝ won't。⑸疑問文は＜Will ＋ 主語 ＋ 動詞の原形 ～ ？＞。

▶**259**

⑴ **will, I'll**

(2) **are, going to, am going to**

(3) **go, won't**

(4) **Are, am**

(5) **are, going, to, I'm, going**

(6) **Will, will**

(7) **When, going, to, are, going**

(8) **will, will**

(9) **Did, did**

(10) **Will, won't**

解説 (3)Willの疑問文にNoで答えるときは，won't。 (6)next monthは未来を表す言葉。 (7)in Julyと時期を答えている。 (9)yesterdayは過去を表す言葉。 (10)in a few minutes「数分で」

▶260

(1) 私は家族の写真をホームステイ先の家族に送るつもりです。

(2) コートを着ないと風邪をひきますよ。

(3) ハルカはすぐにここに来るでしょう。

解説 (1)send ～ to ...「～を…に送る」 (2)catch a cold「風邪をひく」 (3)in a minute「すぐに」

▶261

(1) **The couple will have a baby (this winter).**

(2) **What will you do after school?**

(3) **(You) will be able to speak Chinese next year.**

(4) **Where will you put the sofa?**

(5) **Will you be free this weekend?**

(6) **I will buy this scarf as a present for my mother.**

(7) **My brother will not sell his car.**

(8) **We will start the project in a few months.**

解説 (2)(4)疑問詞で始まる文。疑問詞の後は疑問文の形が続く。 (3)be able to ～「～できる」 (7)否定文は＜主語＋will＋not＋動詞の原形＞。

▶262

(1) **I will go to the amusement park with my friends next week.**

(2) **Cindy will study math in the library after school tomorrow.**

(3) **Tom will be a junior high school student next year.**

(4) **Will Yuka visit her grandmother at the hospital? —— Yes, she will.**

(5) **When will the guests arrive at the reception?**

(6) **Who will take care of our cat during the trip?**

解説 (2)willの後の動詞は原形にする。 (3)isの原形はbe。 (4)Willの疑問文にYesで答えるときは，willを使う。 (5)(6)下線部が表すものから，疑問詞を判断する。

▶263

(1) **will, snow**

(2) **will, arrive**

(3) **Where, will, park**

(4) **will, be**

(5) **will, build**

(6) **It, won't, be**

(7) **will, retire**

(8) **will, write**

解説 (2)「～に着く」arrive at ～ (4)「～になるでしょう」will be ～ (6)主語は寒暖など

を表すitを使う。

▶**264**

(1) The sun will rise at six (o'clock) tomorrow.

(2) My father will come home before dinner.

(3) Your parents will love you forever.

(4) My little[younger] sister will be eight years old next month.

(5) Where will you spend your holidays?

(6) We will paint our house next week.

(7) She will get well soon.

(8) The restaurant will close at five (o'clock) tonight.

解説 (2)「帰宅する」come home　(5)「休日を過ごす」spend *one's* holidays　(7)＜get＋形容詞＞「〜になる」　(8)「今夜5時」at five (o'clock) tonightは未来を表す言葉。

| 第**8**回 | **実力テスト** |

1

(1)　ウ　　(2)　イ　　(3)　エ

(4)　ア　　(5)　イ

解説 (1)ウのみ[e]で，ほかはすべて[iː]。(2)イのみ[ʃ]で，ほかはすべて[tʃ]。　(3)エのみ[ɑːr]で，ほかはすべて[əːr]。　(4)アのみ[ð]で，ほかはすべて[θ]。　(5)イのみ[ou]で，ほかはすべて[au]。

2

(1)　ア　　(2)　ウ　　(3)　ア

(4)　イ　　(5)　ア　　(6)　ア

(7)　ア　　(8)　ア　　(9)　ア

解説 (2)「ヴァイオリン」と第3音節にアクセント。　(5)aの音は[æ]の音でここを強く発音する。　(7)「テレビ」はカタカナ語。英語はtelevisionで，第1音節にアクセント。

3

(1) am, going, to

(2) will, read

(3) will, move

(4) Is, going, to

解説 am[is, are] going to 〜 と will 〜 は言い換え可能なことが多い。　(1)主語Iだから，be動詞はam。on *one's* way home「帰宅途中で」　(2)(3)willの後は動詞の原形がくる。　(4)疑問文はbe動詞を文頭に出す。主語はYukiだから，Isとなる。

4

(1) It's, going, to

(2) Are, going, to

(3) will, come

(4) What, are, am, go

(5) I, won't, be

(6) is, going, to, visit

(7) will, take

解説 (1)雨など「天候」が主語のときは，主語にitを使う。　(2)be going to 〜の疑問文は＜Be動詞＋主語＋going to＋動詞の原形〜？＞。　(3)疑問詞の後は疑問文の語順になる。「戻ってくる」come back　(4)「何を」とたずねているので疑問詞Whatで始める。　(5)否定文はwill not＝won't

を使う。　(6)主語はSarahなので，be動詞
はis。　(7)this afternoonは未来を表す言
葉。

5

(1) **My brother will be twenty years old** (next month).

(2) **I am going to play soccer with my friends** (after school).

(3) **When will humans reach Mars?**

(4) **Kate is going to make a sandwich** (for lunch).

(5) **Which team will win the tournament?**

解説 (1)「〜になるでしょう」will be 〜
(2)「サッカーをする」play soccer, 「友人た
ちと」with my friends　(3)「〜に到達す
る」という意味のreachは他動詞で後に直
接目的語がくる。　(4)sandwichの発音は
「サンドイッチ」ではなく「サン（ドゥ）ウィ
チ」。　(5)疑問詞が主語になるときは〈疑問
詞（＋名詞）＋will＋動詞の原形〜？〉とな
る。

6

(1) **are, I'm, going**

(2) **Who, will**

(3) **Are, you, am**

(4) **Is, going, isn't**

(5) **will, turn**

解説 (1)主語はyouなので，be動詞はare。
(2)Bの「ユナだと思う」から，「だれか」をた
ずねている。　(3)be going to 〜にYesで
答えるときは，主語に応じたbe動詞を使う。
(4)Noで答えるときはbe動詞にnotをつけ

る。　(5)turn on 〜「（電気器具など）を
つける」

7

(1) 私はあと5分で出かけるつもりです。

(2) 彼らは一晩中旅をするつもりです。

(3) 彼は明朝9時に私に電話するでしょ
う。

(4) カオリは夕食の前に家にいるでしょう
か。

(5) 私はずぶぬれです。服を着替えるつも
りです。

解説 (1)in five minutes「5分で」は未来を表
す言葉。　(2)all night「一晩中」　(3)call
「電話する」　(4)be home「家にいる」
(5)all wet「ずぶぬれの」, change「着替え
る」

8

(1) **She will not[won't] watch the football game on TV.**

(2) **Jane will[is going to] play in a concert next week.**

(3) **Tom and Koji will[are going to] go hiking in the mountains next month.**

(4) **Is the meeting going to take place on Monday? —— Yes, it is.**

(5) **What time are you going to leave for the airport?**

解説 (1)willの文の否定文はwill notまたは
短縮形のwon'tを使う。　(2)next weekは
未来を表す言葉。　(3)next monthは未来
を表す言葉。過去形の動詞wentを原形の
goにする。　(4)疑問文にするのでbe動詞
Isを文頭に出す。答えるときは, the

meetingを代名詞itにかえること。 (5)at 11 o'clock「11時に」から，時間をたずねる疑問文にする。「何時に〜？」はWhat time 〜。

9

(1) We will begin the program in ten minutes.
(2) Where is he going to have [eat] dinner?
(3) I am going to go to the zoo with my family tomorrow.
(4) Who will be the captain of our team?
(5) Bill will not[won't] play in the next game.

解説 (1)「10分で」in ten minutes (2)場所をたずねているのでWhereで始める。(3)I am going to the zooと現在進行形を使った言い方もよくされる。 (4)「だれ」と人物をたずねている。疑問詞が主語となるときの形は＜疑問詞＋will＋動詞の原形〜？＞。 (5)「しないでしょう」だから，否定文にする。

10

(1) What are you going to do this summer?
(2) ② 今年私はスキューバダイビングに挑戦するつもりです。
　③ 私は今日の午後，ショッピングセンターに行くつもりです。
(3) 1) She will go to Okinawa.

2) She is going to buy some souvenirs for her grandparents.

解説 (1)「何を」から，Whatで始める。その後に疑問文の語順で「あなたはするつもりですか」と続ける。 (2)②今年(this year)挑戦するつもりのことを伝えている。 ③今日の午後(this afternoon)の予定を伝えている。 (3)どちらもYukaを代名詞Sheにして答える。1)「ユカは今年の夏どこに行きますか」5語という指定から，「私の祖父母の家」は入らない。 2)「ユカはショッピングセンターで何を買うつもりですか」 is going toを使った質問なので，is going toを使って答える。

全訳
ユカ：こんにちは，メアリー。今年の夏，あなたは何をするつもりですか。何か予定はありますか。
メアリー：ええ，母国に戻るつもりです。あなたは？
ユカ：沖縄の祖父母の家に行くつもりです。
メアリー：あなたはそこで何をするつもりですか。
ユカ：泳ぎに行くつもりです。彼らの家の近くに美しいビーチがあります。そして，今年私はスキューバダイビングに挑戦するつもりです。
メアリー：楽しそうですね。戻ってきたら，私に写真を見せてください。
ユカ：わかりました。見せますね。ところで，私は今日の午後，ショッピングセンターに行くつもりです。祖父母にお土産を買いたいのです。一緒に来てくれますか。あなたの助言がほしいのです。
メアリー：もちろん，喜んで。